Meyer
Mitarbeiterführung im Lernenden Unternehmen

GABLER EDITION WISSENSCHAFT
Unternehmerisches Personalmanagement

Herausgegeben von
Professor Dr. Karl-Friedrich Ackermann
Universität Stuttgart
und Professor Dr. Dieter Wagner
Universität Potsdam

Unternehmerisches Personalmanagement ist Kernstück eines ganzheitlich angelegten Change Management, das durch diese Schriftenreihe neue Impulse erfahren soll.

Die Reihe bietet ein Forum für theoriegeleitete, praxisorientierte Arbeiten, die der Weiterentwicklung des Personalmanagements im globalen Wettbewerb dienen und zur Lösung von Implementierungsproblemen in Industrie- und Dienstleistungsunternehmen beitragen. Entscheidend ist, daß das Potential des Personalmanagements zur Sicherung dauerhafter Wettbewerbsvorteile und damit zum Erhalt von Arbeitsplätzen erkannt und in Abstimmung mit anderen Teilbereichen der Unternehmensführung optimal genutzt wird. Dabei fällt der Personalabteilung eine entscheidende Rolle als Change Agent und internes Kompetenzzentrum zu.

Martin Meyer

Mitarbeiterführung im Lernenden Unternehmen

Analyse und
Gestaltungsmöglichkeiten

Mit einem Geleitwort
von Prof. Dr. Karl-Friedrich Ackermann

DeutscherUniversitätsVerlag

Die Deutsche Bibliothek - CIP-Einheitsaufnahme

Meyer, Martin:
Mitarbeiterführung im Lernenden Unternehmen : Analyse und Gestaltungsmöglichkeiten
/ Martin Meyer. Mit einem Geleitw. von Karl-Friedrich Ackermann.
- Wiesbaden : Dt. Univ.-Verl. ; Wiesbaden : Gabler, 1998
 (Gabler Edition Wissenschaft : Unternehmerisches Personalmanagement)
Zugl.: Stuttgart, Univ., Diss., 1998
ISBN 3-8244-6840-9

Alle Rechte vorbehalten

Gabler Verlag, Deutscher Universitäts-Verlag, Wiesbaden
© Betriebswirtschaftlicher Verlag Dr. Th. Gabler GmbH, Wiesbaden 1998

Der Deutsche Universitäts-Verlag und der Gabler Verlag sind Unternehmen der
Bertelsmann Fachinformation.

Das Werk einschließlich aller seiner Teile ist urheberrechtlich geschützt. Jede
Verwertung außerhalb der engen Grenzen des Urheberrechtsgesetzes ist
ohne Zustimmung des Verlages unzulässig und strafbar. Das gilt insbesondere für Vervielfältigungen, Übersetzungen, Mikroverfilmungen und die
Einspeicherung und Verarbeitung in elektronischen Systemen.

http://www.gabler-online.de

Höchste inhaltliche und technische Qualität unserer Produkte ist unser Ziel. Bei der Produktion
und Auslieferung unserer Bücher wollen wir die Umwelt schonen: Dieses Buch ist auf säurefreiem und chlorfrei gebleichtem Papier gedruckt.

Die Wiedergabe von Gebrauchsnamen, Handelsnamen, Warenbezeichnungen usw. in diesem
Werk berechtigt auch ohne besondere Kennzeichnung nicht zu der Annahme, daß solche
Namen im Sinne der Warenzeichen- und Markenschutz-Gesetzgebung als frei zu betrachten
wären und daher von jedermann benutzt werden dürften.

Lektorat: Ute Wrasmann / Brigitte Knöringer
Druck und Buchbinder: Rosch-Buch, Scheßlitz
Printed in Germany

ISBN 3-8244-6840-9

Geleitwort

Das Modell der lernenden Organisation hat sich in den vergangenen Jahren zu einem ernsthaften Managementansatz entwickelt, der inzwischen eine weitreichende Verbreitung - nicht nur in der wissenschaftlichen Literatur, sondern auch in der praktischen Anwendung - gefunden hat. Einem der wichtigsten Untersuchungsbereiche, der Mitarbeiterführung in einem Lernenden Unternehmen, ist allerdings bisher wenig Beachtung geschenkt worden, obwohl sich Wissenschaftler und Praktiker einig sind, daß ein Lernendes Unternehmen nicht ohne seine Mitarbeiter funktionieren kann.

Die vorliegende Arbeit bietet zahlreiche Ansatzpunkte zur Analyse und Gestaltung eines Mitarbeiterführungssystems in einem Lernenden Unternehmen. Es werden Instrumente zur Bestimmung des jetzigen Standortes entwickelt, auf Basis einer empirischen Untersuchung entsteht eine Typologie Lernender Unternehmen und seiner Mitarbeiterführungssysteme. Diese beiden Schritte bilden die Grundlage für ausführliche Handlungsempfehlungen zur Gestaltung von Strategie und Maßnahmeneinsatz, die auf die verschiedenen Entwicklungsstände der untersuchten Unternehmen zugeschnitten sind.

Dieser Beitrag stellt nicht nur eine Weiterentwicklung der wissenschaftlichen Forschung zu diesem Thema dar, sondern ist gleichzeitig auch eine anregende Lektüre für den interessierten Praktiker. Ich wünsche dem Buch deshalb bei beiden Zielgruppen eine große Verbreitung.

Karl-Friedrich Ackermann

Vorwort

Die Mitarbeiterführung stellt am Lehrstuhl für Allgemeine Betriebswirtschaftslehre und Personalmanagement des Betriebswirtschaftlichen Instituts der Universität Stuttgart schon lange einen besonderen Forschungsschwerpunkt dar. Mit der Verbreitung lern- und wissensbasierter Managementansätze wie der lernenden Organisation rückt der Mitarbeiter und damit auch die Mitarbeiterführung wieder stärker in den Vordergrund. Die Abkehr von eigenschafts- und verhaltenstheoretischen Modellen zugunsten einer systemorientierten Sichtweise und die zunehmende Verbreitung dieser Managementmodelle in der Praxis trugen wesentlich zu meiner Entscheidung bei der Themenwahl bei. Nach Abschluß der Arbeit und eigenen praktischen Erfahrungen bin ich noch mehr davon überzeugt, daß der besonders in wissensintensiven Branchen wichtigsten Ressource Mitarbeiter noch mehr Aufmerksamkeit geschenkt werden muß und die Potentiale durch eine effektive Mitarbeiterführung noch lange nicht ausgeschöpft sind.

Mein besonderer Dank gilt meinem Doktorvater, Herrn Prof. Dr. K.-F. Ackermann, für seine Unterstützung und die zahlreichen konstruktiven Diskussionen, die wir im Laufe meiner Zeit am Lehrstuhl für Personalmanagement geführt haben. Ebenso möchte ich Prof. Dr. M. Reiß für seine Bereitschaft danken, die Mitberichtschaft zu übernehmen. Meinen Kollegen am Lehrstuhl, insbesondere Herrn Christian Tonnesen und Herrn Dominik Wierum, sowie den ehemaligen Mitarbeitern und Kollegen Frau Dr. Corinna Lehnert, Herrn Dr. Horst Blumenstock und Herrn Dr. Bernd Mez möchte ich für Ihre stetige Bereitschaft zur konstruktiven Kritik danken.

Abschließend möchte ich meiner Familie, meinen Freunden und insbesondere meiner damaligen Freundin und heutiger Frau Kristina danken, die mich während der gesamten Dissertationszeit geduldig und tatkräftig unterstützt haben.

Martin Meyer

Inhaltsverzeichnis

Abbildungsverzeichnis XIII

Tabellenverzeichnis XV

Abkürzungsverzeichnis XVII

1 Einführung in die Thematik 1
   1.1 Problemstellung 2
   1.2 Zielsetzung 11
   1.3 Vorgehensweise 13

2 Stand der Forschung 17
   2.1 Theoretischer Bezugsrahmen 18
      2.1.1 Systemtheorie 19
      2.1.2 Unternehmen als soziale Systeme 22
   2.2 Lernende Organisationen 25
      2.2.1 Lerntheoretische Grundlagen 25
         2.2.1.1 Theorien des individuellen Lernens 26
         2.2.1.2 Soziale Lerntheorien 31
         2.2.1.3 Beitrag der individuellen und sozialen Lerntheorien zum organisationalen Lernen 33
      2.2.2 Organisationales Lernen 34
         2.2.2.1 Organisationale Lernprozesse 38
            2.2.2.1.1 Lernebenen 40
            2.2.2.1.2 Inhalts- und Prozeßmodelle organisatorischen Lernens 45
            2.2.2.1.3 Lernanreize und Auslösung von Lernen 49
         2.2.2.2 Organisatorische Wissensbasis 50
            2.2.2.2.1 Schichtenmodell von Pautzke 52
            2.2.2.2.2 Zugriff auf organisatorisches Wissen 55
         2.2.2.3 Organisatorischer Kontext 56
            2.2.2.3.1 Strategie 56
            2.2.2.3.2 Struktur 58
            2.2.2.3.3 Kultur 59
         2.2.2.4 Lern- und Verlernbarrieren 61
         2.2.2.5 Definition: organisationales Lernen 63
      2.2.3 Einordnung in bestehende Managementkonzepte 64

2.3 Unternehmerische Mitarbeiterführung ... 69
   2.3.1 Begriff und Funktion der Führung von Mitarbeitern ... 70
   2.3.2 Typologien der Mitarbeiterführung ... 72
   2.3.3 Klassische Führungsforschung ... 75
   2.3.4 Moderne Ansätze zur unternehmerischen Führung ... 82
      2.3.4.1 Intrapreneurship ... 86
      2.3.4.2 Unternehmerische Mitarbeiterführung nach Wunderer. 87
   2.3.5 Mitarbeiterführung und Selbststeuerung ... 89
2.4 Zwischenergebnis ... 92

3 Modellbildung und Entwicklung des Analyseinstrumentariums... 95

3.1 System Lernendes Unternehmen ... 96
   3.1.1 Definition: Lernendes Unternehmen ... 97
   3.1.2 Subsysteme ... 98
   3.1.3 Eigenschaften ... 100
   3.1.4 Prozesse ... 102
   3.1.5 Träger ... 104
3.2 Subsystem Mitarbeiterführung ... 107
   3.2.1 Eigenschaften ... 110
   3.2.2 Prozesse ... 111
   3.2.3 Träger ... 112
3.3 Kritische Erfolgsfaktoren des Lernenden Unternehmens ... 119
3.4 Analyse von Lernenden Unternehmen ... 124
   3.4.1 Möglichkeiten der Bildung von Unternehmenstypologien 124
      3.4.1.1 Unternehmensentwicklungsmodelle ... 125
      3.4.1.2 Lernmodelle ... 128
   3.4.2 Lernprofil des Unternehmens ... 130
   3.4.3 Mitarbeiterführungsprofil des Unternehmens ... 136
3.5 Reifegradportfolio ... 138
3.6 Zwischenergebnis ... 141

4 Forschungsdesign der empirischen Untersuchung ... 145

- 4.1 Forschungsmethodik ... 146
  - 4.1.1 Methodologie ... 147
  - 4.1.2 Festlegung der Forschungsstrategie ... 148
  - 4.1.3 Standardisierte Befragung als Methode ... 149
- 4.2 Forschungsprogramm ... 150
  - 4.2.1 Forschungsablauf ... 150
  - 4.2.2 Aufbau des Fragebogens ... 151
  - 4.2.3 Festlegung der Erhebungsstichprobe ... 153
- 4.3 Zusammenfassung ... 154

5 Ergebnisdarstellung und Bewertung ... 157

- 5.1 Strukturmerkmale der befragten Unternehmen ... 158
- 5.2 Lernen im Unternehmen ... 159
  - 5.2.1 Lernfähigkeit ... 159
  - 5.2.2 Organisationaler Kontext ... 160
  - 5.2.3 Lernprozesse ... 163
- 5.3 Mitarbeiterführungssysteme von Lernenden Unternehmen ... 165
- 5.4 Ergebnisse einer Clusteranalyse ... 170
  - 5.4.1 Cluster von Lernenden Unternehmen ... 173
  - 5.4.2 Mitarbeiterführungssysteme in Lernenden Unternehmen ... 182
- 5.5 Zwischenergebnis ... 187

6 Typengenerierung und Gestaltungsempfehlungen ... 189

- 6.1 Typen von Lernenden Unternehmen ... 190
  - 6.1.1 Typ A: der Innovator ... 190
  - 6.1.2 Typ B: der Kooperator ... 191
  - 6.1.3 Typ C: der Traditionalist ... 192
- 6.2 Gestaltungsempfehlungen für ein integriertes Mitarbeiterführungssystem im Lernenden Unternehmen ... 196
  - 6.2.1 Handlungsempfehlungen für Typ C: die Basisstrategie ... 197
    - 6.2.1.1 Verbreitung eines vertrauensbasierten Menschenbildes ... 197
    - 6.2.1.2 Neugestaltung der Führungsstrukturen ... 200
    - 6.2.1.3 Lern- und Projektgruppen ... 201
    - 6.2.1.4 Aufbau einer modernen Medienstruktur ... 203
  - 6.2.2 Handlungsempfehlungen für Typ B: die Optimierungsstrategie ... 209

      6.2.2.1   Coaching und Mentoring als Aufgabe von
                  Führungskräften 210
      6.2.2.2   Feedbackprozesse für Führungskräfte 211
      6.2.2.3   Führen mit Visionen und Leitbildern 212
      6.2.2.4   Teilautonome, konkurrierende Projektteams 213
      6.2.2.5   Interorganisatorisches Lernen 214
  6.2.3   Handlungsempfehlungen für Typ A:
         die Experimentalstrategie 217
      6.2.3.1   Selbstlernen 217
      6.2.3.2   Selbststeuernde Gruppen 219
      6.2.3.3   Anreizsysteme im Lernenden Unternehmen 220
      6.2.3.4   Transorganisationales Systemlernen 222
6.3   Ergänzende Gestaltungsempfehlungen zur Umsetzung 225
  6.3.1   Implementierung 225
  6.3.2   Erfolgsmessung 227
  6.3.3   Rolle der Personalabteilung 227
6.4   Zwischenergebnis 231

7   Schlußbetrachtung 235

7.1   Zentrale Ergebnisse der Untersuchung 236
7.2   Ausblick 241

Anhang A: Modelle organisationalen Lernens 245

Anhang B: Fragebogen 249

Literaturverzeichnis 257

Abbildungsverzeichnis

Abbildung 1: Lernen zur Steigerung der Wettbewerbsfähigkeit 5
Abbildung 2: Zielsetzungen der Arbeit 13
Abbildung 3: Forschungslogischer Ablauf und Aufbau der Arbeit 16
Abbildung 4: Abgrenzung eines Systems 21
Abbildung 5: Theoretischer Bezugsrahmen 25
Abbildung 6: Der organisationale Handlungszyklus 38
Abbildung 7: Single-Loop-Learning 41
Abbildung 8: Double-Loop-Learning 42
Abbildung 9: Deutero-Learning 43
Abbildung 10: Organisationales Lernen und Wandel 44
Abbildung 11: Organisationale Wissensbasis 54
Abbildung 12: Grundgerüst für ein Mitarbeiterführungskonzept im Lernenden Unternehmen 75
Abbildung 13: Führungsstile nach Steuerungsumfang und Wandlungsintensität 84
Abbildung 14: Das Konzept der unternehmerischen Mitarbeiterführung ... 88
Abbildung 15: Beziehungen zwischen Mitarbeitern, Aufgaben und Vorgesetzten 91
Abbildung 16: Subsysteme des Lernenden Unternehmens 99
Abbildung 17: Das Lernende Unternehmen als System 103
Abbildung 18: Träger der Lernenden Organisation 105
Abbildung 19: Prozesse des Subsystems Mitarbeiterführung 111
Abbildung 20: Typologie unternehmerischen Verhaltens 117
Abbildung 21: Einfluß der Mitarbeiterführung auf die kritischen Erfolgsfaktoren des Lernenden Unternehmens 122
Abbildung 22: Ziele des Mitarbeiterführungssystems 123
Abbildung 23: Phasen der Unternehmensentwicklung 127
Abbildung 24: Reifegrad der Lernenden Organisation 128
Abbildung 25: Lernprofil eines Unternehmens 135
Abbildung 26: Profil des Mitarbeiterführungssystems eines Unternehmens 138
Abbildung 27: Portfolio des Lernenden Unternehmens 140
Abbildung 28: Fragen zur Lernfähigkeit 160

Abbildung 29: Fragen zum organisatorischen Kontext (Strategie) 161
Abbildung 30: Fragen zum organisatorischen Kontext (Struktur) 162
Abbildung 31: Fragen zum organisatorischen Kontext (Kultur) 163
Abbildung 32: Fragen zu den Lernprozessen 164
Abbildung 33: Organisationsformen der befragten Unternehmen 166
Abbildung 34: Anzahl der Hierarchieebenen in den befragten Unternehmen 167
Abbildung 35: Führungsgrundsätze in den befragten Unternehmen 168
Abbildung 36: Führungsprofil 170
Abbildung 37: Ablauf der Clusteranalyse 172
Abbildung 38: Cluster von Lernenden Unternehmen 175
Abbildung 39: Selbsteinschätzung der befragten Unternehmen 182
Abbildung 40: Führungsprofile der Cluster 183
Abbildung 41: Lern- und Führungsprofil Typ A „Innovator" 191
Abbildung 42: Lern- und Führungsprofil Typ B „Kooperator" 192
Abbildung 43: Lern- und Führungsprofil Typ C „Traditionalist" 193
Abbildung 44: Lernprofile der Typen A, B und C 194
Abbildung 45: Führungsprofile der Typen A, B und C 194
Abbildung 46: Einordnung im Reifegradportfolio 195
Abbildung 47: Informationsfluß im Unternehmen 204
Abbildung 48: Erfolgspotentiale eines Lernenden Unternehmens 208
Abbildung 49: Der doppelte Lernkreislauf 215
Abbildung 50: Strategien für die Gestaltung des Mitarbeiterführungssystems auf dem Weg zum Lernenden Unternehmen 224
Abbildung 51: Übersicht empfohlene Vorgehensweise 240
Abbildung 52: Schichtenmodell organisationalen Lernens 246
Abbildung 53: Elaboriertes Modell der organisationalen Lernfähigkeit ... 247
Abbildung 54: Organisatorische Intelligenz 247
Abbildung 55: Integriertes Modell organisationalen Lernens 248
Abbildung 56: Der organisationale Lernkreislauf 248

Tabellenverzeichnis

Tabelle 1: Merkmale der Lernenden Organisation ... 6
Tabelle 2: Ziele der unternehmerisch orientierten Mitarbeiterführung ... 9
Tabelle 3: Übersicht behavioristische Lerntheorien ... 28
Tabelle 4: Übersicht kognitive Lerntheorien ... 30
Tabelle 5: Theorien des sozialen Lernens ... 31
Tabelle 6: Übersicht Definitionen zum organisationalen Lernen ... 37
Tabelle 7: Begriffsverwendungen für organisatorische Lernebenen ... 39
Tabelle 8: Neuere Gesamtkonzeptionen zum organisationalen Lernen .. 45
Tabelle 9: Abgrenzungsmöglichkeiten für das organisatorische Gedächtnis ... 52
Tabelle 10: Definitionen zur Führung ... 71
Tabelle 11: Führungstypologien ... 73
Tabelle 12: Überblick über führungstheoretische Ansätze ... 78
Tabelle 13: Definitionen zur Führung in Lernenden Unternehmen ... 109
Tabelle 14: Rollen und Aufgabe der Führungskräfte ... 115
Tabelle 15: Kritische Erfolgsfaktoren des Lernenden Unternehmens ... 134
Tabelle 16: Polarisierende Gegenüberstellung der Elemente der Führung ... 137
Tabelle 17: Operationalisierung der Variablen ... 152
Tabelle 18: Branchenzugehörigkeit der befragten Unternehmen ... 158
Tabelle 19: Größe der befragten Unternehmen ... 159
Tabelle 20: Verteilung auf die ermittelten Cluster ... 173
Tabelle 21: Signifikanztest der Lernprofile ... 177
Tabelle 22: Signifikanztest der Führungsprofile ... 184
Tabelle 23: Verteilung auf die Cluster nach Branchen ... 186
Tabelle 24: Typen von Lernenden Unternehmen ... 193
Tabelle 25: Übersicht Maßnahmen Basisstrategie ... 209
Tabelle 26: Übersicht Maßnahmen Optimierungsstrategie ... 217
Tabelle 27: Übersicht Maßnahmen Experimentalstrategie ... 223

Abkürzungsverzeichnis

BWL	Betriebswirtschaftslehre
bzw.	beziehungsweise
ca.	zirka
CBT	Computer Based Training
d. h.	das heißt
DBW	Die Betriebswirtschaft
DEKRA	Deutscher Kraftfahrzeug-Überwachungsverein
EDV	Elektronische Datenverarbeitung
etc.	et cetera
f.	folgende
ff.	fortfolgend
FK	Führungskraft
Hrsg.	Herausgeber
i. d. R.	in der Regel
ILOI	Internationales Institut für lernende Organisation und Innovation
Kap.	Kapitel
MA	Mitarbeiter
MIT	Massachusetts Institute of Technology
o. Jg.	ohne Jahrgang
o. V.	ohne Verfasser
OE	Organisationsentwicklung
S.	Seite
Sp.	Spalte
usw.	und so weiter
v. a.	vor allem
Vgl.	Vergleiche
WiSt	Wirtschaftswissenschaftliches Studium
WISU	Wirtschaftsstudium
z. T.	zum Teil
z. B.	zum Beispiel
ZfB	Zeitschrift für Betriebswirtschaft

ZfbF	Zeitschrift für betriebswirtschaftliche Forschung
ZFO	Zeitschrift Führung und Organisation
ZfP	Zeitschrift für Personalforschung

Kapitel 1: Einführung in die Thematik 1

1 Einführung in die Thematik
   1.1 Problemstellung
   1.2 Zielsetzung
   1.3 Vorgehensweise

2 Stand der Forschung

3 Modellbildung und Entwicklung des Analyseinstrumentariums

4 Forschungsdesign der empischen Untersuchung

5 Ergebnisdarstellung und Bewertung

6 Typengenerierung und Gestaltungsempfehlungen

7 Schlußbetrachtung

1 Einführung in die Thematik

1.1 Problemstellung

Bereits 1982 stellten PETERS/WATERMAN in ihrer Studie „Auf der Suche nach Spitzenleistungen" fest:

„The excellent companies are learning organizations."[1]

STATA geht 1989 noch einen Schritt weiter und stellt Lernfähigkeit als den zukünftig entscheidenden Wettbewerbsfaktor v. a. in wissensintensiven Branchen dar:

„In fact, I would argue, that the rate at which individuals and organizations learn may become the only sustainable competitive advantage, especially in knowledge-intensive industries."[2]

Diese Aussagen sind in der Charakteristik der heutigen und zukünftig zu erwartenden Wirtschaftslandschaft der Industrienationen begründet, welche stark von Veränderungsprozessen gekennzeichnet sind. Diese Veränderungsprozesse stellen durch ihre wachsende Komplexität[3] neue Anforderungen an das Management. Der Wandel der wirtschaftlichen Situation und die steigende Komplexität lassen sich anhand einiger Beispiele veranschaulichen:[4]

- Vor dem Hintergrund zunehmender Bedeutung ehemaliger Schwellenländer, v. a. im ostasiatischen Raum, ist der Weltmarkt stark in Bewegung geraten. Die aktuelle Verunsicherung westlicher Industrienationen verdeutlicht die Dynamik der weltwirtschaftlichen Veränderungen.[5]

---

[1] Peters/Waterman (1982), S. 110
[2] Stata (1989), S. 64; ähnlich äußerte sich auch Arie de Geus von Royal Dutch/Shell; vgl. Senge (1996), S. 11
[3] Vgl. hierzu Klimecki/Probst/Eberl (1994), S. 6ff., die Vielfalt, Dynamik und Diskontinuität als Merkmale von Komplexität nennen. Vgl. Probst/Büchel (1994), S. 3; vgl. Bickenbach/Soltwedel (1995), S. 4; vgl. Bleicher (1995), S. 210
[4] Vgl. hierzu die Übersicht über zukünftig zu erwartende Entwicklungen von Oberschulte (1994), S. 3; vgl. die empirische Untersuchung von Bickenbach/Soltwedel (1995), S. 17ff. und insbesondere S. 28
[5] Vgl. z. B. Oberschulte (1994), S. 2

Kapitel 1: Einführung in die Thematik 3

- Überkapazitäten und Globalisierung führen zu extremer Kundenorientierung und Kundenmacht und erfordern neue Handlungskompetenzen von den Unternehmen, wie z. B. den Umgang mit unterschiedlichen Kulturen, das Abstimmen verschiedener Unternehmenszweige und die Erlangung einer länderübergreifenden Identität.

- Der Anspruch von Kunden und Konsumenten an die Vielfalt von Produkten und Dienstleistungen erfordert immer häufiger komplexe Problemlösungen. Dies erfordert ein hohes Maß an Flexibilität hinsichtlich des angebotenen Leistungsprogrammes.[6]

- Technologischer Wandel und das Spannungsfeld zwischen dem Wohlstand in den Industrienationen und Problemen in den Entwicklungsländern und den Industrieländern lassen die Bedürfnisse wechselhafter werden.[7]

- Aufgabenstrukturen verändern sich: komplexe Aufgaben mit hohen Ansprüchen an Anpassungsfähigkeit, Kreativität und Innovationspotential an die Mitarbeiter ersetzen einfache und analytisch zerlegbare Aufgaben, soziales Know-How ist gefragt.

- Dieser Trend wird von einer veränderten Einstellung zur Arbeit begleitet: postmaterialistische Werte wie z. B. Selbstverwirklichung, Entfaltungsmöglichkeiten oder Selbstbestimmung verdrängen materielle Anreize.[8]

Auch die Ergebnisse einer empirischen Untersuchung von BIRCKENBACH/SOLTWEDEL verdeutlichen diesen Zusammenhang: Auf die Frage nach den Ursachen für Organisationsreformen wurden in erster Linie der verschärfte Wettbewerb und die Globalisierung, aber auch Fortschritte in der Kommunikations- und Produktionstechnik, veränderte Konsumentenpräferenzen und eine verändertes Selbstverständnis der Arbeitnehmer genannt.[9]
Aus diesen Veränderungen ergibt sich die Forderung nach organisatorischer Flexibilität und kontinuierlichem Wandel der Organisation.[10] Dabei wird die

---

[6] Vgl. Klimecki/Probst/Eberl (1994), S. 8f.
[7] Vgl. Dubs (1994), S. 97f.; vgl. Klimecki/Probst/Eberl (1994), S. 8
[8] Vgl. Klimecki/Probst/Eberl (1994), S. 9f.
[9] Vgl. Birckenbach/Soltwedel (1995), S. 17f.
[10] Vgl. z. B. Oberschulte (1994), S. 2

Lernfähigkeit der gesamten Organisation als sicherste Quelle für dauerhafte Wettbewerbsvorteile eine entscheidende Rolle spielen.[11] PAUTZKE schrieb dazu 1989:

„Mit der konsequenten Kultivierung der Lernfähigkeit in einem weiten Sinne, der sowohl den Erwerb von Wissen als auch praktischer Klugheit einschließt, scheint sich ein realistischer Weg zu eröffnen, die überaus drängenden Probleme der Gegenwart anzugehen."[12]

Betrachtet man die heutigen Steuerungsmechanismen von Unternehmen, so sind diese meist durch zwei sich ergänzende Regelkreise geprägt: Der bürokratische Regelkreis des Steuerns und Kontrollierens beruht auf dem Einsatz des üblichen Controllinginstrumentariums und der Überwachung von Kenngrößen, die von Zeit zu Zeit an die Unternehmensziele angepaßt werden. Je nach Ausrichtung der Zielsetzungen bestehen diese aus Zahlen zur Kundenzufriedenheit, wie z. B. Lieferzeiten oder Anzahl der Reklamationen, aus finanzwirtschaftlichen Kennzahlen oder basieren auf mitarbeiterorientierten Informationen des Personalcontrollings, wie z. B. Fehlzeiten, Krankenstände und Personalkosten. Dieser Regelkreis wird i. d. R. durch Restrukturierungsvorgänge ergänzt, die meist durch allgemeine oder branchenspezifische Konjunkturkrisen ausgelöst werden und diskontinuierlich auftreten. Diese Restrukturierungsphasen beinhalten im Rahmen von Reengineering-Prozessen bereits eine zumindest im Ansatz erkennbare Prozeßorientierung, besitzen jedoch häufig einen ausgeprägten Programmcharakter. Um kontinuierliche Verbesserungsprozesse in Gang zu halten, zeichnet es sich daher ab, daß der dynamische Zyklus der Unternehmensveränderung um eine weitere Dimension erweitert werden muß: das organisationale Lernen.

---

[11] Vgl. hierzu z. B. Nagl (1996), S. 1112f., die auf die Ergebnisse einer empirischen Untersuchung verweist, die Lernenden Unternehmen eine höhere Umsatzrendite bescheinigt.
[12] Pautzke (1989), S. 2

Kapitel 1: Einführung in die Thematik 5

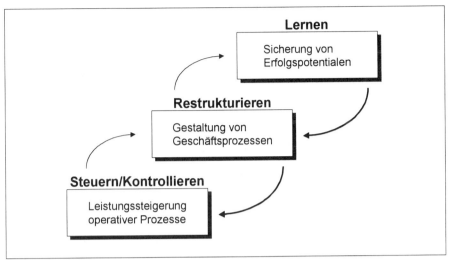

Abbildung 1: Lernen zur Steigerung der Wettbewerbsfähigkeit
Quelle: Milling (1995), S.95

Dagegen soll der dritte Regelkreis die Sicherung der Wettbewerbsvorteile dauerhaft durch kontinuierliches Lernen des Unternehmens fördern - ein Prozeß, der weit über die Optimierung vorhandener Systeme hinausgeht.

Der Ansatz der Lernenden Organisation soll daher einen der Grundpfeiler für diese Arbeit bilden. Eine genauere Bestimmung der Eigenschaften erfolgt zu einem späteren Zeitpunkt.[13] Tabelle 1 gibt aber vorab einen kurzen Überblick über die Hauptmerkmale eines Lernenden Unternehmens, wie es in der Literatur üblicherweise dargestellt wird.[14]

---

[13] Vgl. Kap. 3
[14] Die Ausdrücke des Lernenden Unternehmens bzw. der Lernenden Organisation haben sich in der Managementliteratur bereits als feststehende Begriffe für die dahinterstehenden Konzepte und Modelle etabliert und werden daher im folgenden großgeschrieben.

Merkmal	„Traditionelles" Unternehmen	Lernendes Unternehmen
Organisation Orientierung Steuerung Kultur	ausdifferenziert funktional fremdorganisiert Mißtrauen	reintegriert prozeßorientiert selbstorganisiert Vertrauen
Akteure (Mitarbeiter) Kompetenz Lernfrequenz Lernfokus	Spezialisten Sachkompetenz sprunghaft Individuum	Generalisten/Teams Sozial- /Organisat.kompetenz kontinuierlich Organisation/Gruppe
Information	selektiv	umfassend
Führung	fremdgesteuert	selbstgesteuert

Tabelle 1: Merkmale der Lernenden Organisation
Quelle: in Anlehnung an Weber (1994), S. 7

Als eines der Hauptmerkmale kann die weitgehende Reintegration der Mitarbeiter in entscheidungsrelevante Prozesse und damit die Abkehr der Trennung von Entscheidern und Ausführenden angesehen werden. Die Bildung von Vertrauen als Grundvoraussetzung und die Forderung nach mehr Selbstorganisation und Selbststeuerung verlangen aber auch von den Beschäftigten mehr Kompetenzen. Damit ergeben sich aber auch neue Anforderung an die Führung der Mitarbeiter.

„Führungskonzepte, die nur dem Zeitgeist folgen und nicht ganzheitliche Veränderungen anstreben, können nicht erfolgreich sein."[15]

Die Ausrichtung des Unternehmens auf die dauerhafte Sicherung und Verbesserung der organisatorischen Lernfähigkeit erfordert auch neue Strukturen der Unternehmens- und Mitarbeiterführung.[16] Die geforderte Ganzheitlichkeit macht ein Führungskonzept notwendig, das exakt auf das Unternehmen abgestimmt

---

[15] Dubs (1994), S. 97
[16] Vgl. Bickenbach/Soltwedel (1995), S. 4

ist und den Aspekt des Lernens bzw. der Lernfähigkeit des Unternehmens in den Mittelpunkt rückt. Allerdings stellt sich die notwendige Ganzheitlichkeit nicht im Rahmen „großgruppendynamischer" Prozesse automatisch ein. Die Organisation ist aufgrund ihrer Größe und Komplexität auf die Instrumente der Mitarbeiter- und Unternehmensführung angewiesen, wie z. B.[17] Unternehmensleitbilder, „die als Orientierungsrahmen und dynamische Triebkraft für die Arbeit und das Lernen in einer Organisation dienen",[18] Entlohnungssysteme, die auf Normen und Werte der Organisationsmitglieder einwirken oder Stellen- und Aufgabenbeschreibungen sowie Organigramme, die implizit Normen und Werte enthalten und explizit der Regelung der Funktionalitäten des Kooperations- und Führungsgefüges der Organisation dienen.

Wie soll ein Unternehmen sein Mitarbeiterführungskonzept gestalten, damit die Lernfähigkeit gesichert und die Lerngeschwindigkeit optimiert werden kann?

„Eine verläßliche Antwort läßt sich nicht geben, weil jede Unternehmung das ihren Zielvorstellungen und ihren Menschen gerecht werdende Konzept braucht."[19]

„Weil es keine ´richtigen´ oder ´beste´ Führungskonzepte gibt, muß jede Unternehmung das auf sie zugeschnittene Führungskonzept entwickeln, das ihren Eigenschaften Rechnung trägt."[20]

Lernende Organisationen stellen neue Anforderungen im Hinblick auf Flexibilität, Kreativität und Veränderungsfähigkeit an die beteiligten Menschen in den betroffenen Organisationen. WILDEMANN benennt die Hauptziele der Lernenden Organisation wie folgt:[21]

---

[17] Vgl. Geißler (1996), S. 91f.
[18] Berthoin Antal (1992), S. 87
[19] Dubs (1994), S. 97
[20] ebenda, S. 103
[21] Vgl. Wildemann (1995), S. 19f.

- Produktivitätssteigerung durch kontinuierliche Verbesserung;
- Effiziente Nutzung des vorhandenen Wissens durch Konzentration auf innovative Fragestellungen;
- Erhöhte Motivation durch Mitwirkung an Problemlösungs- und Verbesserungsvorschlägen;
- Erlangung schwer imitierbarer Wettbewerbsvorteile durch Investition in die Human Ressourcen.

Die Aufzählung zeigt, daß dabei vor allem der Faktor Mensch im Brennpunkt der Überlegungen steht. Die Aussagen in Tabelle 2 geben weitere Hinweise auf die Zielsetzungen moderner Mitarbeiterführung im Rahmen eines Lernenden Unternehmens: die Förderung von unternehmerisch denkenden und weitgehend selbstgesteuerten Mitarbeitern.

Kapitel 1: Einführung in die Thematik

Alioth/Vaasen 1988	„Zum einen gelten heute flexible und selbständig agierende Mitarbeiter im Zeichen dynamischer und turbulenter Marktbedingungen als eine wesentliche Voraussetzung für den betrieblichen Erfolg. Zum anderen stellen hierarchischer Unternehmensaufbau und traditionelle Führungsvorstellungen ein umfassendes und selbständiges Handeln der Mitarbeiter gerade in Abrede. In dieses Dilemma ist Mitarbeiterführung in modernen Unternehmen unvermeidlich eingebettet."[22]
Reiß 1993	„Aus Mit-Arbeitern sollen Mit-Unternehmer werden, die im Rahmen einer 'Marktwirtschaftskultur' jeweils persönliche Ergebnisverantwortung für ihren Bereich (Subunternehmer für ihren Arbeitsplatz, für Kostenstellen, Profit-Center, Segmente usw.) übernehmen."[23] „Der ideale Mitarbeiter oder Manager ist 'Intrapreneur', also nicht entweder egoistischer Unternehmer oder kooperativer Partner, sondern beides zugleich."[24]
Figge 1995	„... Mitarbeiter als Unternehmer vor Ort, die selbstbewußt und eigenverantwortlich ihren Beitrag zum Unternehmenserfolg leisten wollen."[25]

Tabelle 2: Ziele der unternehmerisch orientierten Mitarbeiterführung

Diese Tendenzaussagen sollen einen ersten Anhaltspunkt für zukünftige Entwicklungen in der Mitarbeiterführung geben. Die Aspekte der unternehmerischen Mitarbeiterführung bilden einen Schwerpunkt der Arbeit, in deren Mittelpunkt die Entwicklung eines Mitarbeiterführungskonzeptes stehen soll, das sowohl den Anforderungen eines Lernenden Unternehmens als auch den Bedürfnissen der Mitarbeiter gerecht wird.

---

[22] Alioth/Vaasen, (1988), S.275f.
[23] Reiß (1993), S. 191
[24] ebenda
[25] Figge (1995), S. 338

Im folgenden sollen die Problemschwerpunkte zusammengefaßt dargestellt werden:

- Lernende Unternehmen bilden den Ausgangspunkt der Überlegungen zur nachhaltigen Sicherung bzw. Steigerung der Wettbewerbsfähigkeit. Hintergrund: Die Schaffung von schwer imitierbaren Vorteilen im weltweiten Wettbewerb durch lernfähige, flexible Strukturen und unternehmerisch orientierte Mitarbeiter.[26]

- Der Ansatz des Lernenden Unternehmens erfordert neue Führungssysteme, um eine neue Führungskultur zu ermöglichen und dem Trend der Mitarbeiter zur Individualisierung und Selbstentfaltung Rechnung zu tragen.[27] Bisher existieren keine ausformulierten Lösungen zum Problem der Mitarbeiterführung in der Lernenden Organisation bzw. im Lernenden Unternehmen.[28] Es sind wenig Hinweise auf die Gestaltung der Rahmenbedingungen in der Literatur vorhanden, die eine kulturadäquate Führung im Lernenden Unternehmen ermöglichen.

    „Die Einführung eines neuen Führungskonzeptes ist nicht ein einmaliger Akt, sondern stellt den Anfang des Wandels einer statischen Unternehmung in eine lernende Organisation dar."[29]

- Konkrete Handlungsempfehlungen oder ein geschlossenes Konzept zur Mitarbeiterführung in der Lernenden Organisation fehlen bisher. Da es keine allgemeingültige Lösung geben kann, müssen zumindest Ansatzpunkte für die Gestaltung entwickelt werden, die das Lernstadium und den Ausbaustand des Mitarbeiterführungssystems des betrachteten Unternehmens

---

[26] Nach einer Studie des MIT läßt sich der Lernerfolg auch betriebswirtschaftlich nachweisen. Dies bestätigt auch die Untersuchung von Dr. Wieselhuber & Partner; vgl. Nagl (1996), S. 1112; über die Hälfte aller Unternehmen in Deutschland beschäftigt sich bereits aktiv mit der Einführung einer Lernorganisation; vgl. hierzu Klinger (1997), S. 20; die Studie der DEKRA Akademie kommt zu ähnlichen Ergebnissen; vgl. Littig (1997), S. 101

[27] Die Untersuchung der DEKRA Akademie nennt die aktive Veränderungsbereitschaft und die Motivation der Mitarbeiter neben der Transparenz der Strukturen als wichtigste Erfolgsfaktoren bei der Entwicklung zu einem Lernenden Unternehmen; vgl. Littig (1997), S. 102

[28] Die genaue Abgrenzung erfolgt in Kap. 3.1.

[29] Dubs (1994), S.104

berücksichtigen. Die bisher bekannten empirischen Untersuchungen zur Lernenden Organisation im deutschsprachigen Raum tangieren die Mitarbeiterführung nur am Rande, obwohl sie einen der Grundpfeiler für den Erfolg bei der Umsetzung des Konzepts bildet.[30]

1.2 Zielsetzung

Ausgangspunkt der Arbeit bilden die erwähnten Problemfelder und identifizierten Lücken in der betriebswirtschaftlichen Forschung. Das Forschungsobjekt ist das Unternehmen, d. h. die Fragestellungen dieser Arbeit werden in erster Linie aus Sicht des Unternehmens beantwortet. Dabei sollen allerdings die Bedürfnisse und Anforderungen seitens der Mitarbeiter weitgehend berücksichtigt werden. Daraus ergeben sich die nachstehenden Zielsetzungen der Arbeit, die durch die Formulierung von Oberzielen und den daraus folgenden Fragestellungen dargestellt werden können:

Ziel 1:	**Die Entwicklung von Instrumenten zur Analyse von Unternehmen hinsichtlich ihres erreichten Reifegrades beim organisationalen Lernen und hinsichtlich des Ausbaustandes des Mitarbeiterführungssystems.**
•	Welches sind die kritischen Erfolgsfaktoren eines Lernenden Unternehmens?
•	Wie lauten die Zielsetzungen der Mitarbeiterführung im Lernenden Unternehmen?
•	Läßt sich organisationales Lernen messen und wenn ja, wie?
•	Wie lassen sich Mitarbeiterführungssysteme im Unternehmen charakterisieren?

---

[30] Vgl. hierzu die Zusammenfassungen der Ergebnisse der Studien von ILOI, DEKRA und Dr. Wieselhuber & Partner bei Felbert (1997), S. 16ff., Littig (1997), S. 101ff. und Nagl (1996), S. 1112f.

Ziel 2:	Die Bildung einer Typologie von Lernenden Unternehmen auf Basis von empirisch ermittelten Lern- und Führungsprofilen.
•	Welche Variablen lassen sich für eine sinnvolle Klassifizierung verwenden?
•	Welche prägnanten Typen lernender Unternehmen gibt es?

Ziel 3:	Ableitung von Empfehlungen zur Gestaltung von Mitarbeiterführungssystemen für die identifizierten Typen lernender Unternehmen.
•	Welche Strategien sollen gewählt und welche Maßnahmen sollen in den identifizierten Typen von Lernenden Unternehmen eingesetzt werden?
•	Wie lassen sich die einzelnen Bausteine miteinander verknüpfen oder kombinieren?
•	Welche Rolle spielt die Personalabteilung bei der Umsetzung?

Die Beantwortung dieser Fragestellungen setzt umfassende theoretische Vorkenntnisse voraus. Die Erarbeitung der theoretischen Grundlagen und die Beschreibung und Erklärung der zugrunde liegenden Theorien und Modelle erfolgt stets auf die oben genannten Zielsetzungen fokussiert und bildet somit ein weiteres, wenn auch implizites Ziel dieser Arbeit. Das pragmatische, auf die Gestaltung der Unternehmensrealität ausgerichtete Wissenschaftsziel soll jedoch im Vordergrund stehen.[31] Daher kann das dritte genannte Ziel als dominierend eingestuft und für die diese Arbeit als wichtigste Zielsetzung bezeichnet werden.

Die folgende Zielhierarchie zeigt die Klassifizierung der wissenschaftlichen Zielsetzungen: vor der Ableitung von Empfehlungen für die unternehmerische Praxis zur Gestaltung von Maßnahmen müssen theoretische Zusammenhänge beschrieben und erklärt, Modelle gebildet und empirische Zusammenhänge ermittelt werden. Abbildung 2 zeigt die diese Zielsetzungen im Überblick und

---

[31] Zu Forschungsmethodik und -programm des empirischen Teils vgl. Kap. 4

Kapitel 1: Einführung in die Thematik 13

ermöglicht damit bereits einen Einblick in die geplante Vorgehensweise, die im nächsten Abschnitt detailliert beschrieben wird.

Abbildung 2: Zielsetzungen der Arbeit

1.3 Vorgehensweise

Zunächst wird ein theoretischer Bezugsrahmen hergestellt. Dabei stehen systemische Gedanken im Vordergrund. Sämtliche Überlegungen zu Lernenden Organisation beruhen auf den theoretischen Konstrukten der Systemtheorie.[32] Dagegen basiert ein Großteil der Führungsmodelle nach wie vor auf eigenschafts- oder verhaltenstheoretischen Annahmen.[33]

Im nächsten Schritt wird ein Überblick über den Stand der Forschung zu den Ansätzen des Lernenden Unternehmens bzw. der Lernenden Organisation gegeben. Als Grundlage für die Entwicklung eines Mitarbeiterführungssystems wird im folgenden geklärt,

---

[32] Vgl. Wildemann (1995), S. 2
[33] Vgl. Bisani (1995), S. 626

- wie sich individuelle von kollektiven Lernprozessen unterscheiden,
- wie ein organisatorischer Lernprozeß aufgebaut ist,
- welche Arten organisatorischen Lernens in der Literatur aufgeführt werden,
- welche theoretischen Konstruktionen für eine lernende Organisation existieren,
- wer die Träger des organisationalen Lernens bzw. der Lernenden Organisation sind,
- wie die Begriffe des organisationalen Lernens bzw. der Lernenden Organisation für diese Arbeit definiert werden sollen und
- wie die Ansätze zur Lernenden Organisation innerhalb der betriebswirtschaftlichen Managementsysteme einzuordnen sind.

Aus dem weiten Forschungsgebiet der Mitarbeiterführung werden dann die relevanten Punkte herausgearbeitet, die für die Entwicklung eines Mitarbeiterführungskonzeptes im Lernenden Unternehmen relevant sind. Als erste Ansatzpunkte dienen die unternehmerische Mitarbeiterführung nach WUNDERER, die Konzepte der Selbststeuerung und Elemente der klassischen Führungsforschung.

Anschließend wird das systemorientierte Grundmodell eines Lernenden Unternehmen gebildet und das Subsystem Mitarbeiterführung mit seinen Eigenschaften, Prozessen und Trägern beschrieben. Dieser Teil bildet die Grundlage für das Verständnis von Lernenden Unternehmen und Mitarbeiterführung dieser Arbeit. Die Entwicklung der Analyseinstrumente zur Bestimmung des Reifegrades organisationalen Lernens und des Führungsprofils sowie des Reifegradportfolios zur Einordnung Lernender Unternehmen hinsichtlich des erreichten Reifegrads organisationalen Lernens bildet den Übergang vom theoretischen zum empirischen Teil der Arbeit.

Die Durchführung einer empirischen Untersuchung ermöglicht die Erhebung der Daten, die für die Bildung einer Typologie von Lernenden Unternehmen notwendig sind. Zuvor werden die relevanten Ergebnisse der Befragung hin-

Kapitel 1: Einführung in die Thematik 15

sichtlich organisationalen Lernens und der eingesetzten Mitarbeiterführungssysteme vorgestellt. Eine Clusteranalyse bildet anschließend die Grundlage für die Unterscheidung verschiedener Typen von Lernenden Unternehmen. Zur Absicherung der nachfolgenden Aussagen werden die gewonnenen Erkenntnisse vor der weiteren Verwendung auf ihre statistische Signifikanz überprüft. Eine inhaltliche Beschreibung der in den Clustern enthaltenen Unternehmen bildet den Abschluß der Auswertung.

Die nun folgende Typengenerierung basiert auf den identifizierten Clustern von Lernenden Unternehmen. Daran schließt sich ein ausführlicher Teil mit Gestaltungsempfehlungen zur Umsetzung der gewonnenen Erkenntnisse an. Die Strategien und Maßnahmen werden dem Entwicklungsstand entsprechend und aufeinander aufbauend entwickelt und beschrieben und bilden das Kernstück der Gestaltungsempfehlungen für ein integriertes Mitarbeiterführungssystem im Lernenden Unternehmen. Den Abschluß bilden die Ausführungen zu Implementierung, Erfolgsmessung und der Rolle der Personalabteilung im Mitarbeiterführungssystem eines Lernenden Unternehmens.

Der beschriebenen Vorgehensweise liegt folgender forschungslogischer Ablauf zugrunde, der sich aus den Zielsetzungen der Arbeit ergibt:

Diese erste Kapitel führt in die Thematik ein und dient der Exploration der Themenstellung. Daran schließt sich das ausführliche zweite Kapitel an, in dessen Verlauf der Stand der Forschung aufbereitet wird und das damit dem Bedarf nach theoretischem Vorverständnis hinsichtlich der zwei großen thematischen Schwerpunkte organisationales Lernen und unternehmerische Mitarbeiterführung Rechnung trägt. Im dritten Kapitel werden die theoretischen Zusammenhänge modelliert, die dem Verständnis eines Lernenden Unternehmens in dieser Arbeit zugrunde liegen und die Instrumente für die weitere Untersuchung entwickelt. Das Kapitel dient der Modellkonstruktion. In Kapitel vier und fünf werden Vorgehen und Ergebnisse der empirischen Untersuchung dargelegt - damit erfolgt die Modellkritik. Das sechste Kapitel enthält die Gestaltungsempfehlungen und interpretiert somit die Ergebnisse, die aus der Modellbildung und der Untersuchung resultieren. Das siebte Kapitel enthält eine Zusammenfassung sowie einen Ausblick auf die weitere Entwicklung von Lernenden Unternehmen in Theorie und Praxis. Abbildung 3 zeigt den Aufbau der Arbeit und den zugrundeliegenden forschungslogischen Ablauf im Überblick:

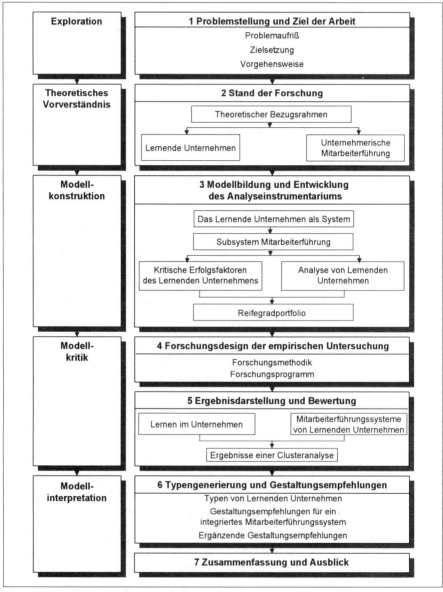

Abbildung 3: Forschungslogischer Ablauf und Aufbau der Arbeit

Kapitel 2: Stand der Forschung 17

---

1 Einführung in die Thematik

2 Stand der Forschung
  2.1 Theoretischer Bezugsrahmen
    2.1.1 Systemtheorie
    2.1.2 Unternehmen als soziale Systeme
  2.2 Lernende Organisationen
    2.2.1 Lerntheoretische Grundlagen
    2.2.2 Organisationales Lernen
    2.2.3 Einordnung in bestehende Managementkonzepte
  2.3 Unternehmerische Mitarbeiterführung
    2.3.1 Begriff und Funktion der Führung von Mitarbeitern
    2.3.2 Typologien der Mitarbeiterführung
    2.3.3 Klassische Führungsforschung
    2.3.4 Moderne Ansätze zur unternehmerischen Führung
    2.3.5 Mitarbeiterführung und Selbststeuerung
  2.4 Zwischenergebnis

---

3 Modellbildung und Entwicklung des Analyseinstrumentariums

---

4 Forschungsdesign der empischen Untersuchung

---

5 Ergebnisdarstellung und Bewertung

---

6 Typengenerierung und Gestaltungsempfehlungen

---

7 Schlußbetrachtung

2 Stand der Forschung

Ziel dieses Kapitels ist die Vermittlung der problemrelevanten Grundlagen. Dabei soll nach einigen wissenschaftlich-theoretischen Vorüberlegungen (Kap. 2.1) zunächst der Stand der betriebswirtschaftlichen Forschung auf den Gebieten der Lernenden Organisation (Kap. 2.2) und der Mitarbeiterführung (Kap. 2.3) dargelegt und mit Blick auf die Themenstellung analysiert werden.

2.1 Theoretischer Bezugsrahmen

Das Nichtvorliegen einer geschlossenen und allgemeingültigen Theorie der Betriebswirtschaftslehre bedingt die Konstruktion eines theoretischen Bezugsrahmens.[1] Dabei soll die Betriebswirtschaftslehre in diesem Zusammenhang als reale, angewandte Wissenschaft verstanden werden, die initiiert, Ideen liefert, anstößt und zur Erneuerung verhilft.[2] Für die weitere Entwicklung der Arbeit wurde ein systemorientierter Rahmen gewählt, da sämtliche Überlegungen zu Lernenden Unternehmen auf der Systemtheorie basieren. WILDEMANN stellt hierzu fest:

> „Ausgangspunkt jeglichen organisatorischen Lernens ist die systemtheoretische Erkenntnis, daß durch eine intelligente Organisation von Wissen Synergieeffekte erzielt werden können, die weit über die Lern- und Leistungspotentiale hinausgehen, die durch additive Vermehrung von Individualwissen erreichbar sind."[3]

Für die Gestaltung oder das 'Design' von lernfreundlichen Strukturen sind die gewonnenen Kenntnisse systemischen Denkens unabdingbar, wobei die vielfältigen und dynamischen Interdependenzen für die Planungs- und Kontrollprozesse der Unternehmung eine besondere Herausforderung bedeuten. MILLING

---

[1] Lange Zeit dominierte Gutenbergs „Grundlagen der Betriebswirtschaftslehre" in drei Bänden als Paradigma der deutschen Betriebswirtschaftslehre, bevor seine Vorherrschaft Ende der sechziger Jahre v. a. durch Heinens „Entscheidungsorientierte Betriebswirtschaftslehre" und Ulrichs „Systemorientierte Betriebswirtschaftslehre" beendet wurde. Vgl. dazu z. B. Venker (1993), S. 107, Schanz (1988). S. 92ff. oder Werhahn (1989), S. 1f.
[2] Zur Einteilung der Wissenschaften vgl. z. B. Venker (1993), S. 11f.
[3] Wildemann (1995), S. 2; vgl. hierzu beispielhaft auch Senge (1996), z. B. S. 21 und S. 88

Kapitel 2: Stand der Forschung

betont die Eignung des Systemansatzes als geeignetes Paradigma für das Lernende Unternehmen aufgrund der Betonung gegenseitiger Abhängigkeiten anstelle linearer Ursache-Wirkungs-Ketten, der Fokussierung auf Entwicklungsprozesse statt auf isolierte Ereignisse und der Verwendung formaler Modelle zur Analyse der Systemdynamik.[4]

2.1.1 Systemtheorie

Bisher existiert keine einheitliche Systemtheorie, auch wenn in verschiedenen Forschungsrichtungen intensiv auf Basis von verwandten Grundannahmen gearbeitet wird.[5] Die verschiedenen Systemkonstrukte lassen sich in technische, biologische und soziale Systeme unterscheiden:[6]

Der *technische Systembegriff* ist v. a. im Zusammenhang mit Kybernetik als Grundlage komplizierter Steuerungstechniken weiterentwickelt worden. Während sich die Vertreter der Kybernetik I primär mit den gleichgewichtserhaltenden Prozessen beschäftigen, befaßt sich Kybernetik II dagegen mit dem Wandel von technischen Systemen.[7]

Die *biologischen Systeme* entwickeln ihren Systembegriff in erster Linie aus der Funktion von Zellen oder Organismen, wobei der entscheidende Unterschied zu technischen Systemen in der Fähigkeit zur umweltabhängigen, selbständigen Evolution liegt.[8]

Ein reger interdisziplinärer Austausch führt zu einer wachsenden Vernetzung von Modellen und Theorien. Dies zeigt sich besonders deutlich, wenn man die wissenschaftliche Diskussion auf dem Gebiet der *sozialen Systeme*, zu dem auch Organisationen wie z. B. Unternehmen gehören, betrachtet. Diese wird momentan in erster Linie bestimmt von dem Soziologen LUHMANN, der ein

---

[4] Vgl. Milling (1995), S. 95 und Senge (1996), S. 94
[5] Verschiedene Autoren wie z. B. Rapaport (1992) sprechen zwar von einer allgemeinen Systemtheorie, beziehen sich in ihren Aussagen jedoch wiederum stark auf ihre eigene Forschungsrichtung.
[6] Vgl. König/Volmer (1996), S. 25
[7] Vgl. den Überblick bei Staehle (1994), S. 41ff.
[8] Vgl. den Überblick bei König/Volmer (1996), S. 28f.

umfangreiches Theoriegebäude über Funktion, Dynamik und (Selbst-) Beeinflussung komplexer sozialer Systeme entworfen hat,[9] den therapeutischen Modellen der Familientherapie, die Eingang in die Unternehmensberatung gefunden haben, z. B. nach WATZLAWICK,[10] den systemisch-evolutionären Ansätzen der Unternehmensführung, die einerseits von den Vertretern der Hochschule St. Gallen[11], anderseits von einer Forschergruppe um KIRSCH[12] weiterentwickelt werden[13] sowie von SENGE vom MIT, der wichtige konzeptionelle Grundlagen des „organizational learning" Ansatzes auf systemischer Gedankenbasis entwickelt hat.[14]

Allen gemeinsam ist das Zugrundelegen der charakteristischen Eigenschaften eines Systems:

- Ein System stellt eine dynamische Einheit aus verschiedenen Elementen dar, die miteinander interagieren.[15] Als Elemente werden nicht weiter sinnvoll zu unterteilende Systembausteine betrachtet.

- Als Folge ständiger Auseinandersetzung mit der Umwelt kann sich das System in seiner Struktur verändern.

- Eingriffe in das System führen immer zu Resultaten - Nebeneffekte, Rückkoppelungen und Schwellenwerte sind dabei schwer vorhersehbar.

- Systeme sind stets Subsysteme des nächsthöheren Systems, mit dem sie wiederum interagieren.[16]

Als Kriterium für die Abgrenzung eines Systems gegenüber allen Elementen, die nicht dem betrachteten System angehören, dient die Unterscheidung von der Umwelt, d. h. das System muß sich von allem, was außerhalb dieses Sy-

---

[9] Vgl. Luhmann (1984), sowie Neuberger (1995c), S. 238ff., der den Weiterentwicklungsprozess von Luhmanns Systemtheorieansatz skizziert
[10] Vgl. Watzlawick/Beavin/Jackson (1985)
[11] Vgl. z. B. Malik (1989) und Probst/Naujoks (1993)
[12] Vgl. Kirsch (1995), Kirsch (1996) und Kirsch/Knyphausen (1991)
[13] Vgl. hierzu auch den Vergleich der beiden Ansätze bei Kieser (1994), S. 199ff. oder bei Scheurer (1997), S. 216ff.
[14] Vgl. Senge (1990) und Senge (1996)
[15] Vgl. z. B. Wagner/Beenken/Gräser (1995), S. 14f.
[16] Vgl. z. B. Macharzina (1993), S. 58

stems liegt, unterscheiden.[17] Umwelt ist in diesem Zusammenhang alles, was ausgeschlossen wird und damit zum relativen Begriff, da es immer nur eine Umwelt in Bezug auf ein System geben kann. Umwelt und System gehören notwendig zusammen und bilden den Ausgangspunkt für jede systemtheoretische Analyse.[18]

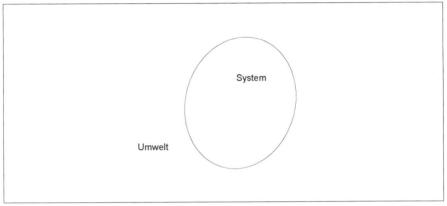

Abbildung 4: Abgrenzung eines Systems

Ein weiteres Merkmal von Systemen stellt die Anzahl der Verbindungen zwischen den Elementen dar. Diese wird im System gegenüber der theoretisch möglichen Anzahl von Verbindung reduziert.[19]

> „Die logische Möglichkeit, jedes Element mit jedem anderen zu verknüpfen, kann kein System realisieren. Das ist der Ausgangspunkt aller Reduktion von Komplexität."[20]

Ein System entsteht demnach durch eine Reduktion von Komplexität, d. h. Komplexität ist der Entstehungsgrund für Systeme. Zur Ordnung der Elemente eines Systems schreibt LUHMANN:

---

[17] Vgl. Krieger (1996), S. 13
[18] Vgl. Luhmann (1984), S. 35
[19] Vgl. Luhmann (1980), Sp. 1065f.
[20] Luhmann (1984), S. 73

„Als komplex wollen wir eine zusammenhängende Menge von Elementen bezeichnen, wenn auf Grund immanenter Beschränkungen der Verknüpfungskapazität der Elemente nicht mehr jedes Element jederzeit mit jedem anderen verknüpft werden kann."[21]

Wenn Systeme durch Reduktion von Komplexität entstehen, dann stellt Komplexität ein Problem dar, das durch Systembildung gelöst werden soll. Systeme sind demnach funktionale Gebilde zur Lösung von Problemen und die Systemtheorie eine funktionalistisch und nicht eine kausal erklärende Theorie.[22]

2.1.2 Unternehmen als soziale Systeme

Ausgangspunkt für die Verwendung des Systemansatzes in der Betriebswirtschaftslehre bildeten die Ausführungen von ULRICH.[23] Sein systemorientierter Ansatz der Betriebswirtschaftslehre bedeutete einen entscheidenden Schritt für die Öffnung der Betriebswirtschaftslehre zu anderen Disziplinen und die Abkehr von einer strikten Abgrenzung eines speziellen Erkenntnisobjektes.[24] In diesem Zusammenhang werden Unternehmen als komplexe, soziale Systeme gesehen, die wiederum Teil eines übergeordneten Systems sind und aus zahlreichen Subsystemen bestehen.[25] Soziale Systeme werden wie folgt definiert:

> „Soziale Systeme werden dabei als handlungsfähige Einheiten betrachtet, in denen individuelle zu kollektiven Handlungen transformiert werden."[26]

Als Voraussetzung für die kollektive Handlungsfähigkeit von sozialen Systemen nennen KLIMECKI/PROBST/EBERL die Organisation des Systems, welche wiederum auf Machtbeziehungen zwischen den Akteuren basiert.[27]

---

[21] Luhmann (1984), S. 46
[22] Vgl. Krieger (1996), S. 18f.
[23] Vgl. Ulrich (1970), S.100 ff.
[24] Vgl. Kirsch (1979), S. 109
[25] Vgl. ebenda (1979), S. 110
[26] Klimecki/Probst/Eberl (1994), S. 28
[27] Vgl. ebenda (1994), S. 40

Kapitel 2: Stand der Forschung 23

In Anlehnung an systemtheoretische Überlegungen läßt sich ein Unternehmen daher als ein produktives soziales System definieren, da es das Zusammenwirken mehrerer Elemente erfordert. Es ist durch folgende Eigenschaften gekennzeichnet:[28]

- Offenheit: es steht dauernd mit seiner Umwelt in Beziehung;

- Dynamik: es unterliegt durch laufende externe und interne Einflüsse dauernden Zustandsveränderungen;

- Komplexität: es besteht aus vielen Subsystemen, die untereinander verschiedene Arten von Beziehungen und Rückkoppelungen aufweisen, so daß es nicht vollständig faßbar und beschreibbar ist;

- Stochastik und Probabilistik: das Zusammenwirken der Elemente ist nur teilweise fest vorgegeben und determiniert;

- Teilautonomie: sein Verhalten wird durch andere Teilsysteme mitbestimmt, es kann nur innerhalb bestimmter Grenzen selbst entscheiden;

- Zielausrichtung: es ist nur dann existenzfähig, wenn die Aktivitäten auf die Erreichung von Zielen gerichtet sind;

- Selbstlenkung: das System ist in der Lage, sich selbst unter Kontrolle zu halten.

Daraus ergibt sich folgende Definition für ein Unternehmen: es ist

„ein produktives System, das Leistungen für Dritte erstellt und seine Existenz durch die Gleichgewichtigkeit von Leistung und Gegenleistung gewährleistet, und gleichzeitig ein soziales System, bei dem das Verhalten des Gesamtsystems durch das Verhalten der in ihm tätigen Individuen und sozialen Subsysteme entscheidend mitbestimmt wird."[29]

Der systemtheoretische Hintergrund bildet somit die Grundlage für den im folgenden beschriebenen Bezugsrahmen der vorliegenden Arbeit. Ausgehend von den gewählten Definitionen sind Unternehmen als offene, produktive, so-

---

[28] Vgl. Ulrich (1989), S. 20 und Bisani (1995), S. 500
[29] Bisani (1995), S. 501

ziale Systeme in einer komplexen, dynamischen Umwelt zu betrachten, die durch folgende Komponenten beschrieben werden:

Das *System* Unternehmung beinhaltet zahlreiche funktionale *Subsysteme*, welche wiederum in Subsysteme unterteilt werden können und somit in hierarchischer Beziehung zueinander stehen.[30] Das Mitarbeiterführungssystem bildet dann z. B. ein Subsystem des Managementsystems. Die Subsysteme sind wiederum durch ihre Elemente und ihre Eigenschaften charakterisiert. Die *Elemente* der Subsysteme stehen in kombinatorischer Beziehung zueinander, d. h. ihre *Merkmale* und *Eigenschaften* beschreiben den momentanen Systemzustand. Zur Reduktion der internen Komplexität werden nicht alle möglichen *Elementverbindungen* hergestellt: es tritt eine Ordnung der Elemente ein.[31] Die Aufrechterhaltung des offenen und produktiven Systems Unternehmung ist auf materielle und immaterielle *Inputs* aus der Umwelt angewiesen. Es bestehen daher ausgewählte Vernetzungen mit der Umwelt. Innerhalb des Systems Unternehmung *organisieren* sich Teile vom Unternehmen innerhalb bestimmter Grenzen *selbst*.[32] *Entscheidungsträger* im System Unternehmung sind nach wie vor Individuen bzw. Gruppen. Die *Struktur* aus Elementen, Eigenschaften und Elementverbindungen resultiert aus und ermöglicht gleichzeitig bestimmte *Prozesse*, die im Unternehmen ablaufen und den Unternehmenserfolg bestimmen. Strukturen und Prozesse sind dynamisch und ständiger Veränderung unterworfen.

Abbildung 5 stellt den Zusammenhang grafisch dar.

---

[30] Vgl. hierzu Katz/Kahn (1966), S. 31, die bereits Mitte der sechziger Jahre eine Unterteilung in fünf Subsysteme vornehmen: das produktive oder technische Subsystem, das Versorgungssubsystem, das Erhaltungssubsystem, das Anpassungssubsystem und das Management-Subsystem; vgl. Malik (1993), S. 154, der dagegen Management-, Informations-, und Kontrollsysteme von Unternehmenspolitischen Systemen, Planungssystemen und Dispositiven Systemen abgrenzt; ähnlich verfährt auch Link (1996), S. 26ff.; vgl. hierzu auch Staehle (1994), S. 42 und Malik (1989), S. 84ff., die das System von Beer in Analogie zum menschlichen Zentralnervensystem zur Grundlage ihrer Subsystemunterscheidungen machen. Eine Einteilung der Subsysteme nach Funktionen erscheint dagegen wenig sinnvoll; vgl. hierzu z. B. Mingers (1995), S. 154ff.

[31] Vgl. Wagner/Beenken/Gräser (1995), S. 24f.

[32] Vgl. hierzu den Überblick bei Kieser (1994), S. 199ff.; vgl. Saar (1995), S. 90f.

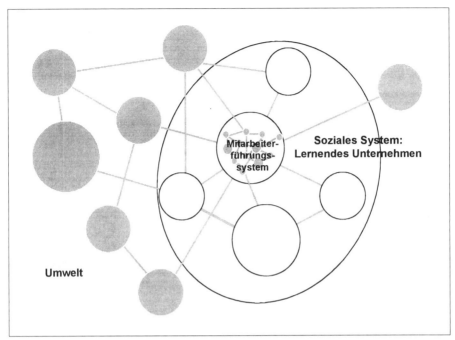

Abbildung 5: Theoretischer Bezugsrahmen

2.2 Lernende Organisationen

Auf den theoretischen Grundmodellen des individuellen, sozialen und organisationalen Lernens aufbauend, werden in diesem Abschnitt die wichtigsten Elemente lernender Organisationen dargestellt: organisationale Lernprozesse, das organisationale Gedächtnis sowie die organisatorischen Rahmenbedingungen, die für eine lernende Organisation notwendig sind.

2.2.1 Lerntheoretische Grundlagen

Während das Lernverhalten von Individuen und Gruppen bereits hinreichend Gegenstand der betriebspädagogischen und auch der betriebswirtschaftlichen Forschung war und ist, bestehen bei der Vorstellung, daß auch eine Organisation lernen kann, sehr unterschiedliche Auffassungen. Allerdings steht außer Zweifel, daß auch beim Lernen der Organisation das individuelle Lernen eine entscheidende Rolle spielt. [33] Daher stellt das Lernen des Individuums den Ausgangspunkt aller Überlegungen zu organisationalen Lernprozessen dar.

„Organisationales Lernen erfolgt über Individuen und deren Interaktionen, die ein Ganzes mit eigenen Fähigkeiten und Eigenschaften schaffen."[34]

„Individuelles und organisationales Lernen sollen daher im Gleichschritt erfolgen und miteinander verzahnt sein."[35] (Dualität von individuellem und organisationalem Lernen)

2.2.1.1 Theorien des individuellen Lernens

Im folgenden sollen zunächst die Theorien zum individuellen Lernen - wenn auch in verkürzter Form - dargelegt werden. Die am weitesten verbreitete Definition individuellen Lernens stammt von HILGARD und BOWER und ist im Zeitablauf nur geringfügig modifiziert worden:

„Lernen ist der Vorgang, durch den eine Aktivität im Gefolge von Reaktionen des Organismus auf eine Umweltsituation entsteht oder verändert wird. Dies gilt jedoch nur, wenn sich die Art der Aktivitätsänderung nicht auf der Grundlage angeborener Reaktionstendenzen, von Reifung oder von zeitweiligen organismischen Zuständen (z. B. Ermüdung, Drogen usw.) erklären läßt."[36]

Für den Einsatz im Lernenden Unternehmen schränkt GEIßLER den Begriff des individuellen Lernens weiter auf die Aspekte ein, die für das Lernen im organisationalen Kontext relevant sind:

„Individuelles Lernen in Organisationen wird damit definiert als eine nicht-momentane, das heißt anhaltende Änderung des Steuerungspotentials, über das das Individuum bezüglich seines Ver-

---

[33] Vgl. z. B. Senge (1996), S. 171 oder Klimecki/Probst/Eberl (1994), S. 115
[34] Probst (1994), S. 304
[35] Heimerl-Wagner, P. (1992), S. 190
[36] Hilgard/Bower (1975), S. 16

haltens in derjenigen organisationsspezifischen Kontexten, in die es involviert ist, verfügt."[37]

Die Basis für die Analyse sämtlicher individueller Lernvorgänge bilden die Lerntheorien, die sich grob in zwei Klassen einteilen lassen: Die Behavioristischen Lerntheorien und die Kognitivistischen Lerntheorien.[38] Eine geschlossene, alle Aspekte umfassende und allgemein akzeptierte Lerntheorie existiert bis heute nicht.

Die Theorien des **Behaviorismus** beruhen in erster Linie auf empirischen Beobachtungen menschlichen und tierischen Lernverhaltens und legen zumeist das klassische SR- oder Blackbox-Modell zugrunde. Ein Reiz aus der Umwelt wird wahrgenommen und interpretiert, aus dem Gedächtnis wird dazu das passende Reaktionsprogramm aufgerufen und ausgeführt. Das Ergebnis der Programmausführung bestimmt die Wahrscheinlichkeit des erneuten Aufrufs des Programms bei Auftreten des gleichen Reizes: der Grad der Bedürfnisbefriedigung bedingt die zukünftige Abrufwahrscheinlichkeit. Die internen Vorgänge im lernenden Subjekt werden hier ausgeklammert, d. h. Lernen erfolgt ohne Bewußtseinskontrolle durch biologische Anpassung an die Umwelt.[39] Dieses konditionierte Lernen ermöglicht daher nur die Verstärkung oder Abschwächung vorhandener Verhaltensweisen - die Aneignung neuer Verhaltensweisen ist nicht möglich.

---

[37] Geißler, H. (1996)
[38] Vgl. Güldenberg (1996), S. 24ff. und Göbel (1996), S. 554
[39] Vgl. Schröder (1995), S. 50f.

Klasse	Lerntheorie	Hauptaussagen	Autor
Behavioristische Lerntheorien	Klassische Konditionierung	Verhaltensänderung erfolgt durch wiederholte Kombination eines unkoordinierten Reiz-Reaktionspaares mit einem neutralen Reiz.	*Pawlow*
	Lernen durch Versuch und Irrtum	Law of Effect, Law of Exercise	*Thorndike*
	Kontiguitätsgesetz	Ausschließliches Lernen von Bewegungen, Handlungen und Fertigkeiten setzen sich daraus zusammen, Verlernen durch Neu-Lernen	*Guthrie*
	Stimulus-Auswahl-Theorie	Beschreibung komplexer Lernsituationen aus statistischer, wahrscheinlichkeitstheoretischer Sicht	*Estes*
	Operante Konditionierung	Verhaltensformung (Lernen durch Belohnung)	*Skinner*
	Systematische Verhaltenstheorie	Erweiterung des SR-Ansatzes zur SOR-Formel (Neobehaviorismus)	*Hull*

Tabelle 3: Übersicht behavioristische Lerntheorien

Das bekannteste Modell stellt die klassische Konditionierung nach PAWLOW dar: das Reiz-Reaktion-Modell entwickelte der russische Physiologe bereits im letzten Jahrhundert.[40] Daß die empirischen Belege für diese Lerntheorie, wie für zahlreiche andere ebenfalls, auf Tierexperimente zurückgehen, läßt die Übertragbarkeit auf menschliches Handeln allerdings bezweifeln.[41] Überträgt man die behavioristischen Lernansätze auf eine Organisation, so führt dies zu einer tayloristischen Sichtweise organisationalen Lernens, nach der die Organisation ihre Mitglieder durch den Einsatz der Auslösestimuli kontrolliert.[42]

---

[40] Vgl. hierzu z. B. den Überblick bei Steiner (1992), Sp. 1265ff.
[41] Vgl. Göbel (1996), S. 554.
[42] Vgl. Reber (1992), Sp. 1244.

Dagegen nähern sich die Theorien des **Kognitivismus** der Problematik durch den Versuch, die kognitiven Vorgänge des Menschen zu erhellen und damit mit rational orientierten Ansätzen die Vorgänge in der Blackbox zu analysieren und darzustellen. Dabei wird von der Grundannahme ausgegangen, daß zwischen Stimulus und Reaktion ein Prozeß der geistigen Kodierung stattfindet, der den Handlungsprozeß entscheidend beeinflußt und Umwelteinflüsse und die Verstärkung erfolgreicher Handlungsweisen in den Hintergrund drängt. Lernen wird hier als Erwerb von Wissen verschiedensten Inhalts betrachtet und somit als ein höherer Lernprozeß, der aus drei wesentlichen Prozeßgruppen besteht:[43]

- das Verstehen,
- das Abspeichern und
- das Abrufen (Wiedererinnern).

Dabei wird davon ausgegangen, daß beim erwachsenen Menschen bereits ein Vorwissen in Form von semantischen Netzwerken vorhanden ist. Der aktivierte Teil eines semantischen Netzwerkes wird dabei als Schema bezeichnet. Jeder Mensch verfügt über Tausende solcher Schemata, in denen in verschiedenen Situationen gedacht wird. Diese bilden die Grundlage für mentale Strukturen[44], die wiederum die Basis für mentale Modelle darstellen.

Zusammenfassend läßt sich sagen, daß die kognitiven Lerntheorien im Gegensatz zu den behavioristischen Lerntheorien versuchen,

- die menschlichen Denkvorgänge zu untersuchen,
- die Black-Box des SR-Paradigmas zu analysieren,
- den Lernprozeß des Menschen als aktiv und ganzheitlich zu betrachten sowie
- die Bildung mentaler Strukturen zu berücksichtigen.

---

[43] Vgl. Steiner (1992), Sp. 1270
[44] Vgl. Greschner (1996), S. 54

Klasse	Lerntheorie	Hauptaussagen	Autor
Kognitive Lerntheorien	Orientierungslernen (Musterlernen)	Lernen von Orientierung oder kognitiven Landkarten, Ableitung von planvollem Handeln aus Erwartungen und Zielen	*Tolman*
	Gestaltpsychologie	Lernen durch Einsicht in und Verstehen von Gestalten bzw. Ganzheiten	*Wertheimer, Köhler*
	Feldtheorie	Verhalten kann durch eine Funktion der persönlichen Merkmale und der psychologischen Umwelt beschrieben werden: V=f (P, U)	*Lewin*
	Entwicklungspsychologie	Individuum strebt nach kognitivem Gleichgewicht durch Integration von Information in die kognitive Struktur oder Veränderung der kognitiven Struktur	*Piaget*
	TOTE-Einheit als kognitives Regelungsprinzip	Funktionale Darstellung des Äquilibrationsprozesses	*Miller/ Galanter/ Pribram*
	Theorie des kognitiven Konfliktes	Kognitiver Konflikt als Auslöser für Äquilibrationsvorgänge, Epistemische Neugier als menschlicher Drang, Sinn und Ordnung in Umweltinformationen zu bringen	*Berlyne*
	Hierarchische Lernstruktur	Integrativer Ansatz, der behavioristische und kognitive Elemente enthält und vereint, Aufteilung des Lernprozesses in aufeinander aufbauende Teilschritte	*Gagné*
	Mentale Modelle	Der Mensch baut durch kognitive Prozesse modellhafte Vorstellungen über reale Zusammenhänge auf, die die Grundlage aller Denkprozesse bilden	*Fortmüller*
Synthese von Neobehaviorismus und Kognitivismus	Informationsverarbeitungsansatz	Interpretation des Menschen als kybernetisches, informationsverarbeitendes System	*Kappler*

Tabelle 4: Übersicht kognitive Lerntheorien

Betrachtet man die oben genannten Lernprozesse höherer Ordnung, deren drei Prozeßgruppen denen einer Organisation weitgehend entsprechen, so lassen sich erste Parallelen zum organisationalen Lernen erkennen. Die kognitiven Lerntheorien können daher im Gegensatz zu den behavioristischen Theorien eher zum Verständnis des organisationalen Lernens beitragen und als Basis für die weiteren Ausführungen dienen.

2.2.1.2 Soziale Lerntheorien

Die sozialen Lerntheorien beschäftigen sich mit kollektiven Lernprozessen: die Kommunikation innerhalb von Lerngemeinschaften, die Gruppe als Lerngemeinschaft und das Umfeld der Lerngemeinschaften treten in den Vordergrund.[45] Zur Veranschaulichung sollen die wichtigsten Vertreter und ihre Ansätze kurz vorgestellt werden.

Klasse	Lerntheorie	Hauptaussagen	Autor/ Hauptvertreter
Theorien, die kollektive Elemente mit einbeziehen	systemtheoretische Gruppenkonzeption	Erreichung eines Stadiums generativer Gemeinschaft erst nach Durchlauf dreier Entwicklungsstufen	*Mills 1969*
	sozial-kognitive Lerntheorie	Verknüpfung des SOR-Paradigmas mit der Lewin'schen Feldtheorie	*Bandura 1979*
	soziologische Lerntheorie	Primat des kollektiven Lernens vor dem Lernen des einzelnen Individuums	*Miller 1986*

Tabelle 5: Theorien des sozialen Lernens

Im Zentrum des Interesses der systemtheoretischen Gruppentheorie nach MILLS stehen die drei aufeinander aufbauenden Entwicklungsstufen, die eine Gruppe durchlaufen muß, ehe sie Generativität, d. h. die Fähigkeit eines sozialen Systems zu selbstreproduktivem Wachstum, erreicht:[46]

---

[45] Vgl. Wahren (1996), S. 20ff.
[46] Vgl. Wahren (1996), S. 20

- Befriedigung der individuellen Bedürfnisse der Mitarbeiter,

- Stabilisierung der Bedingungen der individuellen Bedürfnisbefriedigung, Herausbildung instrumenteller Rollen und Verfolgung kollektiver Ziele sowie

- Steigerung des Selbstbewußtseins der Mitglieder und Bildung eines Gruppenbewußtseins, Entwicklung der Fähigkeit zur Selbstbestimmung und zum generativen Wachstum ermöglicht selbst initiierte Strukturveränderungen.

Da Lernen einen Prozeß darstellt, der sich innerhalb eines sozialen Umfelds abspielt, ist das Individuum auf andere Individuen angewiesen, mit denen und von denen es etwas lernen kann. Das Lernen durch Beobachtung steht daher im Mittelpunkt der sozial-kognitiven Lerntheorie von BANDURA, die feststellt, daß fast alles, was sich durch direkte Erfahrung lernen läßt, auch durch Beobachtung erlernbar ist. Je schwerwiegender die Folgen von Fehlern infolge eines langwierigen Try-and-Error-Prozesses sein können, desto mehr sind Individuen auf das Lernen durch Beobachtung angewiesen.[47] Dabei wird von einer wechselseitigen Beeinflussung von Persönlichkeitsfaktoren, Umweltfaktoren und Verhalten ausgegangen, die die Komplexität menschlichen Lernens verdeutlicht. Die Kombination von Freiheit und Determinismus soll hier die Erklärungsgrundlage für intentionale Handlungen, aktive Situationsbeeinflussung, kreative Lösungen und die gezielte Beeinflussung des Verhaltens durch Kontextgestaltung bilden. Selbststeuerung und -kontrolle spielen eine große Rolle beim Lernen im Unternehmen, daher kann es durch aktives Management zwar gefördert, aber nicht erzwungen werden.[48]

Der Dialog als zentrale Voraussetzung kollektiver Lernprozesse steht im Mittelpunkt der soziologischen Lerntheorie nach MILLER. Hier werden drei Formen des Lernens unterschieden: autonomes, relatives und fundamentales Lernen. Im Gegensatz zu den zwei erstgenannten Formen sind die Prozesse fundamentalen Lernens auf ein Kollektiv angewiesen, da es dem lernenden Indivi-

---

[47] Vgl. Bandura (1986), S. 18ff.
[48] Vgl. Bandura (1979), S. 200ff.

duum nur mit Hilfe dieser Form des Lernens möglich ist, an sozialen Interaktionen und kollektiver Argumentation teilzunehmen. Zur Verbesserung der Lernfähigkeit eines Kollektivs muß also die kollektive Argumentation mit Hilfe fundamentaler Lernprozesse verbessert werden. Damit wird eine höherstufige Argumentationslogik und ein rational höherstufiges moralisches Urteilsvermögen erreicht.[49]

Beim sozialen, interaktionistischen oder kollektiven Lernen tritt also der kommunikative Aspekt in den Vordergrund.[50] Im Gegensatz zu den individuelle Lerntheorien lassen sich kollektive Lernprozesse identifizieren: Lerngemeinschaften versuchen, Kommunikationsprozesse zu bewältigen und verlassen damit die Ebene der rein passiven Anpassung hin zu einem selbstreflektierenden Agieren.

2.2.1.3 Beitrag der individuellen und sozialen Lerntheorien zum organisationalen Lernen

Nach Betrachtung der vorgestellten Ansätze läßt sich folgendes festhalten:

Die *behavioristischen Lerntheorien* können außer der grundlegenden Erkenntnis, daß sich Individuen mit Anreizsystemen und ähnlichen Instrumenten zur Steuerung beeinflussen lassen, welche eher in den Bereich der Verhaltensforschung gehört, kaum zum Verständnis organisationalen Lernens beitragen. Die *kognitiven Lerntheorien* tragen insofern zum Verständnis bei, als daß sie den Lernprozeß höherer Ordnung, der mit seinen Phasen Verstehen, Abspeichern und Abrufen in seinen Grundzügen dem organisationalen Lernprozeß entspricht, zu erklären versuchen. Die *sozialen Lerntheorien* verdeutlichen die Komplexität von Lernprozessen, an denen mehrere Individuen beteiligt sind. Sie erweitern die Perspektive durch Aspekte der Kommunikation, der Gruppe als Lerngemeinschaft und der Bedeutung des organisationalen Kontextes für organisationales Lernen.

---

[49] Vgl. Miller (1986), S. 138ff.
[50] Vgl. Wahren (1996), S. 22

Außer Zweifel steht, daß sowohl das individuelle als auch das Gruppenlernen wesentliche Bestandteile von organisationalem Lernen sind. Hierbei handelt es allerdings nicht um eine rein additive Verknüpfung:

„Das Lernen eines sozialen Systems ist also nicht mit der Summe der individuellen Lernprozesse und Ergebnisse gleichzusetzen, auch wenn diese Voraussetzung und wichtige Basis für ein institutionelles Lernen sind."[51]

Organisationales Lernen kann[52]

- *mehr* sein als die Summe individuellen Lernens, wenn aus der Zusammenlegung individueller Lernpotentiale Synergieeffekte resultieren, z. B. wenn bei der Suche nach Reaktionsprogrammen auf die Gedächtnisse aller beteiligten Individuen zurückgegriffen werden kann;
- *weniger* sein als die Summe individuellen Lernens, wenn strukturelle Friktionen die Ausschöpfung individueller Lernpotentiale behindern, z. B. durch die Bereitstellung unzureichender Ressourcen oder durch fehlende Möglichkeiten zur Feststellung des Ergebnisses;
- *qualitativ anders* sein als die Summe individuellen Lernens, wenn das Sinnmodell der Organisation, die Unternehmenskultur, nicht mit den Sinnmodellen der einzelnen Organisationsmitglieder übereinstimmt.

2.2.2 Organisationales Lernen

Den verbreitetsten Ansatz zum „organizational learning" publizierten AGYRIS und SCHÖN bereits 1978.[53] Zahlreiche weitere Veröffentlichungen auch im deutschsprachigen Raum zu diesem Thema folgten allerdings erst Anfang und

---

[51] Probst (1994), S. 304
[52] Vgl. Schröder (1995), S. 53
[53] Vgl. Agyris/Schön (1978)

Mitte der Neunziger Jahre.[54] Im Zentrum der verschiedenen Ansätze stehen dabei

- der Wissenserwerb, d. h. wie sehen die organisationalen Lernprozesse aus und wie unterscheiden sie sich von individuellen Lernprozessen;
- die Wissensspeicherung, d. h. wie ist das organisationale Gedächtnis aufgebaut;
- die Weitergabe von organisationalem Wissen, d. h. wie greifen die Organisationsmitglieder auf organisationales Wissen zu;
- die Beschaffenheit von organisationalem Wissen, d. h. welche Eigenschaften muß Wissen besitzen, damit es organisationsweit zur Verfügung gestellt werden kann;
- der organisatorische Kontext, d. h. welche Rahmenbedingungen müssen geschaffen werden, die organisationales Lernen ermöglichen.

Bereits POPPER hat mit der Empfehlung, stets Argumente gegen eigene Überzeugungen und eigene Lösungen zu sammeln, auf seine Weise den Impuls für jeweils eigenes Lernen formuliert.[55] Seitdem hat sich eine Vielzahl von Autoren verschiedener Wissenschaftsdisziplinen mit organisationalen Lernen beschäftigt. Als erster Ansatz, der größere Verbreitung gefunden hat, wird die Veröffentlichung von ARGYRIS/SCHÖN meist als Ausgangspunkt aller Theorien zur Lernenden Organisation genannt. Die folgende Tabelle zeigt einen Ausschnitt aus dem Spektrum der Definitionsansätze zum organisationalen Lernen:

---

[54] Vgl. z. B. Senge (1990), Wildemann (1990), Sattelberger (1991), Probst (1994), Sonntag (1995), Geißler (1995), Albach/Wildemann (1995), Sattelberger (1996), Bullinger/Schäfer (1996)
[55] Vgl. Popper (1975)

Autor	Definition
Argyris/Schön 1978	„Organizational learning occurs when members of the organization act as learning agents for the organization, responding to changes in the internal and external environments of the organization by detecting and correcting errors in organizational theory-in-use, and embedding the results of their inquiry in private images and shared maps of organization."[56]
Duncan/Weiss 1979	„Organizational learning is defined here as the process within the organization by which knowledge about action-outcome relationships and the effect of the environment on these relationships is developed."[57]
Probst 1994	„Unter organisationalem Lernen verstehen wir die Prozesse einer Institution als Ganzes, Fehler zu entdecken, diese zu korrigieren, sowie die organisationale Wert- und Wissensbasis zu verändern, so daß neue Problemlösungs- und Handlungsfähigkeiten erzeugt werden. Einzuschließen ist auch die Fähigkeit, Handlungskriterien und -strategien auf ihre Sinnhaftigkeit zu überdenken."[58]
Geißler 1994	„Organisationslernen kann als ein Prozeß verstanden werden, in dem sich das Steuerungspotential der Organisation im Umgang mit ihrem Kontext und mit sich selbst verändert."[59]
Probst/Büchel 1994	„Unter organisationalem Lernen ist der Prozeß der Erhöhung und Veränderung der organisationalen Wert- und Wissensbasis, die Verbesserung der Problemlösungs- und Handlungskompetenz sowie die Veränderung des gemeinsamen Bezugsrahmens von und für Mitglieder innerhalb der Organisation zu verstehen."[60]
Oberschulte 1994	„Das organisatorische Lernen stellt einen Veränderungsprozeß dar, über den die organisatorische Lernfähigkeit, das organisatorische Wissen sowie das organisatorische Gedächtnis beeinflußt werden."[61]

---

[56] Argyris/Schön (1978), S. 29
[57] Duncan/Weiss (1979), S.84
[58] Probst (1994), S. 301
[59] Geißler (1994), S. 10
[60] Probst/Büchel (1994), S. 17
[61] Oberschulte (1994), S. 27

Klimecki/ Probst/Eberl 1994	„Unter organisationalem Lernen verstehen wir eine Weiterentwicklung des organisationalen Wissens in moralischer, sozialer und technischer Hinsicht, das durch dialogische Aushandlungsprozesse zustande gekommen ist."[62]
Wildemann 1995	Organisationales Lernen ist ein Prozeß, „in dem die Organisation versucht, sich und ihre Umwelt zu verstehen sowie zielgerichtet nach Informationen sucht, die die Beeinflussung von Lernprozessen durch Störgrößen mindern."[63]
Greschner 1996	„Organisationales Lernen bezeichnet individuelle und kollektive Informationsverarbeitungsvorgänge zum Aufbau von Wissen, das der Organisation eine zweckmäßigere Auseinandersetzung mit aktuellen und zukünftigen Umweltanforderungen erlaubt."[64]

Tabelle 6: Übersicht Definitionen zum organisationalen Lernen

Wenn diese Zusammenstellung auch nur einen Einblick und keineswegs eine vollständige Übersicht gestattet, so wird doch an den Formulierungen deutlich, daß das Gedankengut der vorwiegend aus dem nordamerikanischen Raum stammenden Autoren der ersten Ansätze zum organisationalen Lernen, die in den siebziger Jahren vorgestellt wurden, Mitte der neunziger Jahre intensiv weiterentwickelt worden sind. Während die ersten Definitionen sich v. a. auf den Prozeß der Veränderung organisationaler Prozesse durch die Beeinflussung individueller Handlungsweisen konzentrierten, steht in den neueren Festlegungen die Weiterentwicklung der organisatorischen Wissensbasis im Vordergrund. Allerdings waren sich alle Autoren einig, daß organisationales Lernen deutlich über die Summe individuellen Lernens hinausgehen kann.

Die Übersicht verdeutlicht aber auch die Schwierigkeit, alle relevanten Aspekte zu berücksichtigen. Ein Vorstellung einer eigenen Definition, die dem weiteren Verlauf der Arbeit zugrunde gelegt wird, erfolgt daher erst nach einer eingehenden Betrachtung der Bestandteile des organisationalen Lernprozesses.

---

[62] Klimecki/Probst/Eberl (1994), S. 62
[63] Wildemann (1995), S. 6
[64] Greschner (1996), S. 107

2.2.2.1 Organisationale Lernprozesse

„Wie lernen Organisationen?
- Wenn überhaupt, dann sehr langsam!"[65]

MARCH/OLSEN gehörten zu den ersten, die den Lernansatz auf Organisationen übertragen haben. Ihre Konzeption organisatorischen Lernens basiert auf einem Lernzirkel, der von Lernen durch Erfahrung bestimmt wird.

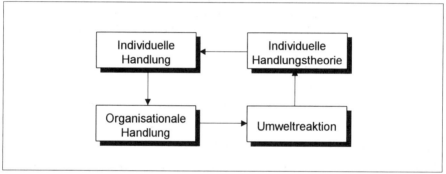

Abbildung 6: Der organisationale Handlungszyklus
Quelle: March/Olsen (1990), S. 377

Analog zu den vorgestellten Theorien sozialen Lernens gilt auch hier die Grundannahme, daß Individuen Umweltveränderungen im Rahmen kognitiver Prozesse verarbeiten und dann agieren. Die Reaktion der Umwelt auf die organisationalen Handlungen formen und verändern Einstellungen, Werte und Meinungen der Individuen. Damit findet eine ständige Evolution der individuellen Handlungstheorien statt. Die Verarbeitungsprozesse und die eigenen Handlungsmuster werden angepaßt. Organisationslernen wird hier also sowohl als individueller als auch als organisationaler Lernprozeß verstanden.[66] Die Organisation befindet sich in einem Zustand permanenter Lernbereitschaft.

---

[65] Nachreiner (1992), S. 57
[66] Vgl. hierzu z. B. die zusammenfassende Darstellung bei Schreyögg/Noss (1995), S. 176f.

Kapitel 2: Stand der Forschung

Als verbesserungswürdig wurde v. a. die Stimulus-Response-Logik und die Betonung des reaktiven Lernens gesehen. Mittlerweile liegt eine Vielzahl weiterentwickelter Ansätze vor, die proaktiven Lernpotentiale der Organisation und die Speicherung und Verknüpfung von Informationen in den Mittelpunkt stellen. Die Restrukturierung dieser sogenannten organisatorischen Wissensbasis durch individuelle, kollektive und organisationale Lernprozesse in wissensbasierten Systemen bildet dabei heute den konzeptionellen Anknüpfungspunkt für neuere Ansätze.

Autor	1. Ebene	2. Ebene	3. Ebene
Argyris/Schön[67] 1978	single-loop- learning	double-loop-learning	deutero-learning (Lernen über Lernen)
Hedberg[68] *1981*	adjustment learning	turnover learning	turnaround learning
Fiol/Lyles[69] *1985*	Lernen auf niedrigen Ebenen	Lernen auf höheren Ebenen	
Bateson[70] *1988*	Proto-Lernprozesse	Deutero-Lernprozesse	
Pautzke[71] *1989*	Erhöhung der Effizienz	Lernen aus Erfahrung	Veränderung der Wissensstrukturen
Senge[72]*1990*	adaptives Lernen		generierendes Lernen
Staehle[73] *1991*	Assimilation	Akkomodation	Aquilibration
Probst/Büchel[74] *1994*	Anpassungslernen	Veränderungslernen	Prozeßlernen
Delfmann[75] *1995*	einfaches Lernen	Lernen zweiter Stufe	

Tabelle 7: Begriffsverwendungen für organisatorische Lernebenen

---

[67] Vgl. Argyris, Schön (1978), S. 3f. und S. 17ff.
[68] Vgl. Hedberg (1981), S. 9f.
[69] Vgl. Fiol, Lyles (1985), S. 807
[70] Vgl. Bateson (1988), S. 229ff.
[71] Vgl. Pautzke (1989), S. 104ff.
[72] Vgl. Senge (1990), S. 8
[73] Vgl. Staehle (1994), S. 863
[74] Vgl. Probst/Büchel (1994), S. 35
[75] Vgl. Delfmann (1995), S. 148ff.

Betrachtet man die bisher veröffentlichen Ansätze, so läßt sich feststellen, daß diese in verschiedene Ebenen des Lernens unterscheiden. Die Lernintensität oder der Lernfortschritt läßt sich dabei bei den meisten der publizierten Konzeptionen in drei Arten organisationalen Lernens einteilen. In der ersten Ebene finden sich v. a. Lernprozesse, die lediglich auf die Anpassung an vorgegebene Ziele ausgerichtet sind. Die Lernprozesse der zweiten Ebene zielen meist bereits auf die Veränderung der Zielsetzungen und die Lernprozesse dritter Ordnung stellen das gesamte Wertesystem in Frage. Tabelle 7 gibt einen Überblick über die wichtigsten Arbeiten. Im folgenden Abschnitt werden die drei Arten von organisationalen Lernprozessen exemplarisch erläutert.

2.2.2.1.1 Lernebenen

Beispielhaft sollen am Ansatz von PROBST, der eine Weiterentwicklung des klassischen Konzepts von ARGYRIS/SCHÖN darstellt, die drei Ebenen organisatorischen Lernens dargestellt und erläutert werden:

a. Anpassungslernen

Unter der ersten Ebene von organisationalem Lernen wird hier die Optimierung interner Anpassungsprozesse an veränderte Umweltbedingungen bei gegebenen organisatorischen Zielen zur Effizienzsteigerung der Zielerfüllung verstanden. Die Identifikation von Fehlerquellen als Reaktion auf vorgegebene Standards und Regeln geschieht, indem negative Rückkopplungsinformationen Impulse zur Regelung auslösen. Die Einleitung von Maßnahmen erfolgt zur Kurskorrektur bei Abweichung von Soll-Werten.

Kapitel 2: Stand der Forschung 41

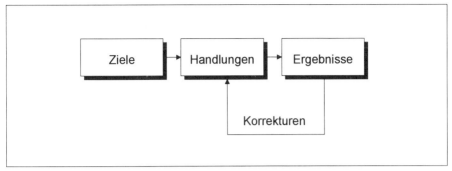

Abbildung 7: Single-Loop-Learning
Quelle: Probst/Büchel (1994), S. 35

Allerdings verweilen die Organisationen auf der Basiserkenntnisstufe, da die Problemlösungskapazität nicht gesteigert wird. Die Optimierung vorhandener Systeme ist als Ziel von Anpassungs- oder sogenannten Single-Loop-Lernprozessen anzusehen. Die Effizienz bildet den Maßstab: wie schnell und mit welchem Aufwand lassen sich Fehlerquellen beseitigen?[76] „Anpassungslernen ist die effektive Adaption an vorgegebene Ziele und Normen durch die Bewältigung der Umwelt."[77]

b. Veränderungslernen

In der zweiten Ebene werden nun Ziele im Laufe der Lernprozesse modifiziert, um Umweltveränderungen Rechnung zu tragen. Die Anpassung an externen Wandel wird zum Beispiel durch die Orientierung an der Konkurrenz oder an Kunden durch Veränderungslernen aufrechterhalten. Dieses setzt jedoch die Fähigkeit eines „unlearning" voraus, damit grundlegende Normen und Wertvorstellungen in Frage gestellt werden und Anpassungen an Umweltveränderungen erfolgen können. Im Gegensatz zum einfachen Anpassungslernen entstehen neue Handlungstheorien, die durch kritische Überprüfung von Werten und Normen das Bild und die Tiefenstruktur der Organisation verändern.[78]

---

[76] Vgl. Probst (1994), S.306f.
[77] Probst/Büchel (1994), S. 36
[78] Vgl. Probst (1994), S. 307

„Veränderungslernen ist die Hinterfragung von organisationalen Normen und Werten, sowie die Restrukturierung dieser in einem neuen Bezugsrahmen."[79]

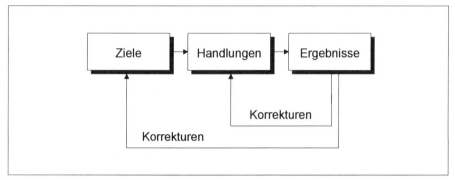

Abbildung 8: Double-Loop-Learning
Quelle: Probst/Büchel (1994), S. 37

Die Grenzen beider Lerntypen ergeben sich durch die Zielbeschränkung auf die minimalste Fähigkeit einer Organisation: Überleben. Geht der Zweck einer Organisation über die bloße Selbsterhaltung hinaus, werden Fähigkeiten benötigt, um autonom und selbstbestimmend zu handeln.[80]

c. Prozeßlernen

Beim Prozeßlernen handelt es sich um einen organisatorischen Lernvorgang mit aktivem Charakter: Durch die Einbeziehung der Fähigkeiten der Mitarbeiter werden Single- und Double-Loop-Learning-Prozesse selbst zum Gegenstand organisationalen Lernens.

---

[79] Probst/Büchel (1994), S. 37
[80] Vgl. Pawlowsky (1992), S. 208

Kapitel 2: Stand der Forschung 43

„Durch eine Erkennung der Muster, die in ähnlichen Situationen das Lernen ermöglicht haben, kann eine gänzliche Restrukturierung der Verhaltensregeln und -normen herbeigeführt werden."[81]

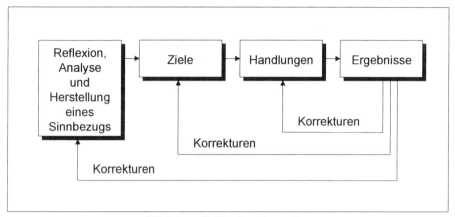

Abbildung 9: Deutero-Learning
Quelle: Probst/Büchel (1994), S. 38

Als Beispiel für ein Prozeßlernen kann das Lernen als Erfahrungskurvenphänomen herangezogen werden.[82] Lernkurveneffekte in der Fertigung kommen aufgrund der Untersuchung und systematischen Bewertung erfolgreicher und weniger erfolgreicher Maßnahmen zustande, um den Mitarbeitern die produktive Nutzung von Fehlern und Erfahrungen der Vergangenheit zu ermöglichen.[83]

„Prozeßlernen ist die Einsicht über den Ablauf der Lernprozesse, in dem Lernen zu lernen der zentrale Bezugspunkt wird."[84]

Im Gegensatz zu den ersten zwei Formen organisationalen Lernens führt Prozeßlernen, häufig auch als Verständnislernen bezeichnet, zu einem tiefgreifen-

---

[81] Probst (1994), S. 309
[82] Lernen und größenbedingte Kostendegression lassen sich zusammengefaßt in einer Erfahrungskurve darstellen. Man geht hierbei in der Regel von 20-30% Kostenreduzierung bei jeder Verdoppelung der kumulierten Ausbringungsmenge aus. Vgl. hierzu Wildeman (1990), S. 619ff.
[83] Vgl. Garvin (1994), S. 80
[84] Probst/Büchel (1994), S. 39

den Unternehmenswandel: es löst nicht nur Restrukturierung und Revitalisierung, sondern auch Remodellierung aus.

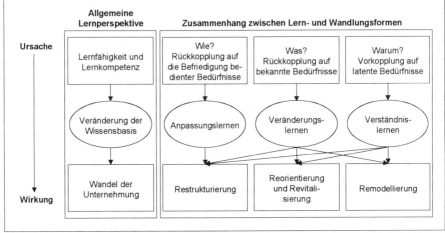

Abbildung 10: Organisationales Lernen und Wandel
Quelle: Krüger/Bach (1997), S. 29

Anpassungslernen zielt mittels Rückkoppelungsmechanismen in erster Linie auf die Befriedigung bereits bedienter Bedürfnisse, also auf Fragen der Anpassung bei der Umsetzung. Damit werden zwar Restrukturierungsprozesse angeregt, diese beziehen sich aber auf vorwiegend handlungsorientierte Zielsetzungen - die Zielwerte werden nicht in Frage gestellt. Dies geschieht beim Veränderungslernen und kann zu Neuorientierung und damit zur Revitalisierung führen, indem die Zielsetzungen angepaßt werden und damit eher problemorientiertes Agieren im Vordergrund steht. Verständnis- oder Prozeßlernen greift noch weiter und stellt sämtliche Denk- und Handlungsmuster in Frage. Somit werden nicht nur die äußeren Schichten des Organisationsaufbaus, sondern auch die inneren Schichten, die Wertesysteme des Unternehmens aktiv verändert.[85] Erst mit Prozeß- oder Verständnislernen werden die Voraussetzungen für den grundlegenden Wandel zu einer Lernenden Organisation geschaffen.

---

[85] Vgl. Krüger/Bach (1997), S. 28ff.

2.2.2.1.2 Inhalts- und Prozeßmodelle organisatorischen Lernens

Erst in jüngerer Zeit sind weitere, ganzheitlich konzipierte und im geschlossenen Systemzusammenhang entwickelte Erklärungsmodelle auch im deutschsprachigen Raum erschienen. Die wichtigsten Veröffentlichungen sind in nachfolgender Tabelle zusammengestellt.

Autor	Theoretische Basis	Kurzbeschreibung
Pautzke 1989	Evolutionstheorie	Kombiniertes Prozeß-/Inhaltsmodell auf Basis eines Schichtenmodells der organisatorischen Wissensbasis
Reinhardt 1993	Autopoietische Systemtheorie	Prozeßmodell auf Basis des Zyklus organisationalen Handelns von March/Olsen
Oberschulte 1994	Systemtheorie, Intelligenzkonstrukt	Kombiniertes Inhalts-/Prozeßmodell
Greschner 1996	Informationsverarbeitungsansatz/ Mentale Modelle/TOTE-Ansatz	Prozeßmodell in Anlehnung an Argyris/Schön
Güldenberg/ Eschenbach 1996	Systemtheorie	Prozeßmodell eines wissensbasierten Systems

Tabelle 8: Neuere Gesamtkonzeptionen zum organisationalen Lernen

Ausgangspunkt der Überlegungen für das Modell zum organisationalen Lernen von PAUTZKE stellt das zuvor von ihm entwickelte Schichtenmodell der organisatorischen Wissensbasis dar.[86] Damit Wissen zu organisatorischem Wissen werden kann, muß es sowohl zugänglich sein „als auch im Einklang mit der

---

[86] Vgl. Pautzke (1989), S. 77 und die Ausführungen zu seinem Schichtenmodell in Kap. 2.2.2.2.

organisatorischen Weltsicht"[87] stehen. Organisationales Lernen bezeichnet PAUTZKE als „die Art und Weise, wie die Wissensbasis einer Organisation genutzt, verändert und fortentwickelt wird."[88] Dieses kann auf fünf verschiedene Arten auf verschiedenen Ebenen geschehen.[89]

a) Die Überführung von Wissen, das der Organisation bereits zugänglich gemacht wurde, in ein allen zugängliches Wissen läßt individuelles Wissen zu organisationalem Wissen werden.

b) Der Transfer von Wissen, das der Organisation bisher nicht zur Verfügung stand, in ein von allen geteiltes Wissen und

c) das Bereitstellen individuellen Wissens für die Organisation auf Abruf stellen neben dem ersten Prozeß weitere Arten organisationalen Lernens dar, das ohne einen individuellen Wissenszuwachs stattgefunden hat.

d) Die Aneignung von Wissen aus der Umwelt durch die Organisationsmitglieder kann nur als organisationales Lernen betrachtet werden, wenn sich einer der ersten drei erwähnten Prozesse anschließt.

e) Im Gegensatz zu den ersten vier aufgeführten Lernprozessen, die als horizontale Lernprozesse, die innerhalb eines organisatorischen Sinnmodells oder Paradigmas stattfinden, können die Lernprozesse höherer Ordnung, die zu einem Paradigmawechsel führen als vertikale Lernprozesse betrachtet werden.

Das Modell von PAUTZKE kann als Vorreiter weiterer Ansätze zu wissensbasierten Systemen im deutschsprachigen Raum angesehen werden. Auch im weiteren Verlauf dieser Arbeit soll daher auf die Ausführungen von PAUTZKE zurückgegriffen werden.

---

[87] Pautzke (1989), S. 88; d. h. das Wissen muß den herrschenden Wissensvorstellungen entsprechen, durch einen anerkannten Denkstil erwerbbar und widerspruchsfrei gegenüber den Grundannahmen des organisatorischen Weltbildes sein.
[88] Pautzke (1989), S. 112
[89] Vgl. Pautzke (1989), S. 113ff. und die Ausführungen zu den Lernprozessen in Kap. 3.1.3

REINHARDT stellt bei seinem Modell der organisationalen Lernfähigkeit die Aspekte der Autonomie und der Kommunikation in den Vordergrund.[90] Auf Basis der Theorie autopoiesischer Systeme nach MATURANA und allgemeiner systemtheoretischer Überlegungen nach LUHMANN formuliert der Autor ein Modell des Meta-Lernens durch Mitglieder der Organisation:

> „Also entstehen lernfähige Organisation dadurch, daß bei ihrer kommunikativen Erzeugung die Kriterien Autonomie und Selbstreferenz berücksichtigt werden."[91]

Dieser Zusammenhang wird einem Regelkreis mit den Phasen Initiierung, Implementierung, Reproduktion und Überprüfen verdeutlicht. Allerdings verzichtet der Autor auf eine nähere Definition von organisationalem Lernen und gibt nur wenig Hinweise auf Speicherung und Abruf von Wissen sowie zur Wissensbasis, sondern betrachtet die Lernfähigkeit als Prozeß.

Das Modell der organisatorischen Intelligenz nach OBERSCHULTE basiert auf einem Zyklus organisationalen Lernens, der drei verschiedenen Lernphasen unterscheidet:

- In der ersten Phase wird Wissen erworben, darin ist die Aneignung gänzlich neuer Kenntnisse als auch der Ersatz vorhandenen Wissens durch Umlernen eingeschlossen.
- In der zweiten Phase wird das Wissen im organisatorischen Gedächtnis gespeichert. Das Speichern ordnet OBERSCHULTE dem Lernen zu, „weil andernfalls eine Verhaltensänderung im Zeitablauf nicht möglich wäre."[92]
- Die dritte Phase umfaßt das Erinnern des gespeicherten organisationalen Wissens und schließt den Lernprozeß ab.

Dieser Zyklus bildet wiederum die Grundlage von organisatorischer Intelligenz. Das Grundmodell basiert auf systemischen Überlegungen und versucht, den Lernzyklus in ein kombiniertes Prozeß-/Inhaltsmodell zu integrieren.

---

[90] Vgl. die Arbeit von Reinhardt (1993), insbesondere S. 269ff.
[91] Reinhardt (1993), S. 275
[92] Oberschulte (1994), S. 29

GRESCHNER formuliert auf Basis mentaler Modelle unter Berücksichtigung der Besonderheiten kollektiver Lernprozesse ein integriertes Prozeßmodell organisationalen Lernens.[93] Der Regelkreis basiert auf systemtheoretischen Überlegungen und beinhaltet sowohl Aspekte des organisationalen Handelns[94] als auch Elemente des Modells von ARGYRIS/SCHÖN. Dabei werden sowohl individuelle als auch kollektive Lernprozesse in ein Zyklusmodell integriert. Voraussetzung für die Übernahme einer individuell gewonnenen Information ist die Übereinstimmung der mentalen Modelle von Individuum und Kollektiv. Kognitive Konflikte werden durch eine Überprüfung der individuellen und kollektiven mentalen Modelle geregelt. Die Interdependenz von individuellen und kollektiven Lernprozesse wird damit berücksichtigt, rein kollektive Lernprozesse ohne individuelles Lernen allerdings ausgeschlossen.

GÜLDENBERG/ESCHENBACH stellen den Prozeß organisationalen Lernens in einem Kreislauf dar, der ebenfalls auf dem Schichtenmodell von PAUTZKE aufbaut.[95] Ausgangspunkt der Überlegungen stellt auch hier das Individuum dar, welches sein individuelles Wissen in einem bestimmten Maß in das Unternehmen einbringt und dessen Handlungen auf diesem Wissen beruhen. Organisationales Lernen liegt dann vor, wenn der betreffende Mensch sein durch individuelles Lernen verändertes Wissen der organisatorischen Wissensbasis zur Verfügung stellt. Die Autoren schließen damit einen organisationales Lernen ohne individuelles Lernen aus.

Allen betrachteten Modellen gemeinsam ist ein mehrstufiger Prozeß des organisationalen Lernens, der sich z. T. selbstreferentiell regelt, und bei drei Modellen wird die Funktion eines organisatorischen Gedächtnisses zugrunde gelegt. Um den Prozeß des organisationalen Lernen zu ermöglichen bzw. zu fördern müssen jedoch weitere Aspekte berücksichtigt werden: das organisatorische Gedächtnis, die Eigenschaften des organisatorischen Wissens, der Zu-

---

[93] Vgl. die Arbeit von Greschner (1996), insbesondere S. 102ff.
[94] Vgl. Abbildung 6 in Kap. 2.2.2.1 dieser Arbeit
[95] Vgl. Güldenberg/Eschenbach (1996), S. 5ff.

griff auf organisatorisches Wissen sowie die organisatorischen Rahmenbedingungen, die organisationales Lernen unterstützen.

2.2.2.1.3 Lernanreize und Auslösung von Lernen

Allgemein läßt sich die Auslösung von Lernprozessen folgendermaßen beschreiben:

> „Wenn zwischen Handlungsergebnissen und den Erwartungen, wie sie aus den Handlungstheorien abzuleiten sind, Abweichungen und damit Konflikte entstehen oder durch geistige Simulation kreiert werden, so werden Lernprozesse ausgelöst."[96]

Wie eine empirische Untersuchung belegt, sieht die Realität allerdings meist anders aus:

> „Lernen erfolgt vielfach aus der Krise und nicht schon dann, wenn sich ein Konflikt abzeichnet."[97]

Daraus lassen sich grundsätzlich zwei Lernsituationen ableiten:[98]

Lernen in Krisensituationen: Geraten Unternehmen in existenzgefährdende Turbulenzen, löst dieses meist erst dann Lernprozesse aus, wenn die Krisensituation bereits eingetreten ist. In dieser Phase ist meist eine innovationsfördernde, hohe Risikobereitschaft vorhanden, die Freiraum für radikale und fundamentale Neuerungen schafft. Erst unter dem Zwang zur Veränderung erfolgt der Strukturwandel und sorgt für eine nachhaltige Verbesserung der Erfolgsdimensionen.[99]

---

[96] Probst (1994), S. 305
[97] Soltwedel/Bickenbach (1996), S. 22
[98] Vgl. hierzu auch Probst/Büchel (1994), S. 49ff., die in Lernen durch Krisen sowie Lernen durch Ressourcenreichtum (organizational slack) unterscheiden sowie Birckenbach/Softwedel (1995), S. 19f., die in ihrer empirischen Untersuchung neben der Vision/Einsicht der Unternehmensführung die kritische Unternehmenssituation als Hauptanlaß für Organisationsreformen feststellten. Reinhardt unterscheidet dagegen vier Situationen als Auslöser organisationalen Lernens; vgl. Reinhardt (1993), S. 23f. und Sonntag (1996), S. 6f.
[99] Vgl. die empirische Untersuchung von Perlitz/Löbler (1985)

Lernen in Normalsituationen: Die herausragende Eigenschaft von Lernenden Organisationen besteht eigentlich aber darin, daß sie Lernprozesse auch in Normalzeiten durchlaufen können. Organisatorische und strukturelle Maßnahmen sowie die Einrichtung der betrieblichen Aufgaben- und Prozeßstrukturen müssen so erfolgen, daß eine kontinuierliche Prozeßwiederholung des organisationalen Lernens durch die beteiligten Mitarbeiter gewährleistet wird, um dauerhaft Wettbewerbsvorteile zu sichern.[100]

2.2.2.2 Organisatorische Wissensbasis

Die Modelle des organisationalen Gedächtnisses oder der organisatorischen Wissensbasis teilen das in der Organisation und bei seinen Mitgliedern vorhandene Wissen in verschiedene Kategorien ein.

Bereits 1979 sprechen DUNCAN/WEISS von *einer organizational knowledge base*, die als Gesamtheit des kooperativ vermittelten Wissens und Könnens innerhalb der Organisation verstanden wird.[101] HEDBERG führt als Weiterentwicklung den Begriff des *organizational memory* ein.[102] Das Modell von PAUTZKE fand im deutschsprachigen Raum die größte Verbreitung.[103] Die Nutzbarkeit für organisatorische Entscheidungen bildet hier wie in den meisten nachfolgenden Modellen das Kriterium für die Abgrenzung der einzelnen Teilmengen organisatorischen Wissens. Diese wird in der Regel von Erreichbarkeit für die Organisation bestimmt: Wissen, das im Unternehmen bereits bekannt und auch über weite Teile des Systems verbreitet worden ist, kann besser im Sinne der organisatorischen Zielsetzungen genutzt werden als privates Wissen von Organisationsmitgliedern, welches diese aus verschiedenen Gründen für sich behalten, oder sonstiges Wissen, das in anderen Bereichen der Umwelt aufgebaut wurde. Häufig werden auch die Träger organisatorischen Wissens wie z. B. einzelne Mitglieder der Organisation, Gruppen von Organisationsmitgliedern oder interne und externe Elemente als Kriterium zur Abgrenzung genutzt.

---

[100] Vgl. Wildemann (1995), S. 9f.
[101] Vgl. Duncan/Weiss (1979), S. 98
[102] Vgl. Hedberg (1981), S. 6
[103] Vgl. Pautzke (1989), insbesondere S. 87ff.

Als eine weitere Abgrenzungsmöglichkeit kann die Einteilung in Wissensbereiche dienen. Hier wird in technisches, soziales und moralisches Wissen unterschieden. Alle hier vorgestellten Alternativen verlangen unterschiedliche Ansätze für die Modellierung von organisationalen Lernprozessen. Zu den wichtigen Zielen einer Lernenden Organisation gehört jedoch die Verbreiterung der organisationalen Wissensbasis, unabhängig von ihren Trägern oder von den konkreten Inhalten. Aus diesem Grund soll in diese Arbeit die Einteilung nach Erreichbarkeit und Nutzbarkeit des Wissens als Grundlage für weitere Betrachtungen im Vordergrund stehen.

Autor	Abgrenzungskriterium	Wissensarten
Pautzke[104] 1989	„Wahrscheinlichkeit der Aktualisierung in organisationalen Entscheidungsprozessen"	• Von allen geteiltes Wissen • Der Organisation zugängliches individuelles Wissen • Der Organisation nicht zugängliches individuelles Wissen • Wissen der Umwelt, über das ein Metawissen in der Organisation vorhanden ist • Sonstiges kosmisches Wissen
Oberschulte[105] 1994	Träger des Wissens	• Organisationsmitglieder • Gruppen • Organisatorischer Kontext • Externe Umwelt
Klimecki/ Probst/ Eberl[106] 1994	Wissensbereiche	• Technisch-instrumentelles Wissen • Soziales Wissen • Moralisches Wissen
Greschner[107] 1996	Erreichbarkeit für die Organisation	• geteiltes Wissen • verfügbares Wissen • erreichbares Wissen • privates Wissen

Tabelle 9: Abgrenzungsmöglichkeiten für das organisatorische Gedächtnis

2.2.2.2.1 Schichtenmodell von Pautzke

Als Grundlage für die weitere Untersuchung wird im folgenden das Schichtenmodell von PAUTZKE näher beschrieben. Es werden hier fünf Schichten organisatorischen Wissens unterschieden, wobei die Wahrscheinlichkeit der Ver-

---

[104] Vgl. Pautzke (1989), S. 79
[105] Vgl. Oberschulte (1994), S. 74
[106] Vgl. Klimecki/Probst/Eberl (1994), S. 67f.
[107] Vgl. Greschner (1996), S. 113

wendung für organisatorische Entscheidungen das schichtenbildende Kriterium darstellt:

1) Das von allen geteilte Wissen wie z. B. die Organisationskultur bildet die innerste Schicht. Dieses Wissens wird hier als das Wissen der Organisation bezeichnet, da es „falls es in der Organisation verstreut vorliegt, problemlos von allen geteilt werden könnte"[108].

2) Da ein großer Teil des organisatorischen Wissens immer auf eine Vielzahl lokaler Wissensbasen und Individuen verteilt ist, umfaßt die aktuelle organisatorische Wissensbasis immer auch das individuelle Wissen der Mitglieder, das diese der Organisation zur Verfügung stellen.

3) Der Teil individuellen Wissens, der der Organisation vorenthalten bleibt, sei es, weil es der Organisation nichts nützen würde oder weil Transferbarrieren[109] den Übergang auf die Organisation verhindern, wird als der Organisation nicht zugängliches individuelles Wissen bezeichnet.

4) Das Wissen der Umwelt, über das ein Metawissen in der Organisation vorhanden ist, bildet die latente organisatorische Wissensbasis und fließt eventuell erst später in organisatorische Entscheidungsprozesse mit ein.

5) Der Hauptteil des kosmischen Wissens befindet sich in Schicht 5. Die Gründe dafür liegen nach Meinung des Autors sowohl auf institutioneller und kultureller als auch auf persönlicher Ebene.

---

[108] Pautzke (1989), S. 78
[109] Vgl. Kap. 2.2.2.3.3

54 Kapitel 2: Stand der Forschung

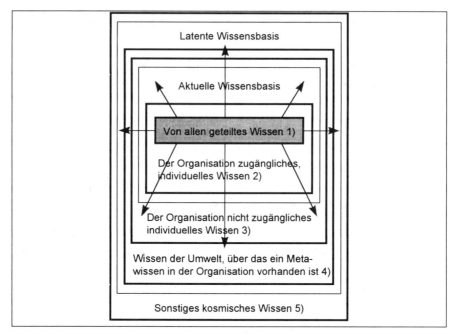

Abbildung 11: Organisationale Wissensbasis
Quelle: Pautzke (1989), S. 87

Das Schichtenmodell dient als Grundlage für die Bestimmung der relevanten Prozesse organisationalen Lernens.[110] Dabei ist allerdings zu beachten, daß durch den stetigen Wandel und die Veränderung von Strukturen „der dauerhafte Ausbau einer Wissensbasis durch vermehrtes Wissen nicht ausreichend ist, sondern daß es einer Anpassung bedarf, die bestehendes Wissen immer wieder in Frage stellt und neu strukturiert."[111]

Besonders die Einteilung in aktuelle und latente Wissensbasis verdeutlicht die verschiedenen Dimensionen organisationalen Wissens und deren Erreichbarkeit für das Unternehmen. Das bereits von allen geteilte und das der Organisation zugängliche individuelle Wissen bilden die aktuelle Wissensbasis, die vom Unternehmen genutzt werden kann. Die aktuelle Wissensbasis ist der Zielbe-

---

[110] Vgl. hierzu die Ausführungen in Kap. 2.2.2.1
[111] Probst/Büchel (1994), S. 6

reich für organisationales Lernen, der ständig angepaßt, optimiert und gegebenenfalls erweitert werden soll. Die latente Wissensbasis, also individuelles Wissen, das der Organisation nicht zugänglich gemacht wurde, Wissen der Umwelt, über das eine ungefähre Vorstellung im Unternehmen besteht und alles sonstige kosmische Wissen, bildet das Potential für die weitere Optimierung der aktuellen Wissensbasis. Die Abgrenzung der einzelnen Wissensschichten fällt in der Praxis allerdings nicht immer leicht.[112]

2.2.2.2.2 Zugriff auf organisatorisches Wissen

Der Zugriff auf das organisatorische Wissen, welches im organisatorischen Gedächtnis gespeichert ist, erfolgt in Abhängigkeit von sozialen und technischen Rahmenbedingungen.

Die *sozialen* Rahmenbedingungen wie die vorhandene Kommunikationskultur einer Organisation oder die Informationspolitik eines Unternehmens beeinflussen ebenfalls die Zugriffsmöglichkeiten auf organisatorisches Wissen. So kann die regelmäßige, offene Information aller Organisationsmitglieder ebenfalls zur Verbreiterung der Wissensbasis beitragen wie die Möglichkeit, sich während der Arbeitspausen mit Kollegen auszutauschen.

In *technischer* Hinsicht determinieren die in der Organisation vorhandenen Informations- und Kommunikationssysteme die Zugriffsmöglichkeiten der Organisationsmitglieder auf innerhalb oder außerhalb der Organisation vorhandenes Wissen. Informationssysteme, z. B. unternehmensinterne EDV-Systeme wie Datenbanken oder die Zugriffsmöglichkeiten auf unternehmensexterne Informationen via Internet, ermöglichen die Verbreiterung der Wissensbasis ebenso wie die Ausstattung mit Kommunikationssystemen, wie z. B. Telefon, Telefax, E-Mail etc.

Allerdings eignet sich nicht sämtliches vorhandenes Wissen für die Aufnahme in den organisationalen Lernprozeß. Damit Wissen organisationsweit zur Ver-

---

[112] Vgl. hierzu die Kommentierung mit Beispielen von Reinhardt (1993), S. 76f.

fügung stehen kann, sollte es nach DUNCAN/WEISS folgende Eigenschaften haben:[113]

- Kommunikationsfähigkeit: Um dem Unternehmen zu nützen, muß das Wissen kommunizierbar sein, d. h. es muß so beschaffen sein, daß es über bestehende formelle oder informelle Informationskanäle über die Organisation verbreitet werden kann und es muß so aufbereitet sein, daß es von den Mitgliedern der Organisation weiterverarbeitet oder genutzt werden kann.

- Konsensfähigkeit: Organisationales Lernen erfordert organisationsweite Akzeptanz und Übereinstimmung in Bezug auf Gültigkeit und Brauchbarkeit.

- Integrationsfähigkeit: Im Unternehmen verteilt vorhandenes Wissen muß wechselseitig integrierbar sein.

KLIMECKI/PROBST/EBERL formulieren ihre Transformationsbedingungen ähnlich: *Kommunikation, Transparenz und Integration.*[114]

2.2.2.3 Organisatorischer Kontext

Die organisatorischen Rahmenbedingungen haben einen großen Anteil am Grad des organisationalen Lernens einer Organisation: sie können organisationales Lernen verhindern, ermöglichen oder fördern. Zur Charakterisierung des organisatorischen Kontextes einer Lernenden Organisation erfolgt die gängige Einteilung in Strategie, Struktur und Kultur.[115]

2.2.2.3.1 Strategie

Im Bereich des strategischen Managements sind in den letzten Jahren starke Veränderungen als Reaktion auf die sich rasch wandelnde Wettbewerbsstruktur festzustellen. Die Veränderungstendenzen weisen dabei einen deutlich

---

[113] Vgl. Duncan/Weiss (1979), S. 86
[114] Vgl. Klimecki/Probst/Eberl (1994), S. 116; vgl. hierzu auch die *Transformationsbrücke* von Probst (1997), S. 22
[115] Vgl. Rühli (1990), S. 200

evolutionären Charakter auf. Folgende Akzentverschiebungen sind für die lernende Organisation besonders wichtig:

- **Flexibilität**: Die Schaffung von Freiräumen ermöglicht flexibles Handeln innerhalb von strategischen Leitplanken und ersetzt starre Planungssysteme. Es wird flexibel auf ein längerfristiges Ziel hingearbeitet, die strategischen Leitplanken werden jedes Jahr kritisch überprüft.[116]

- **Weiterentwicklung**: Die Verankerung der Selbstorganisation in der strategischen Zielsetzung basiert auf einer veränderten Sichtweise einer Organisation. Aspekte eines entwicklungsorientierten, auf Evolution ausgerichteten Managements lösen die Vorstellung der berechenbaren, bis ins Detail planbaren Organisation ab.[117]

- **Kohäsion/Kooperation**: Sowohl intern als auch extern sollte immer weniger ein starres Freund-Feind-Denken im Vordergrund stehen, sondern Zusammenarbeit, Teamarbeit und Kooperationsbereitschaft müssen sich auf allen Ebenen durchsetzen, um eine funktionierende lernende Organisation zu ermöglichen.[118]

- **Kommunikation/Information**: Interne Kommunikations- und Informationsstrategien sollten möglichst auf Offenheit ausgerichtet und die Bedürfnisse der Mitarbeiter abgestimmt werden. Als wichtiger Erfolgsfaktor für die Entstehung von Innovationen werden immer wieder möglichst ungeregelte interne und externe Informationsbeziehungen gefordert.[119]

Diese Eckpunkte sind bei die Erarbeitung einer lernorientierten Unternehmensstrategie besonders zu berücksichtigen. Entscheidend ist jedoch die grundsätzliche Verankerung des organisationalen Lernens in der strategischen Zielsetzung des Unternehmens, an sich auch die untergeordneten Teilstrategien der Strategiepyramide orientieren und somit die Umsetzung in konkrete Zielvereinbarungen garantieren.

---

[116] Vgl. Dörler/Rufer/Wüthrich (1991), S. 25
[117] Vgl. Klimecki/Probst/Eberl (1994), S. 2f.
[118] Vgl. Dörler/Rufer/Wüthrich (1991), S. 25
[119] Vgl. Hausschild (1991), S. 267

2.2.2.3.2 Struktur

Die Institutionalisierung von traditionellen Organisationsstrukturen mit funktions-, objekt- oder regionsorientiertem Aufbau führte in der Vergangenheit mit wachsender Organisationsgröße zu Starrheit und mangelnder Flexibilität bei der Anpassung an veränderte Wettbewerbsbedingungen.[120] Die zentralen Forderungen an das Lernende Unternehmen lauten daher:[121]

Eine **Dynamisierung von Strukturen** z. B. durch Netzwerke, Projektmanagement und durch virtuelle Organisationen versucht, einer komplexen und dynamischen Umwelt gerecht zu werden.[122] Die temporäre, flexible Zusammenarbeit inner- und außerhalb des Unternehmens mit Netzwerken und virtuellen Unternehmensstrukturen soll zu einem effizienten Projektmanagement führen und neue Lernpotentiale erschließen.[123]

Mit der **Abflachung der Hierarchien** geht auch eine breitere Verteilung der Managementfunktion und damit eine Umverteilung von Macht einher.[124] Die Breite des Wissens und nicht die erreichten Position bestimmen den Status von Mitarbeitern im Unternehmen. Horizontale Weiterentwicklung von Mitarbeitern durch Lernen löst den vertikalen Aufstieg („Kaminkarriere") ab.[125]

Die **prozeßorientierte Ausrichtung** der Organisation soll Schnittstellen minimieren und eine kundengerechte Struktur schaffen.[126] Die Zusammenfassung von komplexeren Aufgabenpaketen wirkt der Spezialisierung entgegen und fördert das Lernen von Mitarbeitern, insbesondere bei der Übertragung von Aufgabenbereichen an Teams, die mit Personen mit unterschiedlichem funktionalen Hintergrund besetzt sind.[127] Spezialisierung sollte nur bei störanfälligen Prozessen stattfinden, sonst muß die Ganzheitlichkeit der Prozesse gefördert werden.[128]

---

[120] Vgl. Osterloh (1997), S. 182
[121] Vgl. hierzu auch Probst (1994), S. 311ff., der seine Hauptforderungen an den strukturellen Kontext ähnlich benennt: Autonomie, Heterarchie und Flexibilität
[122] Vgl. Stahl/Schlick (1998), S. 62f.
[123] Vgl. Probst/Büchel (1994), S. 127ff., Probst (1994), S. 316f. und Hofmann/Kläger/Michelsen (1995), S. 24ff.
[124] Vgl. Hinterhuber (1997), S. 89
[125] Vgl. Göbel (1996), S. 558 sowie Probst (1994), S. 314ff.
[126] Vgl. z. B. Körmeier (1995), S. 259ff. und Osterloh (1997), S. 181ff.
[127] Vgl. Göbel (1996), S. 557
[128] Vgl. Wildemann (1995), S. 9f.

Kapitel 2: Stand der Forschung 59

Damit die Lern- und Anpassungsfähigkeit der Organisation gewahrt bleibt, gewinnen Aspekte der **Selbstorganisation** immer mehr an Bedeutung. Dabei steht außer Frage, daß weniger die Extreme, also totale oder nicht vorhandene Selbstorganisation, sondern das Ausmaß der zugestandenen Spielräume für die Selbstorganisation von Organisationseinheiten und damit auch der Selbststeuerung von Gruppen und Individuen zur Diskussion stehen.[129]

2.2.2.3.3 Kultur

Betrachtet man ein Unternehmen als soziales System mit Elementen der Selbstorganisation, dann stellt die Unternehmenskultur eine Eigenschaft dieses Systems dar, die in ihrer Ganzheitlichkeit als einmalig angesehen werden kann.[130] Die Kultur einer Organisation und insbesondere eines Unternehmens kann folgendermaßen umschrieben werden:[131]

> „Die Unternehmenskultur ist die Gesamtheit der tradierten, wandelbaren, zeitspezifischen jedoch über Symbole erfahrbaren und erlernbaren Wertvorstellungen, Denkhaltungen und Normen, die das Verhalten aller Mitarbeiter und das Erscheinungsbild der Unternehmung (Corporate Identity) prägen."[132]

Die Charakterisierung der Organisationskultur erfolgt anhand eines Katalogs von Merkmalen[133], deren Ausprägungen mittels Profilen oder Netzdiagrammen visuell dargestellt werden kann.[134] Von den Kulturinhalten sind einige für die lernende Organisation besonders interessant. Das wird deutlich, wenn in diesem Zusammenhang von einer Vertrauenskultur[135] oder einem lernfreundlichen Organisationsklima gesprochen wird. Folgende Elemente sind daher bei der Betrachtung von Lernenden Organisation besonders wichtig:

---

[129] Vgl. Probst (1994), S. 312f. und Göbel (1993), S. 391ff.
[130] Vgl. Klimecki/Probst (1990), S. 42ff.
[131] Vgl. hierzu auch Lattmann (1990)
[132] Krulis-Randa (1990), S. 6; ähnliche Definitionen finden sich in zahlreichen weiteren Veröffentlichungen; vgl. z. B. Hinterhuber (1997), S. 236 oder Scholz (1994), S. 351
[133] Vgl. Menzl (1990), S. 70ff.
[134] Vgl. Kobi/Wüthrich (1986), S. 141ff oder Rühli (1990), S. 197
[135] Vgl. Schneider (1992), S. 40ff.

- **Mitarbeiterorientierung**: Wie gezeigt stehen bei der Realisation einer Lernenden Organisation Menschen als Träger im Mittelpunkt. Um Lernen zu ermöglichen und aktiv zu fördern, sind Maßnahmen notwendig, die über die übliche Seminarschulung von fachlichen Fähigkeiten hinausgehen. Hierbei steht das Lernen über das Lernen im Vordergrund: Mitarbeiter sollen lernen, ihre Informationsstrukturen ständig anzupassen und Lernhindernisse auszuräumen.

- **Kundenorientierung**: Ausgangspunkt aller Betrachtungen muß der Kunde mit allen seinen Bedürfnissen und Wünschen als Orientierungsziel für das Lernen in einer Organisation sein. Um die Informationsbasis zu vergrößern, sollten die Möglichkeiten der Information durch und Kommunikation mit Kunden genutzt werden.

- **Aktionsorientierung**: Fehler zu machen, stellt eine dauerhafte und wertvolle Quelle für Lernvorgänge dar.[136] Damit Mitarbeiter ständig zur Weiterentwicklung und Modifizierung aller Prozesse in der Organisation angeregt werden, ist eine fehlertolerierende Kultur notwendig, die eine positive Einstellung zum Risiko beim Experimentieren unterstützt. Damit eng verbunden ist die Ausgestaltung des Systems von Belohnung und Bestrafung in der Organisation.[137]

- **Informationsorientierung**: Informationen und deren Beschaffung stellen einen zentralen Punkt bei Lernprozessen aller Art dar. Eine offene Informationspolitik und die Möglichkeit des Zugangs zu allen relevanten Information für die Mitarbeiter sind daher eine der Grundvoraussetzungen für den Erfolg der Organisation. Die Nutzung informeller Informationskanäle und die dezentrale Informationsbeschaffung spielt dabei sowohl bei Beschaffung von bereits in der Organisation vorhandenem als auch von externem Wissen eine große Rolle.

- **Innovationsorientierung**: Ein Ziel der Lernenden Organisation ist die bessere Nutzung der Potentiale der vorhandenen Mitarbeiter. Handlungsfreiräume und die Übertragung von Verantwortungsbereichen fördern unter-

---

[136] Vgl. Frese (1998), S. 58ff.
[137] Vgl. z. B. Schwertl/Staubach (1997), S. 30ff.

nehmerisches Denken und Handeln. Die Innovationskraft von vielen Unternehmern in der Organisation soll zu einem kollektiven Unternehmertum gebündelt werden, so daß alle beteiligten Mitarbeiter zu einer Problemlösung beitragen können.

Die Entwicklung des organisationalen Kontexts ist, wie am Beispiel der Unternehmenskultur besonders deutlich wird, kein einfach zu steuernder Prozeß, sondern stark von Herkunft und Entwicklungsgeschichte eines Unternehmen abhängig. Somit können hier nur die groben Eckpunkte zur Orientierung angegeben werden, die in der wissenschaftlichen Literatur als entscheidend eingestuft werden.

2.2.2.4 Lern- und Verlernbarrieren

Als Lernbarrieren können in erster Linie *Zugangsblockaden* genannt werden, die die Verbreiterung der organisatorischen Wissensbasis verhindern, wenn Mitglieder der Organisation neu erworbenes Wissen vom Unternehmen fern halten. Als wichtigste Gründe können in diesem Zusammenhang genannt werden:[138]

- Angst vor der Auslösung von Veränderungen, die das eigene Arbeitsumfeld verändern könnten;
- mangelnde Fähigkeit, die Bedeutung dieses Wissens für andere zu erkennen („Ressortblindheit");
- Einsatz von Information als Belohnung oder Bestrafung und zur Verfolgung vorwiegend individueller Interessen („Machtspiele");
- mangelnde Bereitschaft und Fähigkeit zur Dokumentation und Aufbereitung sowie
- schlechtes Management der organisationalen Wissensbasis im Unternehmen.

---

[138] Vgl. Güldenberg (1997), S. 228ff., Güldenberg/Eschenbach (1996), S. 7 und Probst (1994), S. 308

Ein wichtiger Bestandteil organisatorischen Lernens ist das *Ver- oder Entlernen* von Wissen der Organisation und seiner Mitglieder.

„Learning new skills is easy, unlearning old habits is tough!"[139]

Erst durch Verlernen besteht die Möglichkeit, neues Wissen aufzunehmen und alte Strukturen zu verändern oder zu ersetzen. Dieser Vorgang des Verlernens ist gekennzeichnet durch eine Veränderung von Wissensstrukturen.[140] Im Einzelnen kann dies bedeuten: bisher geltende Normen und Werte sollen abgeschafft werden, gewohnte Handlungsrituale sollen aufgegeben werden, bei der Dokumentation von Wissen sollen neue Prinzipien gelten usw. Erst wenn dieses Verlernen geschieht, wird der Raum für neue organisationale Lernprozesse geschaffen. Dabei lassen sich folgende Faktoren der Verhinderung von Verlernen in sozialen Systemen identifizieren:[141]

a) **Beschränkte Lernsysteme** verhindern die notwendige Balance zwischen bestehenden Wissensstrukturen und notwendigem Verlernen in vielen Unternehmen. Dafür sind folgende Mechanismen verantwortlich:[142]

- *Geschickte Unfähigkeit*: Einsatz von Strategien, die Gesichtswahrung als oberste Prämisse haben.

- *Organisationale defensive Routinen*: automatischer Gebrauch von Mechanismen zur Bewahrung von Individuen und Gruppen innerhalb der Organisation vor peinlichen Situationen.

- *Phantasievolle Verrenkungen*: Einsatz aller Mechanismen, die eine schützende Beweisführung und das Leugnen oder Abdecken begangener Fehler von Autoritäten und Verantwortlichen beinhalten.

b) **Normen, Privilegien und Tabus** wie z. B. Arbeitszeitregelungen, Kleiderordnung, Anredeformen oder anerkannte Formen der Freizeitgestaltung fungieren als Lernbarrieren, da sie von einer größeren Anzahl von Menschen

---

[139] Karner (1996), S. 116
[140] Vgl. Probst/Büchel (1994), S. 73
[141] Vgl. Probst/Büchel (1994), S. 74ff.
[142] Vgl. hierzu Argyris/Schön (1978), S. 109ff.

geteilt werden und eine Abweichung meist von der Gruppe öffentlich abgelehnt wird.[143]

c) **Informationspathologien**, also die Informationsverarbeitungskapazitäten einer Organisation, werden ebenfalls für die Verhinderung von Lernen verantwortlich gemacht: Spezialisierung, Hierarchie und Zentralisierung führen zu der Blockade oder Verzerrung von Informationen; Doktrinen, wie Slogans und Parolen erzeugen ein realitätsfremdes Bild; psychologische Barrieren fördern die Unterdrückung unstimmiger Informationen, um das eigene Harmoniebedürfnis zu fördern.[144]

2.2.2.5 Definition: organisationales Lernen

Nach Betrachtung der relevanten Aspekte kann festgehalten werden, daß für organisationales Lernen in erster Linie folgende Aspekte entscheidend sind: der Wissenserwerb durch individuelles und kollektives Lernen und die anschließende Verbreitung des Wissens in der Organisation bildet die Grundlage für organisationales Lernen.[145] Der Zugewinn bzw. die Veränderung von Wissensbeständen verbreitert bzw. optimiert die organisationale Wissensbasis.[146] Voraussetzung für die effektive Nutzung des organisationalen Gedächtnisses ist die Möglichkeit zum Zugriff für die Organisationsmitglieder z. B. durch EDV-Systeme oder die Bildung informeller Kommunikationsstrukturen. Damit organisationale Lernprozesse in einer Organisation dauerhaft installiert werden können, ist jedoch v. a. die Ausrichtung der organisatorischen Rahmenbedingungen an die Anforderungen einer Lernenden Organisation von Bedeutung:[147] das Bekenntnis zum organisationalen Lernen muß dauerhaft in der Unternehmensstrategie verankert werden. Die Strukturen der Aufbau- und Ablauforganisation müssen den organisationalen Lernprozessen angepaßt werden. Eine Vertrauens- und Lernkultur muß Handlungsspielräume für die Mitarbeiter schaffen, um eigenverantwortliches Lernen zu ermöglichen.

---

[143] Vgl. Probst/Büchel (1994), S. 78
[144] Vgl. Pautzke (1989), S. 80
[145] Vgl. Kap. 2.2.2.1
[146] Vgl. Kap. 2.2.2.2
[147] Vgl. Kap. 2.2.2.3

Die Zusammenfassung der Bestandteile organisationalen Lernens erfolgt nun in einer eigenen Definition.

> Unter organisationalem Lernen soll in dieser Arbeit
>
> - der Prozeß der Verbreiterung und Optimierung der organisatorischen Wissensbasis durch Zugewinn und Veränderung von individuellem und kollektivem Wissen,
>
> - die Anpassung von Zugriffsmöglichkeiten auf organisatorisches Wissen für alle relevanten Organisationsmitglieder an die organisatorischen Bedürfnisse sowie
>
> - die ständige Veränderung der organisatorischen Rahmenbedingungen zur Erhöhung und Verbesserung der Lernfähigkeit der Organisation und seiner Mitglieder
>
> verstanden werden.

Für den weiteren Verlauf der Untersuchung soll dieses bewußt etwas weiter gefaßtes Verständnis von organisationalem Lernen als Grundlage dienen.

2.2.3 Einordnung in bestehende Managementkonzepte

Management umfaßt nach HINTERHUBER das kreative Lösen von Probleme, Arbeiten innerhalb eines Paradigmas, Arbeit im System, um Dinge und Menschen in Bewegung zu setzen.[148] Nach dieser Definition kann auch der Ansatz der Lernenden Organisation als Managementkonzept verstanden werden. Häufig werden andere Konzeptionen erwähnt, die in einen engen Zusammenhang mit der Lernenden Organisation gebracht werden, organisationales Lernen beinhalten oder sich als Teil dieses sehen. Dem Versuch einer Abgrenzung des Konzeptes der Lernenden Organisation gegenüber anderen Managementkonzepten soll ein kurzer Überblick vorausgehen, der die kontroverse Diskussion bezüglich der Beziehungen der Ansätze zueinander verdeutlicht.

---

[148] Vgl. Hinterhuber (1997), S. 282

Kapitel 2: Stand der Forschung 65

Als **Change Management** oder Management des Wandels lassen sich alle „Prozesse der globalen Veränderung, sei es durch Revolution oder durch geplante Evolution"[149] bezeichnen. Mit dieser umfassenden Definition versteht REIß Change Management als den Überbegriff für alle Konzepte, die Veränderungen im Unternehmen bewirken sollen, wie z. B. Reengineering, Organisationsentwicklung oder die Lernende Organisation.[150] Dagegen stellt z. B. HADAMITZKY bei dem Versuch der Einordnung des Konzeptes des organisatorischen Lernens fest, daß es einen Schritt weiter als der Change Management Ansatz oder die meisten Formen der Organisationsentwicklung geht: die angestrebten Verhaltensänderungen beruhen weniger auf einem an der Vergangenheit ausgerichteten politischen Konfliktlösungsprozeß zur Überwindung eingefahrener Macht- und Denkstrukturen, sondern basieren auf einem an der Zukunft orientierten Veränderungsprozeß, bei dem der Wandel von Verhaltensweisen durch einen Bewußtseinswandel in der Organisation ausgelöst wird.[151]

Zentrales Merkmal des **Total Quality Managements** (TQM) ist die Qualität in ihrer umfassenden Begrifflichkeit.

„Total Quality Management ist ein Führungskonzept, welches das gesamte Unternehmen mit allen Aktivitäten und Mitarbeitern sowie die Unternehmensumwelt einbezieht, um aus Kundenforderungen abgeleitete Qualitätsziele vorzugeben und zu erfüllen."[152]

Die Einführung von TQM ist in der Regel mit einem Kulturwandel verbunden, in der Praxis wird daher auch explizit von „Total Quality Culture" gesprochen.[153] Das Konzept des TQM wird als ganzheitliches, umfassendes und unternehmensweit durchzuführendes Managementkonzept angesehen.[154] In der Litera-

---

[149] Reiß (1997a), S. 9
[150] Vgl. Reiß (1997a), S. 9.f; auch andere Autoren folgen dieser Auffassung; vgl. z. B. Thom (1997), S. 201ff.
[151] Vgl. Hadamitzky (1995), S. 175f.
[152] Betzel (1996), S. 40
[153] Vgl. Reiß (1997b), S. 59
[154] Vgl. ebenda, S. 65

tur wird TQM häufig als wichtiger und zentraler Bestandteil der Lernenden Organisation bezeichnet.[155]

Eng mit der Thematik der Lernenden Organisationen verbunden ist das **Wissensmanagement**. Der Prozeß der Generierung, Distribution und Nutzung von Wissen[156] im Unternehmen wird dabei unterschiedlich als Ergänzung[157], zentraler Bestandteil[158] oder konzeptioneller Rahmen[159] des organisationalen Lernens aufgefaßt.

Die Entwicklung des Konzeptes der **Organisationsentwicklung** (OE) dauert bereits seit Ende des zweiten Weltkrieges an und ist seitdem ausführlich in der Literatur dokumentiert. Generell kann unter Organisationsentwicklung die „partizipative Konzeption zur Planung, Initiierung und Durchführung von Wandlungsprozessen in sozialen Systemen"[160] verstanden werden. Zweifellos kann dieses Konzept zu den eher evolutionär ausgerichteten Managementkonzepten gezählt werden. Zwei unterschiedliche Ansichten zum Verhältnis von OE und der Lernenden Organisation sollen hier hervorgehoben werden: einerseits wird Organisationsentwicklung als Instrument des organisationalen Lernens[161] angesehen. Zunehmend setzt sich aber die Erkenntnis durch, daß der OE-Prozeß v. a. aufgrund seines Programmcharakters und der Unterstellung, daß der Wandel im Unternehmen einen kontinuierlichen, überschaubaren und stetigen Prozeß darstellt, vom Ansatz der Lernenden Organisation als kontinuierlicher Management-Prozeß abgelöst wird.[162]

---

[155] Vgl. z. B. Golücke (1991), S. 1119f., Heimbrock (1996), S. 11ff., Hartwig (1994), S. 1040ff. oder Krogh (1995), S. 141
[156] Vgl. zur Definition des Wissensmanagements Eck (1997), S. 165; zum Begriff des Wissens vgl. z. B. Schneider (1996b), S. 17ff.
[157] Vgl. z. B. Schneider (1996b), S. 34ff.
[158] Vgl. z. B. Bertels (1996), S. 36
[159] Vgl. z. B. Eck (1997), S. 158, Pawlowsky/Reinhardt (1997), S. 146ff. und Deiser (1996), S. 53ff.
[160] Thom (1997), S. 205
[161] Vgl. hierzu Klimecki (1992), Sp. 1661
[162] Vgl. Schreyögg/Noss (1995), S. 169ff. und Betzel (1996), S. 47ff.

Das aus dem amerikanischen Raum stammende Konzept des **Business Reengineering** hat Anfang der neunziger Jahre in der gesamten westlichen Wirtschaftswelt starke Verbreitung in Praxis und Literatur gefunden. Die „grundlegende Rundum-Erneuerung heutiger Unternehmens- und Organisationsstrukturen"[163] stellt den Leitgedanken von Business Reengineering dar. Dieses soll v. a. durch die konsequente Ausrichtung der Kerngeschäftsprozesse am externen Kunden erreicht werden.[164] Die Abgrenzung gegenüber der Lernenden Organisation ergibt sich in erster Linie durch den eher revolutionären Charakter von Business Reengineering. Erst ein regelmäßig wiederkehrender Einsatz ergibt Parallelen zu dem eher auf Kontinuität ausgerichteten organisationalen Lernen.[165]

Die Veröffentlichung der MIT-Studie „The Machine That Changed The World"[166] war Ausgangspunkt des **Lean Managements** und verwandter Konzepte.[167] Die Elemente des Lean Managements sind vielfach mit denen der Lernenden Organisation identisch: Prozeßorientierung, Vertrauensklima, Selbstorganisation, kontinuierliche Verbesserung etc.[168] Allerdings steht hier der strukturelle Umbau der Aufbau- und Ablauforganisation mit dem Ziel schlanker Strukturen stark im Vordergrund. So könnte man Lean Management als einen wesentlichen Bestandteil einer Lernenden Organisation ansehen, eine andere Sichtweise sieht organisationales Lernen als Strategie zur Umsetzung von Lean Management.[169]

Neben den Managementkonzeptionen befassen sich auch zahlreiche **Organisationsmodelle** mit der Neuausrichtung von Unternehmen, z. B. durch Netzwerkstrukturen, virtuelle Strukturen oder fraktale Strukturen.[170] Diese Organisa-

---

[163] Bullinger/Roos/Wiedmann (1994), S. 17
[164] Vgl. Bullinger/Roos/Wiedmann (1994), S. 17 und Körmeier (1995), S. 260f.
[165] Vgl. Bullinger/Friedrich (1995), S. 23
[166] Vgl. Womack/Jones/Roos (1990)
[167] Nach der Übertragung des produktionsorientierten Konzepts der Lean Production auf indirekte Bereich wurde häufig auch von Lean Organization gesprochen.
[168] Vgl. Tolksdorf (1995), S. 115 und Betzel (1996), S. 43ff.
[169] Vgl. Tolksdorf (1995), S. 121ff.
[170] Vgl. Betzel (1996), S. 49ff. und S. 52ff.

tionsformen arbeiten aufgrund ihrer Unabhängigkeit von zeitlichen und räumlichen Restriktionen besonders effizient.[171] Vielfach gehören auch diese Modelle zum Spektrum der Gestaltung des organisatorischen Kontextes bei der Umsetzung der Lernenden Organisation.[172]

Bei dem Versuch der Charakterisierung des Konzeptes der **Lernenden Organisation** kann man feststellen, daß zahlreiche Gemeinsamkeiten und Unterschiede mit den vorgestellten und weiteren verbreiteten Managementkonzepten bestehen. So zeichnen sich vorgestellten Konzepte durch eine mehr oder weniger ausgeprägte Prozeß-, Kunden- oder Kompetenzorientierung aus[173] und werden zunehmend aufgrund ihrer Gemeinsamkeiten integrativ eingesetzt.[174] Ein Abgrenzungsversuch mit absolutem Anspruch kann aufgrund der vielfältigen Einschätzung in der Literatur nicht erfolgen. Jedoch kann festgehalten werden,

- daß die Lernende Organisation als eine evolutionäre Art des Change Managements betrachtet werden kann: im Gegensatz zu vielen anderen Konzepten hebt sich das Modell der Lernenden Organisation jedoch durch ihren kontinuierlichen Charakter von den häufig eher auf kurzfristige Erfolge ausgelegten Restrukturierungsprogrammen ab. Der Wandel erfolgt in kleinen Schritten und nicht von heute auf morgen;

- daß die Lernende Organisation zahlreiche Gedanken anderer Managementansätze integriert oder sogar ganze Konzeptionen beinhaltet und damit den Rahmen für ein ganzheitliches Führungskonzept des Unternehmens bildet;

- daß der Ansatz der Lernenden Organisation auch in der Praxis inzwischen nicht mehr als eine weitere Modewelle der Managementliteratur, sondern als zukünftiges Managementmodell oder Managementparadigma aufgefaßt wird.[175]

---

[171] Vgl. Reiß (1997b), S. 70ff. und Hofmann/Kläger/Michelsen (1995), S. 24ff.
[172] Vgl. hierzu z. B. Raffel (1997), S. 289ff.
[173] Vgl. Reiß (1997b), S. 85
[174] Vgl. z. B. Eiff (1994), S. 364ff.
[175] Vgl. Güldenberg/Eschenbach (1996), S. 8; dies manifestiert auch in der Tatsache, daß sich zahlreiche namhafte Unternehmen wie z. B. Sick, Festo oder Porsche bereits öf-

In der Praxis ist zu beobachten, daß die verschiedenen Konzepte des Change Managements - häufig unter dem Begriff der Lernenden Organisation zusammengefaßt - komplett oder in Teilen miteinander kombiniert werden. Einige Unternehmen sehen in den verfügbaren Modellen übergeordnete Rahmenkonzepte, andere hingegen Bausteine für ein übergeordnetes Unternehmensführungsmodell. Dabei besteht immer mehr die Gefahr, daß gut vermarktete Managementkonzepte als Modeerscheinung bereitwillig von Managern aufgenommen werden und damit die Bereitschaft für weitere Change-Vorhaben sinkt.[176]

2.3 Unternehmerische Mitarbeiterführung

Bevor die Elemente des Subsystems Mitarbeiterführung näher bestimmt werden[177], erfolgt zunächst die Darstellung des aktuellen Forschungsstandes auf dem Gebiet der Mitarbeiterführung als Teilgebiet der Betriebswirtschaftslehre und insbesondere des Personalmanagements. Dabei zeigt sich der interdisziplinäre Charakter dieses Forschungsgebiets mit zahlreichen Anknüpfungspunkten z. B. zur Psychologie im Bereich der Verhaltensforschung oder zur Pädagogik im Bereich der Personalentwicklung.[178] Der besondere Fokus dieses Abschnitts soll jedoch auf der unternehmerischen Mitarbeiterführung liegen, da der Begriff des Unternehmertums seit den ersten Veröffentlichungen zum Intrapreneurship eine starken Schwerpunkt der neueren Publikationen zur Mitarbeiterführung bildet[179] und da diese als Überbegriff für neuere, den Anforderungen moderner Managementansätze entsprechende Mitarbeiterführungskonzepte fungiert.[180]

---

fentlich als lernendes Unternehmen bezeichnen; einige Autoren v. a. aus dem wissenschaftlichen Bereich der Pädagogik sind allerdings anderer Meinung: vgl. z. B. Eck (1997), S.155f.
[176] Vgl. Reiß (1997b), S. 87 und S. 90
[177] Vgl. Kap. 3.2
[178] Vgl. Ringlstetter (1988), S. 10ff.
[179] Vgl. den Überblick bei Guserl (1997), S. 10f.
[180] Vgl. z. B. Hilb (1995), S. 50ff.

2.3.1 Begriff und Funktion der Führung von Mitarbeitern

WUNDERER/GRUNWALD schreiben 1980 in ihrem Sammelwerk:

„Sobald sich mehr als zwei Menschen in einer Gruppe organisierten, um arbeitsteilig tätig zu werden, entstanden Koordinationsprobleme, deren Lösung der Führung bedurften."[181]

Der Begriff der Führung wird in den unterschiedlichsten Zusammenhängen mit sehr verschiedenen Bedeutungen genutzt. „Vielmehr ist *Führung* ein kulturgebundenes, normatives Konzept, das je nach Perspektive von Wissenschaftlern und Praktikern unterschiedlich gefaßt wird."[182] Daher ist zunächst der interdisziplinär verwendete Begriff der Führung zweckmäßig, d. h. im Sinne der Führung von Mitarbeiter eines Unternehmens, einzugrenzen. Die folgende Tabelle gibt einen Überblick über die den gängigsten Definitionen verschiedener Autoren:

---

[181] Wunderer/Grunwald (1980a), S. 5; vgl. ebenda auch die Minimalbedingungen für das Entstehen von Führung nach Stogdill auf S. 55
[182] Hentze/Brose (1990), S. 20

Kapitel 2: Stand der Forschung

Autor	Definition
Wunderer/ Grunwald 1980	„Zielorientierte soziale Einflußnahme zur Erfüllung gemeinsamer Aufgaben in/mit einer strukturierten Arbeitssituation"[183]
Rosenstiel/Molt/ Rüttinger 1988	„Führung ist zielbezogene Einflußnahme."[184]
Hentze/Brose (1990)	„Hier soll Personalführung als [...] ein Prozeß zielgerichteter Verhaltensbeeinflussung eines Gruppenmitgliedes durch ein anderes (oder mehrere andere) verstanden werden."[185]
Rosenstiel 1995	„Es handelt sich dabei einerseits um die Führung durch Strukturen, andererseits um die Führung durch Personen."[186]
Bisani 1995	„Führung [...] wird als Ausübung der Koordinationsfunktion verstanden, die unabdingbar mit jedem zielgerichteten arbeitsteiligen Prozeß zur Leistungserstellung verbunden ist."[187]

Tabelle 10: Definitionen zur Führung

Diese Aussagen zeigen die Mindestbedingungen für die Notwendigkeit von Mitarbeiterführung: eine Aufgabe, die von mindestens zwei Personen arbeitsteilig zu bewältigen ist. Weitgehend einig sind sich die genannten Autoren auch darin, daß der Führungsprozeß von Mitarbeitern eindeutig zielorientiert ausgelegt werden muß, und daß dabei auf Personen Einfluß genommen wird. Wie dies geschieht, wird aber meistens offen gelassen, nur ROSENSTIEL gibt eine grobe Einteilung vor: die Führung durch Strukturen oder Personen. BISANI präzisiert den Führungsbegriff weiter als

- „Veranlassen oder Sicherstellen eines vom Führenden gewollten Tuns durch mit Sanktionen verbundenen Anweisungen, Anordnungen usw.

---

[183] Wunderer/Grunwald (1980), S. 62
[184] Rosenstiel/Molt/Rüttinger (1988)
[185] Hentze/Brose (1990), S. 23
[186] Rosenstiel (1995), S. 4
[187] Bisani (1995), S. 498

- Legitimierte Beeinflussung des Verhaltens anderer Organisationsmitglieder im Interesse der Verwirklichung vorgegebener Organisationsziele.
- Anleitung von Personen als Leistungsträger zum geordneten Vollzug übertragener Aufgaben.
- Zielgerichtete Verhaltensbeeinflussung zur Verfolgung organisationaler Ziele."[188]

In der Literatur dominieren somit Definitionen, die unter Personalführung eine zielgerichtete Interaktionsbeziehung zwischen zwei oder mehr Personen betrachten.[189] Um die strukturellen Aspekte der Mitarbeiterführung ebenfalls zu berücksichtigen soll in dieser Arbeit unter Mitarbeiterführung *der systematischstrukturierte Einflußprozeß zur Realisierung intendierter Leistungsergebnisse* verstanden werden.[190] Mitarbeiterführung stellt dabei immer einen integralen Teilprozeß der Unternehmensführung dar.[191]

Das Forschungsgebiet der Mitarbeiterführung hat seit jeher eine große Beachtung in der betriebswirtschaftlichen und speziell in der personalwirtschaftlichen Literatur gefunden. Dabei liegen den Ausführungen jedoch zahlreiche verschiedene Betrachtungsweisen zugrunde. Diese Einteilungen sind dabei eng mit den verwendeten Instrumenten und Methoden verbunden.[192]

2.3.2 Typologien der Mitarbeiterführung

Das umfassende Gebiet der Mitarbeiterführung läßt sich nach verschiedenen Kriterien systematisieren. Die folgende Übersicht zeigt die gängigsten Einteilungen:

---

[188] Bisani (1995), S. 497f.
[189] Vgl. Hentze/Brose (1990), S. 25
[190] In Anlehnung an Steinle (1978), S. 27
[191] Vgl. Steinle (1995), Sp. 529
[192] Vgl. Neuberger (1995c), S. 1; Bisani (1995), S. 499 und Schanz (1995), Sp. 2194

Kapitel 2: Stand der Forschung 73

Autor	Ebene 1	Ebene 2	Ebene 3	Ebene 4	Ebene 5
Rosenstiel/ Regnet/ Domsch 1995	Führung durch Menschen	Führung durch Strukturen			
Wunderer 1995	Interaktive Führung	Strukturelle Führung			
Bisani 1995	Interaktionelle Führung (Systemsteuerung)	Strukturelle Führung (Systemgestaltung)			
Alioth 1995	Direkte Führung	Indirekte Führung			Führung d. Selbststeuerung
Staehle 1991	Führung auf Individualebene	Führung auf Gruppenebene	Führung auf Organisationsebene		
Ackermann 1987	Interaktionelle Führung	Strukturelle Führung	Kulturelle Führung	Führungsgrundsätze	Selbststeuerung
Türk 1981	Führung als Organisationssystem	Führung als Interaktionssytem	Führung als Person-System		

Tabelle 11: Führungstypologien

Als systematisierendes Kriterium dient in der Regel das Führungsmedium, d. h. die Unterscheidung in Führung durch interaktionelle bzw. strukturelle Maßnahmen. Die Gebiete der Führungsforschung orientieren sich ebenfalls an dieser Einteilung, ergänzt durch kulturelle Aspekte. So wird der Bereich der interaktionellen Führung in erster Linie durch die Führungsstilforschung, der Bereich der strukturellen Führung durch die Konstruktion von Führungsmodellen wahrgenommen. Beiden Gebieten gemeinsam ist der Versuch, durch Modellbildung Führungsstile zu empfehlen oder Methoden zu entwerfen, die die Führungseffizienz für Führende, Geführte und damit für das Gesamtunternehmen zu verbessern.[193] Die Grundlage für alle Felder der Führungsforschung bilden die Führungstheorien auf eigenschafts-, motivations- oder systemtheoretischer Basis, die Bedingungen, Strukturen, Prozesse, Ursachen und Konsequenzen von Führung beschreiben, erklären und prognostizieren und die Erklärung von Führungserfolg oder -mißerfolg zum Ziel haben.[194] Ergänzt werden diese durch die verschiedenen Typologien zu den Menschenbildern als Erklärungsgrundlage für das Verhalten von geführten Mitarbeitern. Auf eine ausführliche Darstellung der Historie der Führungsforschung soll an dieser Stelle verzichtet werden. Im folgenden Kapitel soll aber ein Überblick über die wichtigsten Ergebnisse, Entwicklungen und Trends gegeben werden - unter besonderer Berücksichtigung von Aspekten unternehmerischen Handelns und der Selbststeuerung von Individuen und Gruppen.

Für die vorliegende Arbeit soll folgende Einteilung getroffen werden: als tragende Säulen eines Mitarbeiterführungskonzeptes im Lernenden Unternehmen fungieren die direkte und indirekte Führung durch interaktionelle, strukturelle und kulturelle Führungsprozesse.[195] Grundlage des gesamten Führungsverständnisses bildet ein Menschenbild, das den Anforderungen des Lernenden Unternehmens und der heutigen Gesellschaft entspricht. Die Prinzipien der Führung basieren dabei in allen Bereichen zu großen Teilen auf Selbstorganisation und Selbststeuerung der Mitarbeiter.

---

[193] Zum Begriff der Führungseffizienz vgl. Witte (1995), Sp. 263ff.
[194] Vgl. Wunderer (1995e), Sp. 671
[195] Vgl. hierzu z. B. Dierkes/Raske (1994), S. 143, die für ein Lernendes Unternehmen eine ähnliche Einteilung vorschlagen

Kapitel 2: Stand der Forschung 75

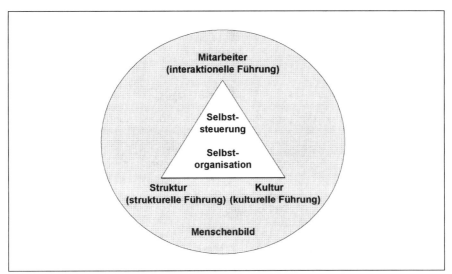

Abbildung 12: Grundgerüst für ein Mitarbeiterführungskonzept im Lernenden Unternehmen

Die in Abbildung 12 verdeutlichten Zusammenhänge sollen zunächst das Gerüst für ein umfassendes Mitarbeiterführungskonzept bilden, das die aktive Förderung der Lernprozesse im Unternehmen und die ständige Verbesserung der Lernfähigkeit der Organisation zum Ziel hat.

2.3.3 Klassische Führungsforschung

Analog der getroffenen Einteilung des Forschungsgebietes Mitarbeiterführung und ergänzt um die grundlegenden Führungstheorien, sollen in diesem Abschnitt die wichtigsten Forschungsansätze und -ergebnisse kurz charakterisiert werden. Auf eine ausführliche Darstellung wird an dieser Stelle aufgrund der großen Anzahl von Publikationen und Dokumentationen verzichtet.[196]

Unter einem **Menschenbild** sind in der Führungsliteratur „verschiedenartige Annahmen über den Menschen, die das Führungsverhalten von Vorgesetzten

---

[196] Einen knappen Überblick zur Führungsforschung bietet z. B. Klaus (1994), S. 223ff., einen ausführlichen Staehle (1994), S. 771ff., einen sehr umfassenden bieten Wunderer/Grunwald (1980).

beeinflussen"[197] zu verstehen. Dabei handelt es sich in der Regel um idealtypisch formulierte Modelle. Die impliziten Annahmen von Führungskräften über die ihnen unterstellten Mitarbeiter beeinflussen deren Verhalten im Hinblick auf:

- ihre Reaktion gegenüber den Mitarbeitern,
- ihre Einschätzung der Fähigkeiten, Motive, Arbeits- und Lebensziele der Mitarbeiter,
- den praktizierten Führungsstil, die Zielsetzungen und die Delegation von Entscheidungen,
- die Streuung von Macht und Einfluß.[198]

Die größte Aufmerksamkeit und Verbreitung erfuhren die Ansätze von MCGREGOR[199] und von SCHEIN.[200] Die Ansätze unterscheiden sich allerdings grundsätzlich in der Vorgehensweise: Während MCGREGOR aus dem praktizierten Führungsstil das jeweilige Menschenbild des Führenden entwickelte, dienen die Menschenbilder von SCHEIN als Grundlage für praktizierte Führungsstile und organisatorische Veränderungen.[201] Die XY-Theorie von MCGREGOR basiert auf der Unterscheidung in ein mechanistisch-ökonomisches Menschenbild mit autoritärer Führungskonzeption (Theorie X) und einem potentiell kreativ-selbstverantwortliches Menschenbild (Theorie Y) mit einem kooperativem Führungsstil. Dabei verurteilt der Autor die Theorie X und spricht sich eindeutig für die kooperative Variante aus.[202]

Dagegen nimmt SCHEIN eine wesentlich differenzierte Unterscheidung vor. Er unterteilt in vier Menschenbilder (rational-economic man, social man, self-actualizing man, complex man), verbunden mit unterschiedlichen Grundannahmen der Organisationslehre. Die Betrachtung des Mitarbeiters als durch monetäre Anreize leicht beeinflußbaren, manipulierbaren und passiven Men-

---

[197] Vgl. Wunderer/Grunwald (1980), S. 75
[198] Vgl. Weinert/Langer (1995), S. 76 und Neuberger (1995c), S. 34
[199] Vgl. McGregor (1960)
[200] Vgl. Schein/Bennis (1965)
[201] Vgl. Bisani (1995), S. 736f. und Wunderer/Grundwald (1980), S. 78
[202] Vgl. Wunderer/Grunwald (1980a), S. 80

schen lag dem Bild des „homo oeconomicus" oder „rational-economic man" zugrunde. Diese Haltung bestimmte die frühe Führungslehre ebenso wie die klassische Organisationstheorie und die Arbeitswissenschaften.[203] Die Erkenntnis, daß Menschen von sozialen Bedürfnissen gesteuert und nicht nur von materiellen, sondern auch von gruppenspezifischen Anreizen abhängig ist, führte zum Einzug der Gruppentheorien und des Human-Relation-Ansatzes in die Führungslehre. Soziale Interaktionen mit anderen Menschen dominierten das Bild des „social man", der erstmalig die Abkehr von straffen Regelungs- und Ordnungssystemen in der Arbeitsorganisation bedeutete. Der „self-actualizing man" strebt dagegen nach Selbstverwirklichung, ist für seine Handlungen selbst verantwortlich und wird selbstgestaltend tätig. Anstelle der Human-Relations-Betrachtung treten zunehmend Human-Resource-Konzepte, die Mitarbeiter als wichtigste Ressource im Unternehmen sehen, die es zu entwickeln gilt. Den Abschluß der Typologie bildet das Bild des „complex man" als komplexes, vielschichtiges und wandlungsfähiges Individuum, das lernfähig ist und neue Motive erlernen kann. Dies führt zu der Erkenntnis, daß es keine allgemeingültigen Führungskonzepte geben kann. Daher stehen nun wieder die Belange der Organisation im Vordergrund der Führungsforschung, die motivationale Bedürfnisbefriedigung der Mitarbeiter wird eher als ein Nebenprodukt verstanden. Selbststeuerung und Selbstorganisation werden vorausgesetzt und bilden nun einen wichtigen Bestandteil der Betrachtungen zur Führung von Mitarbeitern.[204]

Bei den grundlegenden Annahmen über Mitarbeiterführung, den **Führungstheorien**[205], steht immer eine Frage im Vordergrund: Was ist für den Führungserfolg entscheidend? „Führungstheorien sollen Bedingungen, Strukturen, Prozesse, Ursachen und Konsequenzen von Führung beschreiben, erklären und prognostizieren."[206] Dabei wurde lange Zeit an eigenschafts- und verhaltenstheoretischen Modellen festgehalten, d. h. persönliche Merkmale bzw. das

---

[203] Vgl. Bisani (1995), S. 736f.
[204] Vgl. Bisani (1995), S. 739f., Staehle (1994), S. 179ff. und Wunderer/Grunwald (1980), S. 78ff.
[205] Vgl. hierzu Neuberger (1995a), Sp. 1579f. und Sp. 1585f.
[206] Wunderer (1993), S. 28

Verhalten von führenden Personen entscheiden über Erfolg oder Mißerfolg (great-man-theory).[207] Zahlreiche Anleihen wurden bei der psychologischen Motivationsforschung[208] und der soziologischen Beziehungsforschung gemacht.[209] Letztendlich bilden die eigenschafts- und persönlichkeitsorientierten Ansätze in der wirtschaftlichen Praxis auch heute noch die Entscheidungsgrundlage für Personalbeurteilung und -auswahl.[210]

Empirische Ansätze	• Eigenschafts- und Persönlichkeitstheorien • Gruppendynamische Ansätze • Formalorganisatorische Ansätze
Theoretische Ableitungen	• Rollentheoretische Ansätze • Motivationstheoretische Ansätze • Systemtheoretische Ansätze • Kybernetische Ansätze

Tabelle 12: Überblick über führungstheoretische Ansätze

Es folgten zahlreiche situationsorientierte Ansätze[211], die durch die Einbeziehung der Führungssituation in die Entscheidungsfindung den ersten Schritt von reinen Kausalzusammenhängen hin zu einer systemorientierten Sichtweise bildeten. Mehrdimensionale Modelle trugen dem Einfluß von Führungssituation, Führungsstil und/oder Merkmale des Geführten Rechnung.[212] Die Rollentheorie als interdisziplinärer Ansatz stellt nicht das Individuum, sondern die Gesellschaft bzw. die Interaktion seiner Mitglieder in den Mittelpunkt.[213] Von

---

[207] Eine Zusammenstellung empirischer Befunde zu den herausragenden Eigenschaften eines Führers findet sich bei Stogdill (1974), S. 35ff.
[208] Vgl. hierzu auch den Überblick bei Lühker/Vaalholt (1994), S. 230ff.; vgl. Weinert (1992), Sp. 1430ff.
[209] Vgl. Wunderer (1993), S. 31
[210] Vgl. Wunderer/Grunwald (1980), S. 113
[211] Der bekannteste ist der Kontingenz-Ansatz nach Fiedler; vgl. hierzu die zusammenfassenden Darstellungen z. B. bei Rosenstiel (1995), S. 14ff. oder Wunderer/Grunwald (1980), S. 134ff.
[212] Vgl. z. B. Reddin (1970), dessen 3-D Modell erstmals 3 Dimensionen in die Bewertung einbezog.
[213] Vgl. z. B. den Ansatz der Führerrollen nach Krech et al. bei Neuberger (1976), S. 104ff. und Neuberger (1995b), Sp. 979

Kapitel 2: Stand der Forschung   79

den motivationstheoretischen Ansätzen fanden v. a. die Ansätze von MASLOW und HERZBERG große Beachtung als Grundlage für weitere Forschungen.[214]

Mit dem speziellen Gebiet der **Führungsstilforschung** befassen sich die Ansätze und Modelle der interaktiven Mitarbeiterführung. Als Führungsstil bezeichnet WUNDERER „die situative Qualität der Führungsbeziehungen zwischen vorgesetzten Stellen und Mitarbeitern"[215], die jedoch heute meist auf das Führungsverhalten des Führenden reduziert betrachtet wird. LEWIN bildet mit seinen durch Laborexperimente ermittelten drei Grundstilen den Ausgangspunkt der Führungsstilforschung.[216] Eine Spanne von sieben verschiedenen Stilen bieten TANNENBAUM/SCHMIDT auf ihrer Skala, die von den Eckwerten autoritär bis kooperativ reicht.[217] In Folge dominierten die sogenannten *Ohio State Studien* die Entwicklung praxisnaher und damit erfolgsversprechender Führungsstilkonzeptionen.[218] Sie basierten auf dem zweidimensionalen Portfolio der Ohio State School mit den Achsenbezeichnungen: *Initiating Structure* und *Consideration Strukture*.[219] Die bekanntesten Konzepte sind das Verhaltensgitter von BLAKE/MOUTON, das *3-D-Programm* nach REDDIN sowie die *Situative Reifegradtheorie* von HERSEY/BLANCHARD.[220] Die *Kontingenztheorie* von FIEDLER stellt das erste ausführlich empirisch überprüfte Modell dar.[221] Der *Entscheidungsbaum* von VROOM/YETTON ist das bekannteste Prozeßmodell der Führungsstilforschung und versucht, durch die Kombination von insgesamt acht verschiedenen Fragen den situationsgerechten Führungsstil herauszufinden.[222]

Die Modelle der **strukturellen Führung** beschreiben die Steuerung und Koordinierung der Aktivitäten von Mitarbeitern durch strukturelle Maßnahmen, ohne

---

[214] Vgl. Maslow (1970) und Herzberg (1968)
[215] Wunderer (1993), S. 184
[216] Vgl. hierzu Wunderer/Grundwald (1980), S. 222ff.
[217] Vgl. Tannenbaum/Schmidt (1958) und die Anmerkungen von Bisani (1995), S 761 und Wunderer (1993), S. 184
[218] Vgl. Staehle (1994), S. 772
[219] Vgl. Rosenstiel (1995), S. 12
[220] Vgl. Blake/Mouton (1968), Reddin (1970) und Hersey/Blanchard (1976)
[221] Vgl. Wunderer/Grundwald (1980), S. 261ff.
[222] Vgl. Vroom/Yetton (1973), Vroom/Jago (1991), S. 47f. und die ausführliche Darstellung und Überprüfung des Modells bei Böhnisch (1991), S. 26ff. und S. 47ff.

daß ein Vorgesetzter direkt Einfluß nimmt.[223] Von den Führungstheorien lassen sich diese Führungsmodelle v. a. durch ihre pragmatische Gestaltung abgrenzen.[224] Das *Bad Harzburger Modell* von HÖHN war das erste in Deutschland bekanntgewordenen System der Personalführung und propagierte erstmals konsequent das Prinzip der Delegation von Aufgaben und Verantwortung.[225] Die aus dem anglo-amerikanischen Raum übernommenen *management by ...* Modelle sind inzwischen in allen Bereichen der Wirtschaft und Verwaltung verbreitet. Besonders das *management by objectives* steht als Inbegriff für kooperative Führung.[226] Das *St. Gallener Führungsmodell* ist eine Weiterentwicklung der systemorientierten Führungslehre im Sinne ULRICHS und stellt einen umfassenden, mehrdimensionalen Ansatz zur Unternehmensführung ohne eine Beschränkung auf die Personalführung dar.[227] Zu dem Bereich der strukturellen Führung gehören auch die *Führungsgrundsätze*, die in der Regel über allgemeine Führungsprinzipien, die Gestaltung persönlicher Beziehungen und sozialer Strukturen und über andere Teilsysteme der Führung Auskunft geben.[228]

Die **kulturelle Führung** oder werteorientierte Führung, d. h. die Führung durch Unternehmenskultur, beinhaltet wesentliche Führungsfunktionen. SCHOLZ/ HOFBAUER unterscheiden hier folgende Wirkungszusammenhänge:[229]
1. Kulturelle Führungseffekte auf *Individualverhalten* der Organisationsmitglieder:
   - Primäre Führungseffekte: Die Unternehmenskultur vermittelt Richtlinien für das tägliche Verhalten der Mitarbeiter durch Festlegung von Handlungsabläufen und Handlungsfreiräumen *(Koordinationsfunktion)*, schafft ein Zusammengehörigkeitsgefühl auch bei dezentralen Organisations-

---

[223] Vgl. Staehle (1994), S. 788ff.; Wunderer/Grunwald bezeichnen diese Ansätze als Managementkonzeptionen, vgl. Wunderer/Grundwald (1980), S. 276ff. und vgl. Rosenstiel (1995), S. 4
[224] Führungsmodelle sind v. a. von anwendungsorientierten Forschern und Beratungsgesellschaften entwickelt worden; vgl. Rühli (1992), S. 32 und Rühli (1995), Sp. 760
[225] Vgl. Höhn (1966)
[226] Vgl. die zusammenfassenden Darstellungen bei Bisani (1995), S. 806ff. und Wunderer/Grunwald (1980), S. 285
[227] Vgl. Bisani (1995), S. 813ff.
[228] Vgl. z. B. Riekhof (1985), S. 441ff. oder Finzer/Mungenast (1990), S. 50ff.
[229] Vgl. Scholz/Hofbauer (1987), S. 461ff.

strukturen *(Integrationsfunktion)* und erzeugt Identifikationsmöglichkeiten *(Identifikationsfunktion)*.

- Sekundäre Führungseffekte: Die Erhöhung der wirtschaftlichen Effizienz durch geringe Fluktuations- und Absentismusraten tritt als Folgeerscheinung der primären Führungseffekte auf.

2. Kulturelle Führungseffekte auf *Interaktionen* zwischen Organisationsmitgliedern:
Hier sind der Führungsstil, insbesondere das Kommunikationsverhalten zwischen den Organisationsmitgliedern, angesprochen.

Nach WUNDERER lassen sich folgende Führungsfunktionen besonders herausheben:[230]

- die strategische Steuerung über Visionen und Missionen,
- die weiche, qualitative Steuerung,
- die informelle Führung,
- die Bedeutung als zentrales Element einer Selbststeuerung.

Zwei grundsätzliche Gestaltungsansätze lassen sich unterscheiden: die bewußte Gestaltung und die evolutionäre Weiterentwicklung (Machen oder kultivieren?).[231] Die evolutionäre Entwicklungsphilosophie im Sinne einer Beeinflussung von Mitarbeitern durch Erhaltung, Kultivierung, Forderung und Ausschöpfung von Potentialen hat sich dabei in der Literatur durchgesetzt,[232] wobei allerdings immer von einer Interaktivität zwischen Mitarbeiterführung und Unternehmenskultur auszugehen ist.[233] In diesem Zusammenhang wird häufig auch von einer die Führung stabilisierenden Funktion der Unternehmenskultur durch symbolische Führung gesprochen.[234] Im Gegensatz zu der bewußten

---

[230] Vgl. Wunderer (1993), S. 132
[231] Vgl. hierzu Sackmann (1990), S. 154ff. und Rühli (1990), S. 189ff. Damit rückt auch die Frage in den Vordergrund, ob Unternehmenskultur überhaupt planbar ist; vgl. Schmid (1995)
[232] Vgl. z. B. Maucher (1995), S. 93
[233] Vgl. Ebers (1995), Sp. 1664
[234] Vgl. Rosenstiel (1995), S. 21

Gestaltungsrolle durch die „harten" Faktoren der Führung stellen viele Autoren bei der kulturellen Führung die Selbstentwicklungs- und Selbstorganisationsaspekte in den Vordergrund.[235]

2.3.4 Moderne Ansätze zur unternehmerischen Führung

Die vorgestellten klassischen Modelle und Ansätze haben sich als Meilensteine der Führungsforschung erwiesen: sie lassen sich in zahlreichen Lehrbuch und in einer Vielzahl weiterer Veröffentlichungen finden. Darüber hinaus gibt es jedoch interessante neuere Entwicklungen, die im folgenden kurz skizziert werden sollen.[236]

Den bestehenden Modellen über **Menschenbilder** von Theoretikern und Praktikern hat WEINERT die ersten empirischen Feldstudien gegenübergestellt: er ermittelte bei einer Befragung sämtlicher Führungskräfte eines Unternehmens eine Taxonomie von acht Menschenbildern und gruppierte anschließend alle Führungskräfte in fünf bzw. neun Cluster ähnlich strukturierter Typen.[237] Dabei kommt er zu der Erkenntnis, „daß Menschenbilder nicht nur theoretische Gedankengebäude sind, sondern sich in der Praxis des Arbeitsalltags empirisch und sinnvoll aufweisen lassen, allerdings nicht in der ´reinen´ Form, wie sie die Literatur anbietet. Sie existieren vielmehr als Mischtypen und sind keineswegs generalisierbar, weder über Unternehmensebenen noch über verschiedene Unternehmensbereiche."[238] Im Unterschied zu den klassischen, sehr idealistischen Theorien zeigt diese Untersuchung, daß in jedem Unternehmen sehr unterschiedliche Ansichten über Menschen mit zahlreichen Überlappungen vorhanden sind. WEINERT/LANGER stellen dazu abschließend fest, daß diese verschiedenen Muster für den betrieblichen Führungsprozeß mit der Forderung nach optimaler Anpassung an Aufgaben und Herausforderungen wünschenswert sind.[239]

---

[235] Vgl. Wunderer (1993), S. 134f. und Klimecki/Probst (1990), S. 42f.
[236] Vgl. hierzu auch die Darstellungen über Entwicklungstendenzen in der Mitarbeiterführung bei Wunderer (1995b), Sp. 1539ff. und Wunderer (1995a), S. 480ff.
[237] Vgl. Weinert/Langer (1995), S. 75ff. und die Übersicht bei Bisani (1995), S. 741
[238] Weinert/Langer (1995), S. 75
[239] Vgl. Weinert/Langer (1995), S. 89

Auch bei neueren **Führungsstiltypologien** ist eine Abwendung von idealtypischen Konstellationen festzustellen. BASS unterscheidet z. B. zwei grundlegende Führungsstile:[240] Der *Transaktionale Führungsstil* enthält zahlreiche klassische Interpretationen der Aufgaben- und Zielorientierung: Weg- und Zielklärung sowie leistungsbezogene Belohnungsvergabe, Management by Exception, Grundgedanke des gegenseitigen Austauschs zwischen Führer und Geführtem und klare Zielvorgaben. Dagegen betont der *transformale Führungsstil* die charismatische Führung: individuelle Zuwendung und intellektuelle Stimulierung, Transformation von Motiven und Werten durch den Führer auf eine höhere Ebene, insbesondere für die Bewältigung besonders grundlegender und herausfordernder Veränderungen sind die charakterisierenden Merkmale.[241] WUNDERER formuliert seine grundlegenden Führungsstile in einem Portfolio, dessen Achsenbezeichnungen im Gegensatz zu den klassischen Führungsstilmodellen nicht mehr Aufgaben- und Personenorientierung, sondern Wandel und Steuerung heißen.[242]

---

[240] Vgl. Bass/Steyer (1995), Sp. 2054ff.
[241] Vgl. hierzu die zusammenfassende Darstellung bei Wunderer (1994), S. 236
[242] Vgl. Wunderer (1994), S. 247

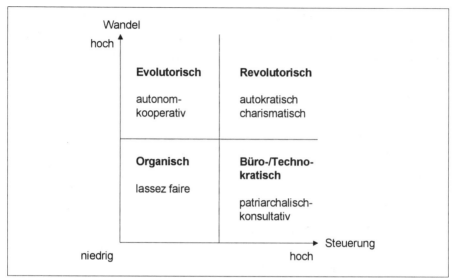

Abbildung 13: Führungsstile nach Steuerungsumfang und Wandlungsintensität
Quelle: Wunderer (1994), S. 247

Danach ist für ein evolutorisches Change Management am ehesten ein autonom-kooperativer Führungsstil geeignet, während das revolutorische ausgerichtete Veränderungsmanagement nach einem autokratisch-charismatischen Führungsstil verlangt. WUNDERER trägt den Tendenzen in der Managementforschung im Sinne eines Change Management auch insofern Rechnung, daß er in diesem Zusammenhang von einem *Änderungsstil* spricht.[243]

Dagegen legen die Vertreter interpretativer Ansätze den Schwerpunkt nicht mehr auf den Zusammenhang zwischen Führungsstil und Erfolg, sondern stellen die Interpretationsleistungen in immer kommunikativ ablaufenden Interaktionsprozessen zwischen Führer und Geführtem in den Mittelpunkt. Da erst durch Interpretationen der Akteure aus sprachlich formulierten Regeln Handlungen entstehen, leitet sich hieraus eine Kommunikationspflicht als permanente Aufgabe ab: es ist über Kommunikation sicherzustellen, daß die Interpretationen der Führer und Geführten übereinstimmen.[244]

---

[243] Vgl. Wunderer (1994), S. 246
[244] Vgl. Schauenberg/Föhr (1992), Sp. 2209f.

Über diese Betrachtungen einzelner Komponenten des Forschungsbereiches Mitarbeiterführung hinaus sind umfassende Konzeptionen zur **unternehmerischen Mitarbeiterführung** entstanden, die als Weiterentwicklung der Ende der siebziger Jahre propagierten Kooperativen Führung angesehen werden können. Der Begriff des Unternehmertums spielt dabei eine zentrale Rolle und soll nach WUNDERER wie folgt beschrieben werden:

> „Innovative, entscheidungsfreudige, handlungs- und umsetzungsmotivierte, sozialkompetente und risikobereite Einstellungen, Qualifikationen und Verhaltensweisen in dafür förderlichen Rahmenbedingungen charakterisieren den Begriff des Unternehmerischen."[245]

BRETZ präzisiert den Begriff des Unternehmertums mit den folgenden charakteristischen Eigenschaften weiter:

- Tragen und Gestalten von Risiko,
- Ausgangspunkt von Innovationen,
- Durchsetzung von neuen Kombinationen,
- Förderung von Kreativität und
- unternehmerische Intuition.[246]

Als Ausgangspunkt neuerer Konzepte zur unternehmerischen Mitarbeiterführung kann dabei der Ansatz des Intrapreneurships angesehen werden. Hier steht die heute stärker denn je geforderte unternehmerische Ausrichtung der Mitarbeiter[247] bereits eindeutig im Vordergrund der Betrachtungen.

---

[245] Wunderer (1994), S. 251
[246] Vgl. Bretz (1988), S. 53ff. und S. 136ff.
[247] Vgl. Baentsch/Strittmatter (1996); S. 60ff.; Kuhn (1997), S. 195ff.; Reiß (1993), S. 191; Schneider (1996a), S. 112ff.; Späth/Neumann (1994), S. 26 und Wunderer/Kuhn (1995), S. 16ff.

2.3.4.1 Intrapreneurship

Intrapreneurship läßt sich am treffendsten mit „Unternehmertum im Unternehmen" übersetzen.[248] PINCHOT gilt als Vater des Ansatzes des internen Unternehmers, der inzwischen auch im deutschsprachigen Raum aufgegriffen und weiterentwickelt wurde.[249] BITZER definiert hierzu aus systemisch-evolutionärer Sicht:

„Intrapreneurship ist ein Konzept zur Förderung des unternehmerischen Verhaltens auf allen Ebenen einer bestehenden, großen Organisation, welches zum Ziel hat, Innovationen zu stimulieren und zu realisieren [...]"[250]

Die Abgrenzung zum Entrapreneur erfolgt in erster Linie durch den Verbleib des Intrapreneurs im Unternehmen und die eine damit einhergehende Begrenzung des unternehmerischen Risikos.[251] Ausgehend von einem generalistischen Profil des Intrapreneurs, das sowohl Führungseigenschaften als auch Teamfähigkeit integriert, und einem unterstützenden sozialen Netz, daß v. a. auf der Nutzung informaler Kommunikationsstrukturen basiert, lassen sich die folgenden Bausteine von Intrapreneurship als Führungskonzept identifizieren:

Die Schaffung einer dezentralen, stark projektorientierten *Organisationsstruktur*, deren Informationsfluß durch flache Hierarchien und (teil-)autonome Einheiten, die z. B. in Form eines Profit-Centers organisiert werden können, gesichert wird. Ein umfassendes Venture Management soll Innovationen fördern und unterstreicht den starken Projektcharakter. Dabei wird eine systematische Personalplanung durch „self-selection" ersetzt.[252]

Die *strategische Orientierung* von Intrapreneurship zielt auf ein ganzheitliches Führungssystem mit hohem Autonomiegehalt.[253] Die Element und Grundsätze der *Unternehmenskultur* sind auf gegenseitiges Vertrauen ausgerichtet.

---

[248] Vgl. Süssmuth Dyckerhoff (1995), S. 44
[249] Vgl. Pinchot (1985) und Pinchot (1988)
[250] Bitzer (1991), S.17; vgl. dazu auch Pinchot (1988), S. 7
[251] Vgl. ebenda
[252] Vgl. Süssmuth Dyckerhoff (1995), S. 64ff.
[253] Vgl. Frey/Kleinmann/Barth (1995), Sp. 1280

Als wesentliche Bausteine werden hier die Führung mit Visionen sowie das sogenannte „waterline"-Prinzip genannt. Damit soll das „commitment" der Mitarbeiter gegenüber der Organisation geschaffen bzw. dauerhaft erhalten werden, daß als Grundlage für eine weitgehende Selbst- statt Fremdsteuerung der Mitarbeiter dient.

Die **Implementierung** basiert auf dem „experimentation-and-selection-approach" und setzt in erster Linie auf indirekte Eingriffe auf Meta-Ebene, die einen „bottom-up"-Implementierungsprozeß erleichtern sollen. Die Zulassung autonomer, strategischer Stoßrichtungen für Unternehmenseinheiten, die Schaffung eines „richtigen" Maßes an Freiraum für Unternehmenseinheiten und Mitarbeiter sowie extensive Schulungsmaßnahmen werden von BITZER als die strategischen Erfolgsfaktoren der Implementierung von Intrapreneurship genannt.

Zusammenfassend läßt sich Intrapreneurship als ganzheitlicher Führungsansatz bezeichnen, der auf Basis von Information und weitgehender Selbststeuerung irrationale, unternehmerische Elemente gezielt fördert.

2.3.4.2 Unternehmerische Mitarbeiterführung nach Wunderer

In Anlehnung an seine Definition von Mitarbeiterführung stellt WUNDERER bei seinem Konzept der unternehmerischen Mitarbeiterführung die innovations-, integrations- und umsetzungsfördernden Aspekte der Führung in den Vordergrund, wodurch *„die Förderung unternehmerischer Verhaltensweisen und Kernkompetenzen bzw. Schlüsselkompetenzen bei den Mitarbeitern"*[254] erreicht werden soll. Dieses soll in erster Linie über indirekte, strukturelle Führungsinstrumente erreicht werden, wobei nicht die Förderung einzelner, sondern möglichst vieler Mitarbeiter angestrebt wird. Die Fähigkeit zur Selbstorganisation und Selbststeuerung von Mitarbeitern steht auch hier stark im Vordergrund der Überlegungen und dient als Voraussetzung für das unternehmerische Handeln von Mitarbeitern.

---

[254] Wunderer (1996), S. 393

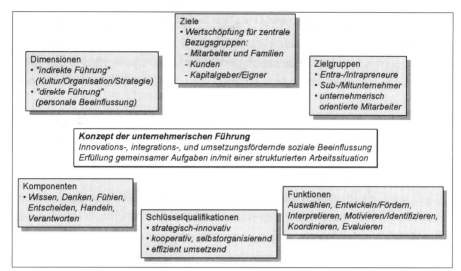

Abbildung 14: Das Konzept der unternehmerischen Mitarbeiterführung
Quelle: Wunderer (1996), S. 394

„Die unternehmerische Führung will möglichst viele Mitarbeiter besonders auf die Bezugsgruppe der externen oder internen Kunden orientieren, ihnen dafür entsprechende Identifikations- und Motivationspotentiale (z. B. Mission, Handlungsspielräume, Kontakte zu den Kunden) anbieten."[255]

Zur Differenzierung der verschiedenen Anspruchsgruppen im Unternehmen verwendet WUNDERER ein Mitarbeiterportfolio, welches mehrere Niveaus für eine Typologie unternehmerischen Verhaltens bildet.[256] Dabei wird zwischen Mitarbeitertypen unterschieden, deren unternehmerische Schlüsselqualifikationen über die Gestaltung einer optimalen Arbeitssituation gefördert werden sollen. Dies geschieht über die Bildung einer unternehmerischen Führungskultur, die von Führungskräften vorgelebt wird, und die Förderung von Identifikations- und Lernprozessen durch die Anpassung von den organisatorischen Rahmenbedingungen. Dazu tritt die Steuerung über Strategie- und Organisa-

---

[255] Wunderer (1996), S. 394
[256] Vgl. ebenda, S. 395

tionsgestaltung. Interaktionelle, direkte Führungsprozesse, wie z. B. Coaching und der Aufbau von Vertrauen, unterstützen die Zielsetzung, möglichst viele Mitarbeiter zu Mitunternehmern zu machen, die nach den Prinzipien verstärkter Selbstorganisation und -steuerung unternehmerisch mitdenken, mitwirken und mitverantworten.[257]

Wie später noch aufgezeigt wird,[258] decken sich diese Zielsetzungen zu einem großen Teil denen eines Lernenden Unternehmen, wie es in dieser Arbeit verstanden wird. Aus diesem Grund sollen die Grundannahmen, wie die Förderung von Selbststeuerung, Selbstorganisation und Selbstentwicklung und der verstärkte Einsatz der indirekten Führungsinstrumente in das Gedankengut der weiteren Untersuchung einfließen.

2.3.5 Mitarbeiterführung und Selbststeuerung

Selbststeuerung von Mitarbeitern gewinnt zunehmend an Bedeutung.[259] Dabei steht weniger die Frage des Einsatzes von Selbststeuerung an sich, sondern eher die Frage nach dem richtigen Maß an Selbststeuerung im Blickpunkt der Betrachtungen. Basis für diese Überlegungen bildet der sozio-technische Ansatz: Dieser liefert Gestaltungsregeln für die Optimierung von Technik und Organisation, die Handlungs- und Gestaltungsspielräume sicherstellen, die für ein Konzept der Selbststeuerung Voraussetzung sind. Organisatorische Einheiten sollen so in Lage versetzt werden, sich selbständig zu steuern und zu regulieren. „Das Organisationsproblem besteht dann vor allem darin, eine Balance zwischen der Selbständigkeit der einzelnen Subsysteme und der Koordination der Subsysteme auf die Organisationsziele hin zu finden."[260]

Darüber hinaus können als weitere Einflußfaktoren auf die Entwicklung der Selbststeuerung in der Mitarbeiterführung folgende genannt werden:[261]

---

[257] Vgl. Wunderer (1995d), S. 18ff.
[258] Vgl. Kap. 3.3
[259] Vgl. die Ausführungen zu Entwicklungstendenzen der Mitarbeiterführung bei Wunderer (1995b), Sp. 1541
[260] Alioth (1995), Sp. 1895
[261] Vgl. Wunderer (1995b), Sp.1541

Die *Lerntheorien* thematisieren zunehmend die Funktion der Selbstentwicklung. *Konzepte der delegativen Führung* stellen bessere Anpassungsfähigkeit und größere Motivation der Mitarbeiter bei Übertragung selbständiger Kompetenzen heraus. *Wertschöpfungs- oder Profit-Center-Konzepte* thematisieren die Erfolgsverantwortung. Außerdem setzt sich die Ansicht durch, daß Führung von anderen zunächst eine *befriedigende Selbstführung und -organisation* voraussetzt.

Im Einklang dazu sollen sich die Spezifikationen für ein Subsystem Mitarbeiterführung im Gegensatz zu bürokratischen Ansätzen auf das kritische Minimum reduzieren. Grundsätzlich unterscheidet ALIOTH vier Hauptfunktionen der Führungskräfte von selbststeuernden Gruppen:[262]

- die Kontrolle der Systemschwankungen durch situationsangepaßte Unterstützung durch den Vorgesetzten,

- die Qualifikation der Mitarbeiter zu einer kollektiven Kompetenz zur Bewältigung außergewöhnlicher Situationen,

- die Förderung und Implementierung von Neuerungen durch Moderation z. B. in Form von Qualitätszirkeln und Arbeitskreisen und

- die Führung der Mitarbeiter durch das Setzen von realistischen Zielen im Hinblick auf die Primäraufgaben und ein entsprechendes Feedback.

---

[262] Vgl. Alioth (1995), Sp. 1900f.

Kapitel 2: Stand der Forschung 91

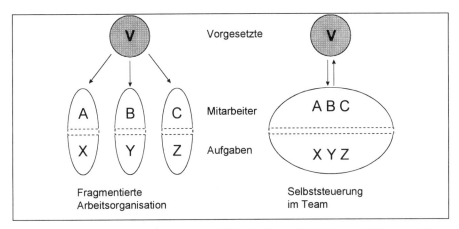

Abbildung 15: Beziehungen zwischen Mitarbeitern, Aufgaben und Vorgesetzten
Quelle: Alioth (1995), Sp. 1901

Als Ergänzung zu direkter und indirekter Führung sehen ALIOTH/VAASEN die Selbststeuerung als einen wichtigen Bestandteil jeglicher Mitarbeiterführungskonzepte. Die Fähigkeit sozialer Systeme zur Selbstorganisation wird dabei als Grundlage vorausgesetzt.[263] Anhand der Dokumentation von Ergebnissen einer Workshop-Reihe wird das Spannungsfeld zwischen der Notwendigkeit, sich immer flexibel den Marktgegebenheiten anzupassen und dem Zwang, sich anderseits in das hierarchische Gefüge eines Unternehmens eingliedern zu müssen, aufgezeigt. Die Ergebnisse von Interviews mit Führungskräften haben die Autoren zu sechs unterschiedlichen Hauptaussagen zusammengefaßt, daraus ergibt sich eine breite Palette verschiedener Anspruchs- und Erwartungshaltungen von Führungskräften an ihre Mitarbeiter:[264]

- Selbständigkeit gewähren
- Selbständigkeit fordern
- Selbständigkeit fördern
- Selbständigkeit reifen lassen

---

[263] Vgl. Alioth (1995), Sp. 1894
[264] Vgl. Alioth/Vaasen (1988), S. 277ff.

- "Vertrauen ist gut, Kontrolle ist besser" - vorausgesetzt man merkt sie nicht.
- "Mitarbeiter wollen geführt werden".

Auch wenn diese Überlegungen keinen umfassenden Ansatz oder gar ein ausformuliertes Modell bilden, so geben sie doch einen Einblick in die Problematik der Mitarbeiterführung mit Hilfe von Selbststeuerung in Gruppen.

TÜRK setzt den Fall des selbstgesteuerten Mitarbeiters als Normalfall voraus und geht in seiner „Lückentheorie der Führung" der Frage nach, warum überhaupt Führungsbedarf besteht und wann sich Mitarbeiter nicht selbststeuernd führen können?[265] Dabei definiert der Autor drei Handlungsdimensionen von Mitarbeitern: Kennen, Können und Wollen. Diese drei Attribute lassen ebenfalls drei Steuerungsdimensionen der Führung erkennen: Information, Instruktion und Motivation. Kann der Mitarbeiter den normativen Anforderungen an sein Leistungsverhalten, seine Fügsamkeit, seine Motivation oder seine Loyalität nicht genügen, so liegt nach TÜRK ein Defizit vor, welches sich nach seinem Modell in einer der drei Handlungsdimensionen äußert. Dieses Defizit wird durch eine sogenannte Steuerungslücke verursacht und es entsteht ein Personalführungsbedarf. Diese Lücke ist nun durch einen informatorischen, qualifikatorischen oder motivationalen Eingriff des disponierenden Mitarbeiters zu schließen.[266] Der Ansatz von TÜRK nimmt damit insofern eine Sonderstellung ein, da er als einziger Führungsansatz von einem Mindestmaß an Selbststeuerung in jedem Mitarbeiter ausgeht und somit ein Menschenbild des komplexen, selbständig entscheidenden Mitarbeiters zur Grundlage hat.

2.4 Zwischenergebnis

Die Systemtheorie bildet die Grundlage für den Bezugsrahmen der vorliegenden Arbeit: das Unternehmen als offenes, soziales, produktives System.

---

[265] Vgl. Türk (1981) und die Anmerkungen dazu von Neuberger (1984), S. 122ff.
[266] Vgl. Türk (1986), S. 103ff.

Kapitel 2: Stand der Forschung

Als wesentliche Erkenntnisse zum Stand der Forschung des organisationalen Lernens können festgehalten werden:
Die individuellen und sozialen Lerntheorien tragen in erster Linie durch die Verdeutlichung der Komplexität zum Verständnis organisationalem Lernens bei.

Die meisten der vorgestellten Modelle orientieren sich immer noch an der Pionierarbeit von ARGYRIS/SCHÖN und den dort vorgestellten drei Lernebenen. Im deutschsprachigen Raum hat das Schichtenmodell der organisatorischen Wissensbasis von PAUTZKE eine dominierende Bedeutung erlangt, die sich darin manifestiert, daß dieses Modell häufig den Ausgangspunkt für weitere Überlegungen bildet.

Unter organisationalem Lernen soll in dieser Arbeit der Prozeß der Verbreiterung und Optimierung der organisatorischen Wissensbasis durch Zugewinn und Veränderung von individuellem und organisatorischen Wissen, die Anpassung von Zugriffsmöglichkeiten auf organisatorisches Wissen durch alle relevanten Organisationsmitglieder an die organisatorischen Bedürfnisse sowie die ständige Veränderung der organisatorischen Rahmenbedingungen zur Erhöhung und Verbesserung der Lernfähigkeit der Organisation und seiner Mitglieder verstanden werden.

Das Konzept der Lernenden Organisation integriert und beinhaltet die Gedanken vieler anderer Managementmodelle und wird inzwischen auch in der Praxis als das Managementmodell oder -paradigma der Zukunft angesehen. Dies zeigt sich auch in Anzahl und Inhalten der Veröffentlichungen zum Thema lernende Organisation: die wissenschaftlichen Arbeiten widmen sich nach einer Phase der Grundlagenforschung nun der konkreten Umsetzung. Trotzdem befinden sich die anwendungsorientierten Arbeiten noch in der Minderzahl.

Die Analyse der Führungsforschung ergab folgendes Bild:
Die klassische Führungsforschung befindet sich v. a. durch die Zersplitterung in viele Forschungsrichtungen und -ansätze in einer Sackgasse. Bei der Ent-

wicklung von Führungsmodellen haben lange Zeit massive Verwertungsinteressen eine dominierende Rolle gespielt.[267] Verhaltens- und eigenschaftstheoretische Modelle sind weitgehend hinfällig, da es den erfolgreichen Führungsstil bzw. den geborenen Führer nicht gibt. Das Dilemma der situationstheoretischen Ansätze läßt sich wie folgt beschreiben: je höher der Erklärungsgehalt, desto vielschichtiger die Modelle und desto weniger konkrete Ratschläge sind ableitbar.[268] Die meisten Ansätze lassen systemisches Denken vermissen und bauen auf kausalen Zusammenhängen auf: für ein umfassendes Führungsverständnis müssen aber auch symbolische und kulturelle Aspekte berücksichtigt werden. Die komplexer werdenden Deutungskonzepte lassen außerdem keine Rezepte mit allgemeiner Gültigkeit mehr zu.

Dagegen unterstützen die Zielsetzungen einiger Ansätze der modernen Führungsforschung, wie z. B. die unternehmerische Mitarbeiterführung nach WUNDERER, die Ziele eines Lernenden Unternehmens. Daher sollen die Grundannahmen dieser Ansätze, wie z. B. die Förderung der Selbststeuerung, Selbstorganisation und Selbstentwicklung der Mitarbeiter und die Dominanz der strukturellen Führung, um möglichst viele Mitarbeiter zu erreichen, in den weiteren Verlauf der Untersuchung miteinfließen.

Für diese Arbeit erfolgt eine Einteilung der direkten und indirekten Mitarbeiterführung in interaktionelle, strukturelle und kulturelle Führungsprozesse. Grundlage des gesamten Führungsverständnisses bildet ein Menschenbild, das den Anforderungen des Lernenden Unternehmens und der heutigen Gesellschaft entspricht. Die Prinzipien der Führung basieren dabei in allen Bereichen zu großen Teilen auf Selbstorganisation und Selbststeuerung der Mitarbeiter.

---

[267] Vgl. Schanz (1995), Sp. 2194f.
[268] Vgl. Kiel (1994), S. 228

Kapitel 3: Modellbildung und Entwicklung des Analyseinstrumentariums

1 Einführung in die Thematik
2 Stand der Forschung

3 Modellbildung und Entwicklung des Analyseinstrumentariums
3.1 System Lernendes Unternehmen
   3.1.1 Definition: Lernendes Unternehmen
   3.1.2 Subsysteme
   3.1.3 Eigenschaften
   3.1.4 Prozesse
   3.1.5 Träger
3.2 Subsystem Mitarbeiterführung
   3.2.1 Eigenschaften
   3.2.2 Prozesse
   3.2.3 Träger
3.3 Kritische Erfolgsfaktoren des Lernenden Unternehmens
3.4 Analyse von Lernenden Unternehmen
   3.4.1 Möglichkeiten der Bildung von Unternehmenstypologien
   3.4.2 Lernprofil des Unternehmens
   3.4.3 Mitarbeiterführungsprofil des Unternehmens
3.5 Reifegradportfolio
3.6 Zwischenergebnis

4 Forschungsdesign der empischen Untersuchung
5 Ergebnisdarstellung und Bewertung
6 Typengenerierung und Gestaltungsempfehlungen
7 Schlußbetrachtung

3 Modellbildung und Entwicklung des Analyseinstrumentariums

Die Identifikation der Subsysteme, Elemente, Eigenschaften und Prozesse eines Lernenden Unternehmens soll Aufgabe der Abschnitte 3.1 und 3.2 dieses Kapitels sein. Auch hier erfolgt die Betrachtung weiterhin auf makrosozialer, d. h. auf Organisationsebene. Anschließend werden dann die Elemente, Eigenschaften und Prozesse des Subsystems Mitarbeiterführung näher bestimmt, die ein lernendes Unternehmen ermöglichen.

Ziel der darauffolgenden Abschnitte ist die Entwicklung von Instrumenten zur Analyse des Lernreifegrades und des Mitarbeiterführungssystems eines Unternehmens, die als Grundlage für Strategie- und Maßnahmenplanung für ein optimiertes Lernendes Unternehmen dienen können. Dazu soll folgendermaßen vorgegangen werden: zunächst müssen die Zielkriterien für ein Mitarbeiterführungssystem in einem Lernenden Unternehmen, also die kritischen Erfolgsfaktoren eines Lernenden Unternehmens, festgelegt werden (Kap. 3.3). Anschließend wird das Instrument zur Analyse des Lernverhalten entworfen: das Lernprofil dient der Identifizierung verschiedener Arten von Lernenden Unternehmen (Kap. 3.4). Simultan dazu erfolgt die Entwicklung eines Profils zur Charakterisierung des Mitarbeiterführungssystems eines Unternehmens. Danach wird ein Portfolio vorgestellt, das auf Basis der durch die Profile gewonnenen Erkenntnisse die Zustandsanalyse und Strategieentwicklung unterstützen soll (Kap. 3.5). Die entwickelten Modelle dienen dann als Grundlage für die empirischen Erhebungen.

3.1 System Lernendes Unternehmen

Im bisherigen Verlauf der Arbeit wurde im Rahmen der Betrachtung organisationaler Lernprozesse immer von Organisationen als Untersuchungsobjekte gesprochen. Im Einklang mit der systemorientierten Charakterisierung von Unternehmen[1] soll das Untersuchungsobjekt im folgenden nun weiter präzisiert werden.

---

[1] Vgl. Kap. 2.1.2

Kapitel 3: Modellbildung und Entwicklung des Analyseinstrumentariums 97

3.1.1 Definition: Lernendes Unternehmen

Bisher wurde der Begriff der Organisation als Sammelbegriff für alle zielgerichteten sozialen Systeme verwendet. In diesem Sinne stellt auch ein Unternehmen eine Organisation dar.[2] Für die Verwendung im Kontext organisationalen Lernens soll der Begriff des Lernenden Unternehmens nun genauer gefaßt werden. PEDLER/BOYDELL/BURGOYNE unterscheiden ein lernendes Unternehmen von anderen Typen von Organisationen:

„Eine Organisation, die das Lernen sämtlicher Organisationsmitglieder ermöglicht und die sich kontinuierlich selbst transformiert."[3]

Etwas globaler formuliert SENGE: „eine Organisation, die kontinuierlich ihre Kapazität für die Gestaltung ihrer eigenen Zukunft erweitert"[4]

Für den weiteren Verlauf der Untersuchung soll das Lernenden Unternehmen folgendermaßen definiert werden:

Ein Lernendes Unternehmen ist ein offenes, produktives, sich weitgehend selbstorganisierendes, soziales System, welches den Prozeß der Verbreiterung und Optimierung der organisatorischen Wissensbasis durch Zugewinn und Veränderung von individuellem und kollektivem Wissen aktiv fördert und das Lernen durch die Anpassung der Zugriffsmöglichkeiten auf organisatorisches Wissen für alle relevanten Organisationsmitglieder an die organisatorischen Bedürfnisse sowie durch die ständige Veränderung der organisatorischen Rahmenbedingungen zur Erhöhung und Verbesserung der Lernfähigkeit der Organisation und seiner Mitglieder ermöglicht.

Folgende Elemente kennzeichnen das Lernende Unternehmen:
- Das System lernendes Unternehmen setzt aus *Subsystemen* zusammen,

---

[2] Vgl. hierzu die Ausführungen von Bühner (1987), S. 4f., der verschiedene Abgrenzungsmöglichkeiten der Begriffe diskutiert; vgl. Witte (1989), S. 27f., der technische und soziale Systeme bei Organisationen unterscheidet
[3] Pedler/Boydell/Burgoyne (1996), S. 60; vgl. hierzu auch Pedler/Burgoyne/Boydell (1994), S. 11
[4] Senge (1990), S. 14

- ermöglicht bestimmte *Prozesse*,
- besitzt bestimmte *Eigenschaften* und
- in diesem System agieren bestimmte *Träger*.

Die einzelnen Subsysteme, Träger und Prozesse sind durch Beziehungen miteinander verknüpft. Diese Arten von Beziehungen lassen sich durch Beschaffenheit, Richtung und Häufigkeit unterscheiden: es gibt Beziehungen, die materielle oder immaterielle Dinge austauschen (z. B. Rohstoffe, Waren bzw. Informationen), die einseitig oder interaktiv gestaltet sind (z. B. Top-to-down Information bzw. Kommunikation) und regelmäßig stattfinden oder durch eine Regelgröße ausgelöst werden.

3.1.2 Subsysteme

Die weitere Vorgehensweise macht eine Abgrenzung der im Unternehmen vorhandenen Subsysteme nötig. In Anlehnung an die bereits angesprochene Einteilung von KATZ/KAHN[5] sollen folgende Subsysteme unterschieden werden:

Das **Management-System** enthält sämtliche Führungs-, Planungs- und Kontrollsysteme als Koordinations- und Steuerungsinstrumente des Unternehmens. Dazu gehören das Mitarbeiterführungssystem und die Controllingsysteme ebenso wie das System der strategischen Planung und das Marketing.[6]

Das **Produktive System** enthält alle Systeme, die zur Leistungserstellung (materiell, immateriell) notwendig sind, also z. B. die Fertigung eines Industrieunternehmens oder die Programmierung bei einem Software-Hersteller.

Die **Versorgungssysteme** wie Materialbeschaffung oder Vertrieb enthalten alle der Leistungserstellung vor- oder nachgelagerten Prozesse, die die Lebensfähigkeit des produktiven Systems ermöglichen.

Erhaltungssysteme wie Personalmanagement oder Finanzierung unterstützen alle Systeme des Unternehmens durch eine adäquate Versorgung mit Human-Ressourcen und Kapital.

---

[5] Vgl. Katz/Kahn (1966), S. 31
[6] Vgl. Macharzina (1993), S. 58 und Link (1996), S. 27

Kapitel 3: Modellbildung und Entwicklung des Analyseinstrumentariums 99

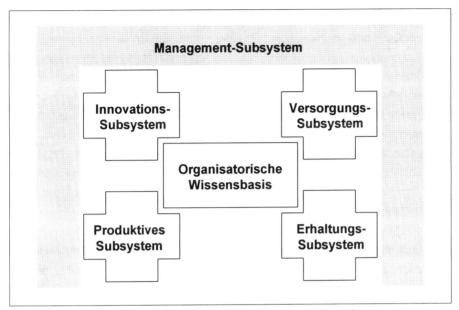

Abbildung 16: Subsysteme des Lernenden Unternehmens

Die **Innovationssysteme** wie Forschung und Entwicklung oder die Marktforschung (auch Personalforschung) dienen als Quelle für innovative Veränderungen und Lernen im Unternehmen.

Die **organisatorische Wissensbasis** fungiert im Lernenden Unternehmen als wichtigstes und zentrales Subsystem eines wissensbasierten Systems.[7] Hier wird das organisatorische Wissen gespeichert, das dem Unternehmen zur Verfügung steht.

Alle genannten Subsysteme bestehen aus Verbindungen von technischen und sozialen Elementen, d. h. aus dem Zusammenwirken von Menschen, Geräten, EDV-Systemen, Information und Kommunikation. Träger sind sowohl Menschen als auch technische Systeme.[8]

---

[7] Vgl. Güldenberg/Eschenbach (1996), S. 6
[8] Vgl. Kap. 3.1.5

3.1.3 Eigenschaften

Bei der Definition der Eigenschaften eines Lernenden Unternehmens stellt sich die Frage, ob es nichtlernende Unternehmen gibt. Da jedes Unternehmen in irgendeiner Form lernt, sollen daher die Eigenschaften herausgehoben werden, die ein effektiv und effizient Lernendes Unternehmen, wie es in den vorhergegangenen Abschnitten charakterisiert wurde, von einem „normal" lernenden Unternehmen auszeichnen. Diese sind durch Vernetzung, Offenheit, Komplexität, Ordnung, Handlungsfähigkeit sowie Wert- und Sinnhaftigkeit (Ziele, Visionen, Absichten) gekennzeichnet. Eine besondere Bedeutung kommt jedoch den Schlüsseleigenschaften eines Lernenden Unternehmen zu: der Lernfähigkeit und der Fähigkeit zur Selbstorganisation.

Generell stellt die **Lernfähigkeit** das Maximum des möglichen Lernens einer Organisation, einer Gruppe oder eines Individuums dar.[9] Ob das gesamte Potential ausgeschöpft wird, läßt sich nur schätzen. Um Lernprozesse so effektiv wie möglich ablaufen zu lassen, ist jedoch ein bestimmtes Lernpotential anzustreben, welches unter besonderer Beachtung von Effizienzkriterien ständig weiter ausgebaut werden sollte. Eine Maximierung ohne Rücksicht auf das Kosten-Nutzen-Verhältnis erscheint wenig sinnvoll. Die organisatorische Lernfähigkeit wird dabei in erster Linie von der Schaffung der organisatorische Rahmenbedingungen, der Optimierung von Möglichkeiten des Zugriffs auf organisatorische Wissen und der Schaffung der technischen Voraussetzungen für die organisatorische Wissensbasis determiniert.[10] Die Lernfähigkeit von Gruppen und Individuen kann durch Personalentwicklung (Schulung, Fortbildung, Job Rotation), durch Personalauswahl (Einstellungskriterium Lernfähigkeit), durch den Abbau von Lernblockaden und die Gewährung von Handlungsspielraum für eigenständiges Lernen gefördert werden.

Lernende Unternehmen müssen eine **Fähigkeit zur Selbstorganisation** - eine systeminterne Problemlösungsfähigkeit - besitzen, die sie und seine Mitarbeiter in Lage versetzen, Strukturen und Verhaltensweisen zu schaffen, die den

---

[9] Vgl. Oberschulte (1994), S. 54
[10] Vgl. Kap. 2.2.2.2 und 2.2.2.3

Anforderungen einer dynamischen und komplexen Umwelt gewachsen sind. Eine Voraussetzung hierfür ist ein hoher Grad der Selbstorganisation,[11] da „der Gedanke einer vollständigen Planung, Gestaltung und Steuerung des gesamten organisationalen Geschehens aufgegeben werden muß"[12], weil das Verhalten selbst simpler Systeme nicht mehr eindeutig vorhersehbar ist.[13] Selbstorganisierende Systeme erscheinen in biologischen und sozialen Systemen.[14] Die Übertragung von biologischen auf soziale Systeme wurde im deutschsprachigen Raum von LUHMANN geleistet.[15] Trotz verschiedenartiger Formen und Mechanismen existieren allgemeingültige Charakteristika. Selbstorganisierende Systeme sind[16]

- **komplex**, weil sie aus vernetzten, interagierenden Teilen bestehen;
- **selbstreferentiell**, d. h. sie sind operationell geschlossen, wirken auf sich selbst und sind Ausgangspunkt für weiteres Verhalten;
- **redundant**, da gleiche oder ähnliche Fähigkeiten aufgrund von Entscheidungsdezentralisation mehrfach im System vorhanden sind;
- **autonom**, sie steuern und gestalten sich selbst. Der Autonomie der Subsysteme kommt dabei besondere Bedeutung zu, da diesen als Träger kollektiver Lernprozesse eine zentrale Rolle zufällt.[17]

Da die tatsächlich herrschende Ordnung im Unternehmen nie das alleinige Resultat von Fremdorganisation darstellt, sondern stets durch Selbstorganisation ergänzt, überlagert und verändert wird, geht es also um den Anteil von Selbstorganisation im Unternehmen. Dieser ist dabei stets abhängig von Unternehmensumwelt und Unternehmenskomplexität.[18] Für die Personalführung

---

[11] Für einen Überblick über die verschiedenen Ansätze vgl. Kriz (1997)., S. 187ff., Kieser (1994), S. 199ff. und Schattenhofer (1992), S. 13ff.
[12] Steinle/Bruch/Müller (1996), S. 648
[13] Vgl. Maul (1993), S. 719f.
[14] Vgl. hierzu z. B. Maturana (1981), der mit der Definition autopoiesischer Systeme die Grundlage für die Übertragung von Selbstorganisationssystemen auf soziale Systeme geschaffen hat
[15] Vgl. Luhmann (1984)
[16] Vgl. Klimecki/Probst/Eberl (1994), S. 72ff. und Steinle/Bruch/Müller (1996), S. 649
[17] Vgl. Pautzke (1989), S. 263
[18] Vgl. Göbel (1993), S. 393 und S. 395

im Lernenden Unternehmen bedeutet das konkret, daß Selbstorganisation von Individuen und Gruppen durch ein bewußtes Offenhalten der Prozesse, eine ganzheitliche Aufgabengestaltung, die Ergänzung der Primärorganisation durch sekundäre, modulare Strukturen und heterarchische Führungs-, Verantwortungs- und Kompetenzstrukturen ermöglicht wird und Handlungsspielräume für alternative Sichtweisen und Handlungsmöglichkeiten geschaffen werden. Selbstorganisation setzt außerdem permanentes individuelles und organisationales Lernen voraus, um Koordinations- und Innovationsfähigkeit zu steigern.[19]

3.1.4 Prozesse

Für das Funktionieren des Systems Unternehmung sind eine Vielzahl von Prozessen notwendig, wie z. B. Informations-, Produktions- oder Kommunikationsprozesse. Für eine vereinfachte Betrachtung sollen die zentralen Prozesse im Lernenden Unternehmen nachfolgend aufgeführt werden:

Mitarbeiterführungsprozesse stellen die zentralen Steuerungsprozesse im Unternehmen im Sinne der Steuerungselemente von Regelkreisen dar. Mit Mitarbeiterführungsprozessen wird direkt (interaktiv) oder indirekt (strukturell/kulturell) auf Mitarbeiter Einfluß genommen, die am Konversionsprozeß beteiligt sind. Es werden Lernprozesse ausgelöst oder verhindert. Die zugrunde gelegten Werte und Prinzipien sowie das vorherrschende Menschenbild wirken auf die Führung ein. Die Qualität der Mitarbeiterführung entscheidet auch über die Qualität der Konversions- und Lernprozesse, wobei immer ein komplexer Zusammenhang unterstellt werden kann: jede Art von Führung erzeugt auch mehr oder weniger erwünschte Nebenwirkungen.

Konversionsprozesse und Transformationsprozesse sind die Leistungserstellungsprozesse im Unternehmen, d. h. hier wird Input in Output umgewandelt. Die Konversionsprozesse bilden das Kernstück des produktiven Systems, können aber auch Teil anderer Subsysteme sein. Hierzu gehört außer den eigentlichen Fertigungsprozessen z. B. auch die Erstellung einer Werbekampagne mit geistigem und materiellen Input sowie einem Imagegewinn als Output.

---

[19] Vgl. Steinle/Bruch/Müller (1996), S. 651

Es lassen sich organisatorische, kollektive und individuelle **Lernprozesse** unterscheiden, die einerseits durch Mitarbeiterführung oder externen Einfluß (z. B. Krisensituationen), andererseits selbstreferentiell, d. h. durch eine Gruppe oder ein Individuum selbst herbeigeführt, entstehen oder verhindert werden können. Der Lernprozeß steht in interdependenter Beziehung zu den Konversions- und Mitarbeiterführungsprozessen einer Unternehmung.[20]

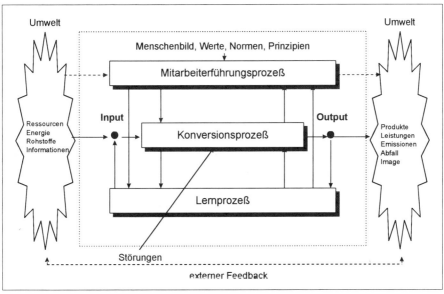

Abbildung 17: Das Lernende Unternehmen als System

Im Gesamtsystem betrachtet, fungieren die Mitarbeiterführungs- und Lernprozesse als Regelgrößen des Lernenden Unternehmens: sowohl das Ergebnis des Konversionsprozesses als auch der Prozeß selbst ist Gegenstand organisationalen, kollektiven und individuellen Lernens. Die Lernprozesse verändern beim nächsten Prozeßdurchlauf den Input, passen die Zielgrößen neu an oder formen den Prozeß neu. Die Mitarbeiterführung nimmt mit den Instrumenten

---

[20] Vgl. die Lernprozesse nach Pautzke in Kap. 2.2.2.1, die dieser Arbeit als Grundlage dienen sollen.

individueller, struktureller und kultureller Führung Einfluß auf den Konversionsprozeß und schafft die Rahmenbedingungen für Lernprozesse im Unternehmen. Umgekehrt ist sind auch Führungsprozesse Gegenstand organisationalen Lernens - somit werden die der Mitarbeiterführung zugrunde liegenden Werte und Normen im Zeitablauf verändert. Als offenes System unterliegt das Unternehmen immer dem Einfluß externer Störungen, wie z. B. dem Ausfall eines Zulieferteils im Leistungserstellungsprozeß. Input, Output und die Ausgestaltung der Prozesse werden stark von externem Feedback durch Kunden, Gesellschaft, Verbände und Konkurrenten beeinflußt: umweltgefährdende Produkte oder Herstellungsprozesse werden von Behörden, der Gesellschaft und letztendlich von den Kunden nicht akzeptiert und führen ebenso zur Veränderung wie der Einfluß von Gewerkschaften auf die Arbeitszeiten und -kosten von Mitarbeitern.

3.1.5 Träger

In den vorangegangenen Abschnitten wurde das Lernende Unternehmen als soziales System mit seinen Elementen definiert. Als Träger und damit ebenfalls als Bestandteile des Lernenden Unternehmens wurden sowohl Menschen als auch technische Systeme bestimmt.[21] Die Träger sammeln Wissen, transferieren es ins Unternehmen oder Teile davon, speichern es und rufen bei Bedarf Wissen ab. Sie verändern damit ständig die Zusammensetzung der organisationalen Wissensbasis mit dem Ziel der Optimierung der Wissensbestände. Dies kann sowohl zu einer Erhöhung der Quantität oder aber auch zur qualitativen Verbesserung der Wissensbestände führen.

Wie in allen sozialen Systemen sind es in erster Linie natürliche Personen, die als Elemente eines systemorientierten Unternehmensbegriffs dienen.[22] In der Tradition von BATESON stehen dabei allerdings nicht nur einzelne Personen, sondern die Handlungen, sozialen Beziehungen und Regeln von Gruppen, Teams, Bereichen, Abteilungen etc. im Mittelpunkt der Betrachtungen.[23]

---

[21] Vgl. Kap. 3.1.2
[22] Vgl. König/Volmer (1996), S. 31 und S. 35
[23] Vgl. hierzu den Überblick bei König/Volmer (1996), S. 31ff.

Kapitel 3: Modellbildung und Entwicklung des Analyseinstrumentariums 105

PROBST/BÜCHEL präzisieren in ihrem Modell die elementaren Träger und damit auch die elementaren Zielgruppen der Mitarbeiterführung in einem Lernenden Unternehmen:

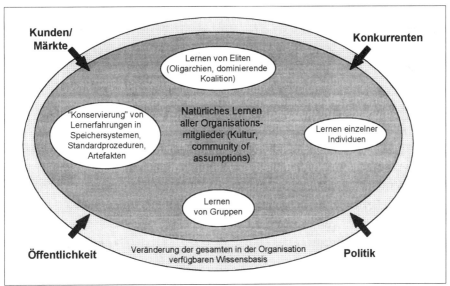

Abbildung 18: Träger der Lernenden Organisation
Quelle: Probst/Büchel (1994), S. 63

Individuen bzw. dominierende Eliten im Unternehmen: Hier sind v. a. die Führungskräfte des Unternehmen als Einzelpersonen bzw. als gemeinsam entscheidende und handelnde Gruppe (z. B. in der Geschäftsleitung oder im Vorstand) gemeint.[24] Sie sind aufgrund ihrer Stellung im Unternehmen in der Lage, das individuell oder kollektiv erworbene Wissen aus der Umwelt in das Unternehmen zu transferieren und es über das gesamte System oder Teile davon zu verbreiten.

Gruppen: Alle formell oder informell bestehenden Gruppen von Mitarbeitern, die temporär oder dauerhaft in unterschiedlicher Intensität zusammenarbeiten sind Träger selbstorganisierter Gruppenlernprozesse, „die maßgeblich am or-

---

[24] Vgl. Probst/Büchel (1994), S. 64 und Neuberger (1995c), S. 243

ganisationalen Entscheidungsprozeß mitwirken. Das bedeutet, daß nicht nur eine dominante Koalition, sondern auch Subkulturen jeder Art als Träger des organisationalen Lernens zu nennen sind."[25]

Alle Mitglieder des Lernenden Unternehmens fungieren ebenfalls als Träger organisationaler Lernprozesse, allerdings mit der Einschränkung, daß nicht alle Mitglieder des Unternehmens immer gleichzeitig Träger von organisationalem Wissens sind.

Vor allem zur Unterstützung des Subsystems der organisatorischen Wissensbasis sind jedoch auch technische Systeme notwendig, die ebenfalls zu den Trägern des Lernenden Unternehmens gezählt werden. Hier sind in erster Linie **EDV-Systeme** zur Dokumentation und Ablage von Ergebnissen, Vorgängen und Informationen im Unternehmen zu nennen.[26] Sie gewährleisten einen schnellen, flexiblen Austausch von Informationen und eine systematische Dokumentation auch von Projektverläufen und Vorgehensweisen zur Erreichung technischer Teilergebnisse zur Förderung von organisatorischem Lernen.[27]

Allen Trägern gemeinsam ist das übergeordnete gemeinsames Ziel: die Verbesserung der organisationalen Wissensbasis. Als weitere Träger und damit Elemente eines Lernenden Unternehmen können auch **standardisierte Prozesse** wie Bestellvorgänge, Beurteilungen oder Steuerungsprozesse angesehen werden, die mit Hilfe von Formularen, Programmen oder Handbüchern institutionalisiert sind. Ebenso dazu gehören **Artefakte**, wie z. B. die verwendete Sprache, die vorherrschenden Technologien, Produkte und Statussymbole sowie Rituale und Zeremonien. Sie bringen die vorherrschende Kultur im Unternehmen zum Ausdruck.[28]

---

[25] Probst/Büchel (1994), S. 64
[26] Vgl. Rensmann (1998), S. 8ff.
[27] Vgl. Wildemann (1995), S. 10 und Güldenberg/Eschenbach (1996), S. 8
[28] Zum Begriff der Artefakte vgl. Schein (1995), S. 30f.

Es läßt sich jedoch feststellen, daß nach wie vor Menschen als wichtigste Träger eines sozialen Systems dienen. Somit wird die Mitarbeiterführung zum entscheidenden Erfolgsfaktor des Lernenden Unternehmens.

3.2 Subsystem Mitarbeiterführung

Die klassischen Führungskonzeptionen basieren v. a. auf folgenden Denkweisen:[29]

- Personeneigenschaften wie Intelligenz, Selbstvertrauen, physiologische Eigenschaften, Charisma z. T. unter Berücksichtigung situativer Variablen (Great-Man-Theorien);[30]

- Erwartungen, die an eine Person in Abhängigkeit von der Position innerhalb der Gesellschaft einnimmt, gerichtet werden (Rollentheorien);[31]

- Führung als Interaktion zwischen Situationseigenheiten und Eigenschaften des Führers (Situationstheorien);[32]

- Betonung des Verhaltens von erfolgreichen Führern (Verhaltenstheorien);[33]

- Eigenarten von Führungsstilen, die z. B. aufgaben- oder mitarbeiterorientiert gewählt werden können (Führungsstilmodelle);[34]

Mit den Änderungen der Aufgaben des Managements komplexer Systeme entwickeln sich auch die Anforderungen an die Mitarbeiterführung weiter. Unternehmen als offene, komplexe, dynamische und multidimensionale Systeme in einer dynamischen und komplexen Umwelt erfordern daher eine systemische Sichtweise für die Führung von Individuen oder Gruppen, d. h.[35] Dynamiken und Vernetzungen müssen innerhalb eines Systems soweit wie möglich

---

[29] Vgl. Kastner (1990), S. 84f.
[30] Vgl. hierzu die Ausführungen zur Eigenschaftstheorie bei Delhees (1995), Sp. 897ff. und den Überblick bei Wunderer/Grunwald (1980), S. 120f.
[31] Vgl. z. B. die Theorie der Aufspaltung der Führerrollen nach Krech et al bei Neuberger (1976), S. 104ff.
[32] Vgl. z. B. den situativen Ansatz im Kontingenz-Modell von Fiedler (1974) und Schreyögg (1995), Sp. 993ff.
[33] Vgl. z. B. das Modell von Wexley/Yukl (1971)
[34] Vgl. z. B. die Modelle von Tannenbaum/Schmid (1958) und Blake/Mouton (1964)
[35] Vgl. Kastner (1990), S. 88f. und Maul (1993), S. 716ff.

erkannt und/oder verändert werden oder man muß sich ihnen anpassen. Die Komplexität des Umfeldes muß wahrgenommen und reduziert werden, ohne daß der Einfachheit halber binär und in linearen Trends gedacht und gehandelt wird. Für ein sach- und zielgerichtetes Agieren ist das Wissen um die Ursachen der Komplexität und die Art der Kausalitäten in den Unternehmensprozessen erforderlich.[36] Denken und Handeln sollte einerseits genügend vielfältige und vernetzte Elemente berücksichtigen und andererseits wenige wichtige Variablen herausfiltern. Systemisch denken und handeln bezieht sich also auf den Zusammenhang zwischen Wissen und Verhalten und gewinnt damit eine entscheidende Bedeutung für die Mitarbeiterführung in einer komplexen Umwelt.

Dienten bisher primär Verhaltens- und Eigenschaftstheorien als theoretische Basis für die Erklärung von Führungsverhalten und Führungsfähigkeiten, so erfordern die notwendigen strukturellen Eigenschaften und Verhaltensweisen einer systemischen Mitarbeiterführung in der komplexen und dynamischen Umwelt eines Lernenden Unternehmens theoretische Grundlagen, die Flexibilität und Entwicklungsfähigkeit des Unternehmens gewährleisten. Die systemische Sichtweise rückt damit Aspekte der Selbstorganisation und Selbststeuerung in den Vordergrund theoretischer Vorüberlegungen.

Wie die nachfolgende Tabelle zeigt, machen zahlreiche neuere Definitionsversuche den Wandel des Führungsverständnisses deutlich: es findet eine Verlagerung von direkter, eigenschafts- oder situationsorientierter, handlungsorientierter Führung zu einer eher indirekten, auf die Schaffung eines lernfreundlichen Umfeldes und unternehmerisch aktiver Mitarbeiter ausgerichteten Führung statt. Wandel und ständige Veränderungen werden nicht mehr als Störfaktoren angesehen, sondern institutionalisiert. Auch wenn die Elemente der interaktiven Führung scheinbar mehr in den Hintergrund treten, so steht der Mitarbeiter als Mensch dennoch mehr denn je im Mittelpunkt der Betrachtungen.

---

[36] Vgl. hierzu auch Milling (1995), S. 95

Kapitel 3: Modellbildung und Entwicklung des Analyseinstrumentariums 109

Autor	Definition
Wildemann 1995	„Wenn alle Mitglieder einer Organisation Träger des organisatorischen Lernens sind, dann besteht die „Funktion der Führung nicht mehr darin, selbst zu lernen, sondern vielmehr die Rahmenbedingungen zu schaffen, um ein Lernen aller Mitarbeiter zu ermöglichen und zu fördern. Lernen ist damit unabhängig von Hierarchieebenen und Funktionen."[37]
Nachreiner 1992	„Führung ist vor diesem Hintergrund zu verstehen als gezielte Einflußnahme auf organisationale Beziehungen."[38]
Arthur D. Little 1995	„Wenn wir Unternehmen so umgestalten wollen, daß sie ihre eigene Entwicklung schneller und klüger auf die laufenden und zu erwartenden Umfeldentwicklungen ausrichten, dann müssen wir Lernfähigkeit einbauen. Diese Lernfähigkeit muß alle Führungsebenen durchdringen, vom Vorstand bis zum Leiter der kleinsten Vertriebsniederlassung."[39]
Probst 1994	„Führung heißt, kurz gesagt, Bewältigung von Wandel."[40]
Doppler/Lauterburg 1995	„Rahmenbedingungen zu schaffen, die es normalintelligenten Mitarbeiterinnen und Mitarbeitern ermöglichen, ihre Aufgaben selbständig und effizient zu erfüllen."[41]

Tabelle 13: Definitionen zur Führung in Lernenden Unternehmen

Im Einklang mit den getroffenen Definitionen[42] sollen nun die Elemente des Subsystems Mitarbeiterführung beschrieben werden, wiederum unterteilt in Prozesse, Eigenschaften und Träger.

---

[37] Wildemann (1995), S. 6
[38] Nachreiner (1992), S. 60
[39] Artur D. Little (1995), S. 142
[40] Probst (1994), S. 297
[41] Doppler/Lauterburg (1995), S. 61
[42] Vgl. die Ausführungen in Kap. 2.1 und 3.1.2

3.2.1 Eigenschaften

Das im Wertesystem eines Unternehmens verankerte, vorherrschende **Menschenbild** schafft die Grundlage für interaktionelle, strukturelle und kulturelle Führung. Allerdings besteht auch hier eine interaktive Beziehung: das Bild des Mitarbeiter ist v. a. durch Maßnahmen der kulturellen und strukturellen Führung gestaltbar, der Prozeß sollte allerdings eher langfristig angelegt sein. Umgekehrt wird Führungsverhalten eines Vorgesetzten immer sehr stark von seinem Bild des Mitarbeiter als Teil des Unternehmens geprägt werden. Ein idealtypisches Menschenbild für das Subsystem Mitarbeiterführung im Lernenden Unternehmen zu bestimmen erscheint daher wenig sinnvoll. Anzustreben sind jedoch Elemente, die das Bild des selbständig denkenden und handelnden Menschen mit zahlreichen, sehr unterschiedlichen sozialen Beziehungen und mit komplexen Einflußfaktoren auf Motivation und Leistung bestimmen.

Die Forderung nach **Lernfähigkeit, Anpassungsfähigkeit und Flexibilität** gilt wie für das Gesamtsystem natürlich auch für alle Subsysteme. Die Möglichkeiten der Anpassung an sich verändernde Situationen sind allerdings sehr unterschiedlich ausgeprägt: Führungskräfte sollten in der Lage sein, ihren Führungsstil situationsgerecht zu gestalten und nicht durch Regeln und Grundsätze soweit in Ihrem Tun eingeschränkt sein, daß bürokratische Abläufe den Entscheidungsprozeß behindern. Strukturelle Maßnahmen müssen genügend Handlungsspielraum für ein markt- und kundengerechtes Agieren der Mitarbeiter lassen. Kulturelle Änderungen sind dagegen im Zeitablauf nur langfristig gestaltbar.

Die Elemente der **Selbststeuerung** sowie der **Selbstorganisation** von Individuen und Gruppen sollen als maßgeblicher Beeinflussungsfaktor im Mittelpunkt eines unternehmerisch orientierten Mitarbeiterführungskonzepts im Lernenden Unternehmen stehen. Je komplexer die Arbeitsorganisation, desto mehr muß man sich auf die Eigeninitiative der Mitarbeiter verlassen können und desto weniger läßt sich durch direkte, persönliche Steuerung im Rahmen der interaktionellen Personalführung erreichen. Der ständig wachsende externe Problemdruck sowie der Wertewandel, der Bedürfnissen wie Selbstverwirklichung eine wachsende Verhaltensdominanz gibt, führt zu der Forderung verantwortungsvoller Mitarbeiter nach mehr selbständiger Arbeit. Daher muß eine Eigenschaft des Subsystems Mitarbeiterführung die Fähigkeit zur Förderung von Selbststeuerung und Selbstorganisation z. B. durch strukturelle Maßnahmen wie Delegation von Verantwortung sowie Instrumente der Anreizgestaltung sein.

3.2.2 Prozesse

Das Subsystem Mitarbeiterführung basiert auf drei zentralen Führungsprozessen: interaktionelle, strukturelle und kulturelle Führung. Die Gestaltung der v. a. der kulturellen Prozesse wird maßgeblich von den grundlegenden Annahmen der Beteiligten über Werte, Normen und Prinzipien und das vorherrschende Menschenbild beeinflußt. Wie auch bei der Betrachtung des Gesamtsystems ist das Subsystem vor externen Störungen aus dem Umfeld nicht geschützt.

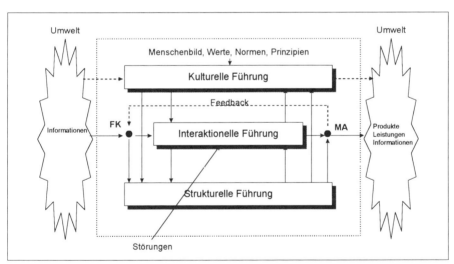

Abbildung 19: Prozesse des Subsystems Mitarbeiterführung

Die direkte, **interaktionelle Mitarbeiterführung** hat die Aufgabe, die Gestaltungsziele von Unternehmensführung und Personalmanagement situativ und individuell über personale Beeinflussung umzusetzen. Die notwendigen v. a.

kommunikativen Funktionen werden im amerikanischen Sprachverständnis meist als „leadership" bezeichnet.[43]

Die indirekte **Führung durch strukturelle Maßnahmen** schafft den generellen Rahmen für die Gestaltung von Führungssituationen: die Voraussetzung für das fördernde Wirken der Führungskräfte und das (mit-)unternehmerische Handeln von Mitarbeitern.[44] Ziel dieses systemisch-strukturellen Ansatzes der Mitarbeiterführung ist die Gestaltung der Umfeldbedingungen für ein Handeln der Mitarbeiter, das wiederum die weitgehende Selbstorganisation und Selbststeuerung zum Ziel hat.

Die Gestaltung von Unternehmens- und Führungsphilosophie sowie des Wertesystems eines Unternehmens steht im Mittelpunkt der **kulturellen Führung**. In diesem Zusammenhang kommt der kulturellen Führung eine sehr grundsätzliche Bedeutung zu: sie beeinflußt z. B. durch das dem Führungsverständnis zugrunde liegende Menschenbild sowohl die strukturelle als auch die interaktionelle Führungsfunktionen sehr stark.[45]

3.2.3 Träger

Innerhalb des Systems des Lernenden Unternehmens lassen sich drei Betrachtungsebenen der Träger des Mitarbeiterführungssystems unterscheiden: die Organisation, die Gruppe und das Individuum.[46]

Als ein Hauptträger des Subsystems lassen sich dabei auf Individual- und Gruppenebene die *Führungskräfte* identifizieren: Sie sind die Hauptverantwortlichen für die meisten der skizzierten Führungsprozesse und fungieren als Beziehungselemente für viele der beschriebenen Elemente des Führungssystems. Ebenfalls als wichtige Elemente sind natürlich alle beteiligten *Mitarbeiter* als Geführte im Führungsprozeß zu verstehen. Unter Berücksichtigung der bereits angesprochenen Selbstführungs- und Selbstorganisationsprozesse

---

[43] Vgl. Wunderer (1996), S. 388
[44] Vgl. Wunderer (1996), S. 390
[45] Vgl. hierzu auch Schein (1996)
[46] Vgl. Ackermann/Reber (1981), S. 13

Kapitel 3: Modellbildung und Entwicklung des Analyseinstrumentariums 113

kommt ihnen ebenfalls eine besondere Bedeutung zu. Als dritter Hauptträger v. a. von indirekten Führungsprozessen, die mit strukturellen Veränderungen verbunden sind, ist die *Organisation* zu nennen.

Führungskräfte

SENGE unterscheidet drei Typen von Führungskräften im Lernenden Unternehmen:[47]

- *Local Line Leaders*: Diese versuchen, durch Experimente zu testen, ob neue Lernmethoden auch zu verbesserten Resultaten führen (Führungskräfte als Lernende).

- *Executive Leaders*: Sie unterstützen die Local Line Leaders, indem sie Lerninfrastrukturen entwickeln und den Prozeß der Evolution von Normen und Verhaltensweisen einer Lernkultur vorantreiben (Führungskräfte als Trainer).

- *Internal Networkers* und *Community Builders*: Hierunter werden Freidenker verstanden, die Aktoren, Promotoren und Multiplikatoren des Lernenden Unternehmens identifizieren und zusammenbringen (Führungskräfte als Multiplikatoren).

Diese Typologie deutet bereits die Aufgabenverschiebung der Führungskräfte im Lernenden Unternehmen an: indirekte, also strukturelle und kulturelle Prozesse stehen im Vordergrund, die interaktionelle, direkte Führung tritt in den Hintergrund. Führungskräfte schaffen die Rahmenbedingungen und unterstützen die Lernprozesse.

„Hauptaufgabe des Managements aus systemischer Sicht ist es demnach, die Anpassungsfähigkeit und Flexibilität einer Organisation ihrer Umwelt entsprechend zu erhalten und gegebenenfalls zu erhöhen. Selbstregulierende Netzwerkstrukturen, die den Beschäftigten die Möglichkeit geben, Prozesse unmittelbar gestalten zu können sind die sichtbare äußere Konsequenz."[48]

---

[47] Vgl. Senge (1990), S. 3
[48] o. V. (1995), S. 62

Mit der Veränderung des Führungsverständnisses geht auch ein starker Wandel der Rollen und Aufgaben der Führungskräfte einher.[49] Die folgenden Aussagen verdeutlichen diesen Zusammenhang:

Autor	Definition
Berthoin Antal 1992	„Führungskräfte sollten sich nicht als autoritäre Wissenshüter, sondern als »coach« und »facilitator« verstehen, die die Entwicklung von Kompetenzen der Mitarbeiter und die Entstehung einer kreativen Spannung für das Lernen in der Organisation fördern."[50]
	„Die Rolle von Führungskräften ist es nicht, Visionäre zu werden, sondern Raum zu schaffen und Prozesse in Gang zu setzen, die den Mitgliedern der Organisation ermöglichen, ihre Vorstellungen gemeinsam zum Tragen zu bringen."[51]
Bleicher 1989	„Gesellschaftlicher, ökonomischer und technologischer Wandel muß durch sie erkannt, verkraftet und im Miteinander in zukunftsführende Aktionskurse umgesetzt werden, die nicht nur das Überleben, sondern auch die Entwicklungsfähigkeit eines Unternehmens sichern."[52]
Arthur D. Little 1995	„Während Führungsebenen im alten hierarchischen Sinn Macht- und Befehlsstrukturen etablieren, die von den Positionsbesitzern erkämpft und dann verteidigt werden, muß die neue Rolle von Führungskräften in erster Linie als eine unterstützende und didaktische verstanden werden: Sie sind nicht mehr nur dafür verantwortlich, was die Menschen in ihrem Verantwortungsbereich erreichen, sondern auch dafür, wie sie selber dazu beitragen, daß die Menschen, die von Ihnen geführt werden, erfolgreich sind."[53]
Fischer 1995	Förderung des Könnens, Wissens und Wollens der Mitarbeiter: Möglichkeiten geben (Körper), Lernen ermöglichen (Geist) und Motivieren (Seele).[54]
Senge	„In einer Lernenden Organisation sind Führungskräfte Designer, Stewards und Lehrer. Sie sind verantwortlich für den

---

[49] Vgl. hierzu auch Dierkes/Hähner/Raske (1996), S. 292f.
[50] Berthoin Antal (1992), S. 87
[51] ebenda
[52] Bleicher (1989), S. 21
[53] Artur D. Little (1995), S. 142
[54] Vgl. Fischer (1995a), S. 72

1996	Aufbau von Organisationen, deren Mitglieder ihre Fähigkeiten kontinuierlich ausweiten, um komplexe Zusammenhänge zu begreifen, ihre Vision zu klären und ihre gemeinsamen mentalen Modelle zu verbessern - das heißt, die Führungskräfte sind für das Lernen verantwortlich."[55]
Bisani 1995	„Als Führungsaufgabe werden für das Organisieren in Zukunft weniger das rationale Planen, Gestalten und Lenken und damit eine vorgabentreue Implementierung von Planvorgaben im Vordergrund stehen, sondern vielmehr das Herausarbeiten von Handlungs- und Gestaltungsspielräumen."[56]
Neuberger 1995	„Eine Führungskraft steht der Organisation nicht als Eigenständiges oder Fremdes gegenüber, sondern ist Teil des Systems und damit beteiligt an der Fortsetzung von Entscheidungen, Handlungen usw."[57]

Tabelle 14: Rollen und Aufgabe der Führungskräfte

In dem veränderten Aufgabenspektrum der Führungskräfte nach dem Führungsverständnis lernender Unternehmen lassen sich folgende Aufgabenschwerpunkte identifizieren:

- Schaffung von Handlungs- und Gestaltungsspielräumen für unternehmerisches Handeln durch strukturelle Maßnahmen, die Entscheidungen dezentralisieren und nicht nur Aufgaben, sondern auch Verantwortung übertragen;[58]

- Funktion als Dienstleister: Führungskräfte sind Trainer, Coach und Berater für ihre Mitarbeiter;[59]

- Führungskräfte müssen selbst weiterlernen, um sich den veränderten Umweltbedingungen anpassen zu können.[60]

---

[55] Senge (1996), S. 411
[56] Bisani (1995), S. 531
[57] Neuberger (1995c), S. 243
[58] Vgl. Maul (1993), S. 718
[59] Vgl. Doppler/Lauterburg (1995), S. 61f; Kostha/Krämer (1997), S. 25ff. und Reiß (1993), S. 188
[60] Vgl. Argyris (1991), S. 95ff.; Fein (1995), Sp. 750ff., Ladensack/Glotz (1997), S. 11ff. und Simon (1992), S. 1ff.

Die zukünftig geforderten Fähigkeiten von Führungskräften im Lernenden Unternehmen sind in erster Linie in dem Spektrum der methodischen und sozialen Kompetenzen angesiedelt. QUINN/ANDERSON/FINKELSTEIN stellten die folgende Typologie für die geforderten Fähigkeiten von Führungskräften im Lernenden Unternehmen vor:[61]

- Erkenntnismäßiges Wissen,
- Hochentwickelte fachliche Fähigkeiten,
- Verständnis der systemischen Zusammenhänge,
- Kreativität aus eigenem Antrieb.

Mitarbeiter
Wie die vorausgegangenen Ausführungen gezeigt haben, sind alle Mitarbeiter Träger des organisationalen Lernens. Als Träger des Subsystems Mitarbeiterführung kommt Ihnen besondere Bedeutung zu. WUNDERER zeigt in seiner Typologie eindrucksvoll die verschiedenen Rollen von Mitarbeitern als Träger eines Führungssystems im Unternehmen auf. Die Fähigkeit zur Selbstorganisation und -steuerung und die Nutzung dieser Fähigkeiten stellen das typenbildende Kriterium dar. Dieses Portfolio verdeutlicht die Vielfalt von Rollen und Verhaltensweisen von Mitarbeitern:

---

[61] Vgl. Quinn/Anderson/Finkelstein (1996), S. 96.

Kapitel 3: Modellbildung und Entwicklung des Analyseinstrumentariums 117

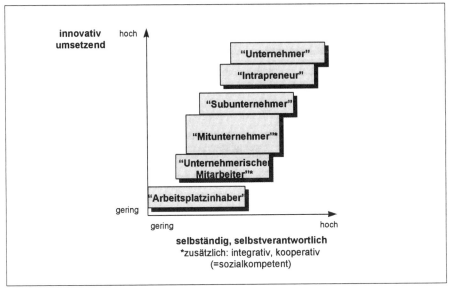

Abbildung 20: Typologie unternehmerischen Verhaltens
Quelle: Wunderer (1996), S. 395

Das Portfolio dokumentiert die stufenweise Verbreiterung der Erfolgsbasis eines Unternehmens:[62]

- *Unternehmer:* charismatische Führungsrolle des begnadeten Unternehmers, Entrapreneur, Vordenker für das Lernende Unternehmen;

- *Intrapreneur:* einzelne Führungskräfte oder Spezialisten setzen ihre Ideen auch unter widrigen Bedingungen (hindernde Hierarchien, Strukturen etc.) v. a. mit Mitteln der Mikropolitik durch, unternehmerische Führung von unten, Change Agent für Veränderungsprozesse auf dem Weg zum Lernenden Unternehmen;

- *Subunternehmer:* unternehmerische Orientierung beim oberen und mittleren Management v. a. durch strukturelle Führung, Multiplikator für Ideen und Ansätze des Lernenden Unternehmens;

---

[62] Vgl. Wunderer (1994), S. 255f.

- *Mitunternehmer:* größere Basis, v. a. von qualifizierten Mitarbeitern, die als aktive Informationsbeschaffer und -verarbeiter fungieren.

- *unternehmerisch ausgerichtete Mitarbeiter:* unterstützt unternehmerisches Handeln und versucht, sich aus eigenem Antrieb beruflich und persönlich weiter zu entwickeln, unterstützt Prozesse organisationalen Lernens;

- *Arbeitsplatzinhaber:* arbeitet routinemäßig seine Aufgaben ab, wartet auf Anweisungen von Vorgesetzten, steht Veränderungen eher skeptisch gegenüber, lernt aus Erfahrungen.

Es wird deutlich, daß die zwei letztgenannten Kategorien in den meisten Unternehmen den größten Teil der Mitarbeiter stellen und damit zur Zielgruppe Nummer eins für ein unternehmerisch ausgerichtetes Führungssystem im Lernenden Unternehmen werden: es sollen möglichst viele Mitunternehmer oder unternehmerisch ausgerichtete Mitarbeiter aus der Masse der Arbeitsplatzinhaber gewonnen werden.

Organisation

Neben den Mitarbeiter und Führungskräften übernimmt auch die Organisation selbst eine wichtige Trägerrolle. Das Gesamtsystem fungiert einerseits als Träger der Werte, Normen und Traditionen eines Unternehmens und bildet somit einen wichtigen Einflußfaktor für den Erfolg von kulturellen Führungsprozessen. Diese bestimmen maßgeblich die Möglichkeiten der Veränderung und des Wandels, z. B. bei der Verankerung von Selbstorganisation und Selbststeuerung im Führungsverständnis eines Unternehmens. Andererseits bildet die Systemarchitektur durch Aufbau- und Ablauforganisation den Rahmen für die strukturelle Führung, z. B. durch seinen hierarchischen Aufbau bei der Generierung von Grundsätzen für Führung und Zusammenarbeit. Hierzu gehören auch die Informationsstrukturen im Unternehmen, die nicht nur entscheidend zur Verbreitung von Wissen über das System beisteuern, sondern auch einen wichtigen Beitrag zur Führung von Mitarbeiter darstellen. Der Umgang mit Informationen kann aufgrund seiner Symbolwirkung als einer der zentralen Aspekte bei Mitarbeiterführungsprozessen bezeichnet werden. So macht es einen großen Unterschied, ob eine Unternehmensentscheidung durch Aushang oder ein Routineschreiben oder durch den Führenden selbst bei einem Festakt allen Mitarbeitern mitgeteilt wird, ob wichtige Informationen allen zugleich, top-down oder nur einzelnen Gruppen zugänglich gemacht werden und ob bei wichtigen, grundsätzlichen Entscheidungen alle Betroffenen beteiligt werden oder nicht.[63]

3.3 Kritische Erfolgsfaktoren des Lernenden Unternehmens

Hängt der Erfolg eines Unternehmen von der Ausgestaltung einiger, weniger Variablen ab, so sollte es das zentrale Anliegen der Unternehmenspraxis sein, diese Variablen zu identifizieren. Man spricht in diesem Zusammenhang von strategischen oder kritischen Erfolgsfaktoren.[64] Diese wenigen, aber grundlegenden Einflußgrößen sind trotz Multikausalität des langfristigen Erfolgs für diesen entscheidend.

"Unter einem strategischen Erfolgsfaktor wird eine Variable verstanden, die den strategischen Erfolg langfristig zu beeinflussen vermag."[65]

Überträgt man diesen Gedanken auf ein Lernendes Unternehmen, so sind die kritischen Erfolgsfaktoren diejenigen, welche den langfristigen Lernerfolg und damit auch den Unternehmenserfolg beeinflussen können. Diese Feststellung impliziert, daß das Lernen eines Unternehmens an sich bereits einen der wichtigsten Erfolgsfaktoren darstellt.[66]

Die indirekte Ermittlung von Erfolgsfaktoren zu Forschungszwecken kann durch Erhebung der Ausprägung von Erfolgsindikatoren und einer Vielzahl von Variablen, die aufgrund von Plausibilitätsüberlegungen und theoretischen Kenntnissen als erfolgsrelevant eingeschätzt werden, erfolgen.[67] Dies soll Aufgabe dieses Abschnitts sein.

---

[63] Vgl. Rosenstiel (1995), S. 21ff.
[64] Vgl. Hoffmann (1986), S. 332ff. und Hoffmann (1990), S. 315ff.
[65] Grünig/Heckner/Zeus (1996), S. 4
[66] Dieses soll im Einklang mit vielen Autoren in dieser Arbeit geschehen; vgl. stellvertretend Pautzke (1989), S. 51ff., der die Lernfähigkeit neben der Handlungsfähigkeit und „Responsiveness" gegenüber den „Betroffenen" einer Organisation als die wichtigsten Erfolgsmerkmale eines Unternehmens herausstellt
[67] Vgl. Grünig/Heckner/Zeus (1996), S. 7

120 *Kapitel 3: Modellbildung und Entwicklung des Analyseinstrumentariums*

Grundsätzlich bieten sich zwei Möglichkeiten an, die Quantität und Qualität des organisationalen Lernens eines Unternehmens zu erfassen:

1. Man kann versuchen, den Output zu messen, indem man beispielsweise die Lerngeschwindigkeit der Organisation[68] betrachtet oder einen Informationskoeffizienten als Wertschöpfungsmaß wissensintensiver Unternehmen[69] berechnet. Dieses wirft allerdings die Frage nach Vergleichbarkeit auf: der Informationsgehalt von Kennzahlen, die unter unterschiedlichen Bedingungen in verschiedenen Unternehmen erhoben werden, ist hier eher als gering einzuschätzen.

2. Dagegen steigt die Aussagekraft, wenn man mittels inputbezogener Faktoren eine qualitative Betrachtung vornimmt: die Bewertung von Faktoren, die organisationales Lernen ermöglichen und fördern. Hier wird nicht nur der aktuelle Stand des organisationalen Lernens, sondern auch die Lernmöglichkeiten und die Lernfähigkeit, also das Lernpotential des Unternehmens, beurteilt.

Die meisten Veröffentlichungen unterstützen die zweite Alternative. SOMMERLATTE unterteilt seine Einflußgrößen auf organisationales Lernen in einem Dreischichtenmodell in Unternehmensführung als interdisziplinäre Moderation (1. Schicht), Unternehmenskultur, Gestaltung umfassender, marktgerechter Leistungsprozesse und organisationale Lernfähigkeit (2. Schicht) sowie gemeinsame Informationsbasis über wettbewerbskritische Erfolgsfaktoren, Leistungsanforderungen und Strategien (3. Schicht).[70] PROBST/BÜCHEL identifizieren den Lernbedarf, das Wissensreservoir, die Lernformen, die Träger des Lernens, Auslösefaktoren sowie Lernkräfte als Elemente der Lernstruktur eines Unternehmens.[71] SCHRÖDER unterscheidet schließlich eine lernorientierte Ressourcenplanung und eine lernorientierte Organisationsgestaltung, die wiederum eine indirekte und eine direkte Komponente besitzt.[72]

---

[68] Vgl. Hadamitzky (1995), S. 183 und Wildemann (1995), S. 18
[69] Vgl. Pulic (1996), S. 147
[70] Vgl. Sommerlatte (1993), S. 125
[71] Vgl. Probst/Büchel (1994), S. 87
[72] Vgl. Schröder (1995), S. 62ff.

Kapitel 3: Modellbildung und Entwicklung des Analyseinstrumentariums

Versucht man, die verschiedenen Einflußfaktoren auf organisatorisches Lernen im Unternehmen, die in den vorangegangenen Ausführungen und den verwendeten Publikationen erwähnt wurden, zu ordnen, so lassen sich diese in drei Kategorien einteilen:

- Faktoren, die die *Lernfähigkeit* von Individuen und Gruppen betreffen;
- Faktoren, die den *Organisatorischen Kontext* (Unternehmenskultur, Unternehmensstrategie, Organisationsstruktur) beeinflussen;
- Faktoren, die sich auf die *organisationalen Lernprozesse* selbst im Unternehmen beziehen.

Für den weiteren Fortgang der Arbeit sollen diese drei zusammengefaßten Gruppen als die kritischen Erfolgsfaktoren eines Lernenden Unternehmens definiert werden: die individuelle und kollektive Lernfähigkeit, der organisatorische Kontext und die organisatorischen Lernprozesse. Für ein Mitarbeiterführungssystem, das organisationales Lernen im Unternehmen fördern soll, ergeben sich hieraus folgende Zielsetzungen:

- **Förderung der Lernfähigkeit** von Individuen und Gruppen;
- **Anpassung des organisatorischen Kontextes:** Unternehmenskultur, Unternehmensstrategie und Organisationsstruktur;
- **Förderung der organisationalen Lernprozesse** im Unternehmen.

Dabei lassen sich diese Zielsetzungen durch die indirekten und direkten Prozesse des Mitarbeiterführungssystems unterschiedlich beeinflussen. Natürlich gibt es hier starke unternehmensspezifische Unterschiede, tendenziell läßt sich jedoch sagen, daß vermutlich:

- die Förderung der individuellen und kollektiven Lernfähigkeit am ehesten durch direkte und indirekte Führungsprozesse, z. B. durch einen kooperativen Führungsstil oder Gruppenentscheide,
- die Anpassung des organisatorischen Kontextes vorwiegend über indirekte Führungsprozesse, z. B. umfassende Delegation und flache Hierarchien,

- die Förderung der organisationalen Lernprozesse im Unternehmen wiederum in erster Linie durch strukturelle und kulturelle Führung wie z. B. umfassende Information und Kommunikationbegünstigt wird. Die indirekten Mitarbeiterführungsprozesse gewinnen gegenüber interaktioneller Führung stark an Bedeutung.[73]

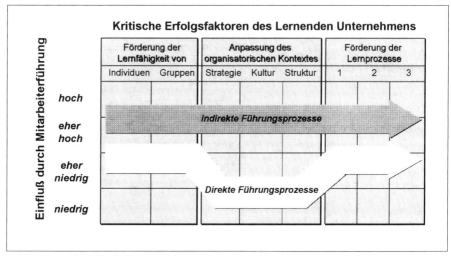

Abbildung 21: Einfluß der Mitarbeiterführung auf die kritischen Erfolgsfaktoren des Lernenden Unternehmens

Die folgende Abbildung stellt die kritischen Erfolgsfaktoren des Lernenden Unternehmens als Zielsetzungen des Mitarbeiterführungssystems noch einmal unter Berücksichtigung der wichtigsten Führungsprozesse dar. Die genauere Bestimmung der drei Kategorien von Faktoren erfolgt zu einem späteren Zeitpunkt.[74]

---

[73] Zu dieser Auffassung kommt auch Wunderer; vgl. dazu die Ausführungen in Kap. 2.3.4.2
[74] Siehe Kap. 3.4.2

Kapitel 3: Modellbildung und Entwicklung des Analyseinstrumentariums 123

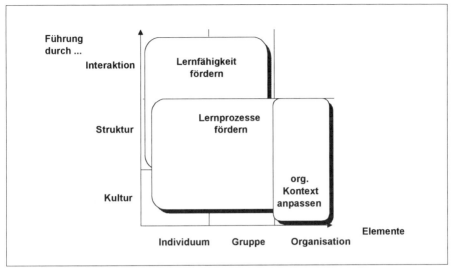

Abbildung 22: Ziele des Mitarbeiterführungssystems

Aus den ermittelten kritischen Erfolgsfaktoren eines Lernenden Unternehmens lassen sich die folgenden Zielsetzungen eines Mitarbeiterführungssystems ableiten:

- **Zielsetzung 1: Förderung der Lernfähigkeit**

  Individuelle und kollektive Lernfähigkeit werden v. a. durch interaktionelle und strukturelle Führungsprozesse gefördert. Von diesen Prozessen sind sowohl einzelne Individuen als auch Gruppen als Elemente des Systems Lernendes Unternehmen betroffen.

- **Zielsetzung 2: Förderung der organisationalen Lernprozesse**

  Die organisationalen Lernprozesse im Unternehmen werden in erster Linie durch strukturelle und kulturelle Führung unterstützt. Die Wirkung interaktioneller, direkter Führung auf die Verbreitung von Lernprozessen dürfte auf Einzelfälle beschränkt sein und wird daher hier als weniger relevant eingestuft. Die Lernprozesse ziehen sich über das gesamte Unternehmen und betreffen damit sowohl die Individual- und Kollektiv- als auch die Organisationsebene.

- **Zielsetzung 3: Anpassung des organisatorischen Kontextes**

Die Anpassung der organisatorischen Rahmenbedingungen Strategie, Kultur und Organisation geschieht überwiegend über indirekte Führungsprozesse und besitzt einen eher längerfristigen Charakter. Um hier Veränderungen herbeizuführen und über das Unternehmen zu verbreiten, sind nachhaltige Maßnahmen notwendig, die nur über strukturelle Veränderungen umsetzbar sind.

Auch wenn die Ausgestaltung der Führungsprozesse in jedem Unternehmen anders aussehen wird, so werden sich die Ziele eines Lernenden Unternehmens - mit unterschiedlichen Gewichtungen - an dem vorgestellten Zielsystem orientieren. Dieses bildet daher die Basis für die weiteren Betrachtungen.

3.4 Analyse von Lernenden Unternehmen

Typologien zielen auf die Bildung reduzierter Ordnungen, mit denen nach ausgewählten Dimensionen Unternehmen in bestimmte Gruppen zusammengefaßt werden können. Sie bilden i. d. R. den Ausgangspunkt für weitere betriebswirtschaftliche Analysen.

> „Sie erfassen somit die Realität betrieblicher Erscheinungsformen und Gegebenheiten durch die Zusammenfassung zu Typen mittels eines typologischen Schemas."[75]

Die Bildung einer Typologie soll auch ein Ziel der empirischen Betrachtungen sein.[76] Vorab soll jedoch geklärt werden, welche Kriterien zur Typologisierung herangezogen werden können. Außerdem erfolgt die Vorstellung einiger bestehenden Modelle.

3.4.1 Möglichkeiten der Bildung von Unternehmenstypologien

Für die Bildung von Unternehmenstypen gibt es zahlreiche Möglichkeiten: man kann aufgrund verschiedener Kriterien, die sich am Ist-Zustand, an der Veränderung im Zeitablauf, an der verfolgten Strategie oder an anderen Dingen ori-

---

[75] Kieliszek (1994), S.23
[76] Vgl. Kap. 4

Kapitel 3: Modellbildung und Entwicklung des Analyseinstrumentariums 125

entieren, seine Einteilung treffen. Im Zusammenhang mit Lernenden Unternehmen als Objekte der Techniken des Management of Change erscheinen Modelle, die sich mit der Veränderung im Zeitablauf auseinandersetzen, am sinnvollsten. Hier lassen sich drei Grundmodelle unterscheiden:[77]

- *Entwicklungsmodelle* unterstellen Unternehmen einen Organisationslebenszyklus, der sich in Anlehnung an die Biologie an einer diskontinuierlichen Abfolge von Entwicklungsstufen orientiert.[78]

- *Selektionsmodelle* gehen davon aus, daß aufgrund einer für Planer und Manager viel zu komplexen Umwelt nur bestimmte Organisationen überlebensfähig sind - ohne jeglichen Einfluß des Managements. Aufgrund seiner Realitätsferne sollen diese Modelle hier nicht weiter beachtet werden.[79]

- *Lernmodelle* orientieren sich an der Fähigkeit der Anpassung, der Entwicklung und des Lernens von Unternehmen.

3.4.1.1 Unternehmensentwicklungsmodelle

Unternehmensentwicklungsmodelle basieren auf mehr oder weniger eindeutig abgrenzbaren Phasen in der Entwicklung einer Organisation, die einer gewissen Eigendynamik folgen und typischerweise anzutreffen sind.[80]

Die aufeinanderfolgenden Entwicklungsstufen differieren in der Regel nur wenig und lassen sich folgendermaßen umschreiben:[81]

1. Phase: Unternehmertum

Diese ist geprägt durch eine starke Personenzentrierung auf den Gründer, interaktionelle Führung dominiert, da sich strukturelle Instrumente erst in der Entwicklung befinden und sich noch keine prägnante Unternehmenskultur gebildet hat.

---

[77] Vgl. Türk (1989), S. 58ff.
[78] Vgl. Probst/Naujoks (1995), Sp. 915ff.
[79] Vgl. auch die Kritik von Staehle (1994), S. 862
[80] Vgl. Staehle (1994), S. 858ff.
[81] Vgl. z. B. Höft (1992), S. 144f. oder Staehle (1994), S. 858

2. Phase: Gemeinschaft

Organisations- und Kommunikationsstrukturen bilden sich, strukturelle Führungsinstrumente werden eingesetzt und die Organisationskultur nimmt Konturen an. Die ersten Intrapreneure haben ihre Stellung gefestigt.

3. Phase: Bürokratisierung

Die Festigung der Strukturen macht Korrekturen schwierig, eine ausgeprägte Unternehmenskultur und ein umfassendes Instrumentarium struktureller Führungsmaßnahmen bestimmen den Umgang mit den Mitarbeitern.

4. Phase: Restrukturierung oder Verfall

Der Zwang zur Handlung setzt Potentiale für Flexibilisierung und Anpassungsfähigkeit frei und schafft Spielräume für Selbstorganisation und -steuerung.

Es vollzieht sich ein Wandel von einem entrepreneuristischem System hin zu einem bürokratischen System, das gleichzeitig mit personellen Veränderungen in der Unternehmensleitung verbunden ist. Diese an die Produkt- oder Marktlebenszyklusmodelle angelehnten Ansätze unterstellen in ihrer idealisierten Darstellung eine sehr einheitliche Unternehmensentwicklung, die durch regelmäßig auftretende Krisen immer wieder neue Impulse erhält.

Kapitel 3: Modellbildung und Entwicklung des Analyseinstrumentariums 127

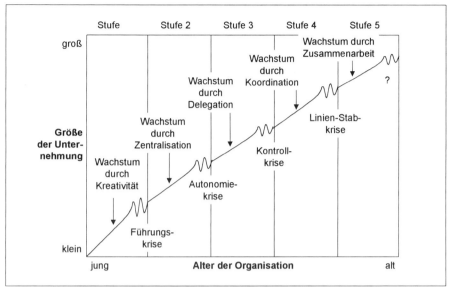

Abbildung 23: Phasen der Unternehmensentwicklung
Quelle: Wunderer (1994), S. 239

WUNDERER macht die Krisen und deren Bewältigung v. a. von Führungsfragen abhängig.[82] Allerdings wird hier von einem diskontinuierlichen Wandel ausgegangen, der dem Konzept des Lernenden Unternehmen in seinen Grundzügen eher widerspricht. Auch lassen sich hier noch keine Hinweise auf das Lernen im Unternehmen ablesen. Es handelt sich eher um eine recht einseitig auf die Unternehmensgröße, repräsentiert durch Umsatz, Mitarbeiteranzahl und Gewinn, bezogene Darstellung. Auch die Übertragung von Lerngrößen anstelle der bisherigen Kennziffern bringt keinen entscheidenden Fortschritt: es entsteht der Eindruck, jedes Unternehmen wandelt auf einem vorgegebenen Pfad in Richtung optimal Lernendes Unternehmen, obwohl es keinen erkennbaren Zusammenhang zwischen Unternehmenszyklusphase und Grad des organisationalen Lernens gibt. Auch die Kontinuität kommt in diesem Modell, dessen Phasen sich durch Krisen abgrenzen, nicht zum Ausdruck.

---

[82] Vgl. Wunderer (1994), S. 238ff.

128 Kapitel 3: Modellbildung und Entwicklung des Analyseinstrumentariums

3.4.1.2 Lernmodelle

Die Alternative zu den Unternehmensentwicklungsmodellen stellen die Entwürfe dar, die die Unternehmensentwicklung in Bezug auf das organisationale Lernen abbilden. Am häufigsten sind hier in der Literatur meist sogenannte Lern- oder Reifegradmodelle anzutreffen, die anhand einer Auswahl von Kriterien versuchen, die Ausprägungen vom Lernfortschritt zu erfassen.[83]

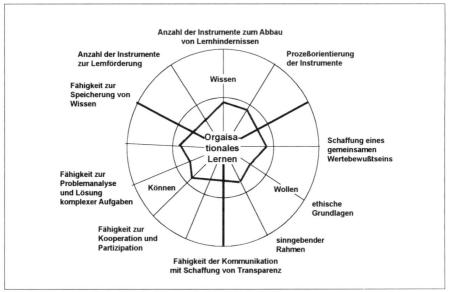

Abbildung 24: Reifegrad der Lernenden Organisation
Quelle: Probst/Büchel (1994) S. 183

Die Einordnung eines Unternehmens im Reifegradmodell erfolgt zu einem bestimmten Zeitpunkt und ist unabhängig von Unternehmensgröße oder -alter.

---

[83] Vgl. die Beschreibung des hier als Beispiel dargestellten Reifegradmodells bei Probst/Büchel (1994), S. 180ff.

Kapitel 3: Modellbildung und Entwicklung des Analyseinstrumentariums

„Das Niveau der Organisation bezüglich des Lernens ist nämlich keine absolute, sondern eine relative, stadiumsbezogene Größe. Organisationales Lernen beschreibt demnach eine qualitative Veränderung des Bezugsrahmens, der sich mit der Zeit wandelt. Eine falsche Einschätzung des Reifegrades kann entweder zu einer Über- oder zu einer Unterforderung des Systems führen."[84]

Dieses Modell bewertet wiederum den Input und ist als Analyseinstrument geeignet, wenn man bedenkt, daß die Einschätzung natürlich einen sehr subjektiven Charakter besitzt.

„Das Niveau der Lerninstrumente, der Lernfähigkeit und der Lernbereitschaft sind stadiumsbezogene Größen und nicht objektiv bestimmbar. Damit beruht die Bestimmung des Reifegrades auf der Interpretationsleistung der Beobachter und ist aufgrund dessen subjektiv."[85]

Auf dieser Basis wird dann auch eine Typologisierung von Lernenden Unternehmen anhand ihres Lernprofils und unabhängig von Größe und Alter möglich. DIERKES/RASKE haben mit ihrem Modell bereits aufgezeigt, daß es sehr unterschiedlich lernende Unternehmen geben kann, die trotz gänzlich andersartiger Struktur und unterschiedlicher Unternehmensentwicklungsphasen zu ähnlichen Leistungen organisationalen Lernens fähig sind. In ihrer Typologie unterscheiden sie zwischen einem hierarchischen und einem dezentralen Lernmodell. Auch wenn diese Unterteilung etwas grob erscheint, so macht sie doch deutlich, das es kein Idealmodell einer Lernenden Organisation geben kann.[86] Insgesamt betrachtet, erscheint die Methode zur Einschätzung des Grades organisationalen Lernens eines Unternehmen somit als wesentlich geeigneter und soll deshalb als Grundlage für weitere Betrachtungen dienen.

---

[84] Probst/Büchel (1994), S. 180
[85] ebenda, S. 180f.
[86] Vgl. Dierkes/Raske (1994), S. 144 und S. 149

3.4.2 Lernprofil des Unternehmens

Im Einklang zu den bereits definierten Erfolgskriterien eines Lernenden Unternehmens soll nun ein zeitpunktbezogenes Analyseinstrument vorgestellt werden, das den Entwicklungsstand des organisationalen Lernens aufzeigt: das Lernprofil. Basierend auf den entwickelten Zielkriterien des Lernenden Unternehmens soll dieses Reifegradmodell der Charakterisierung verschiedener Typen von Lernenden Unternehmen dienen. Diese Zielkriterien lassen sich folgendermaßen beschreiben:

Lernfähigkeit von Individuen und Gruppen
Neben der eigentlichen individuellen Lernfähigkeit, also der persönlichen Fähigkeit des Einzelnen Wissen aufzunehmen und zu verarbeiten, spielt hier die Selbstlernfähigkeit[87] von Individuen eine zunehmende Rolle. Dabei wird die Selbstverantwortung für Lernen hervorgehoben - Weiterbildung wird zur Holschuld.[88] Dies gilt v. a. für Höherqualifizierte und Führungskräfte, aber auch für alle anderen Mitarbeiter.[89] Der Begriff des „Human Recycling" verdeutlicht die Stellung der ständigen Aktualisierung der eigenen Kompetenz in eigener Regie.[90]

Mit der Bereitschaft der Mitarbeiter zur Veränderung steht und fällt der Lernerfolg des Unternehmens.[91] Die individuelle Lernfähigkeit ist also nicht nur vom eigenen Können, sondern genauso vom Wollen des Individuums abhängig. Neben der Einstellung der Mitarbeiter[92] ist auch der Anteil von Aktoren und Promotoren[93] des Lernenden Unternehmens ein wichtiger Erfolgsfaktor für das Lernende Unternehmen.[94]

Einen weiteren Punkt stellt die Bildungslogistik dar: Sie organisiert die „institutionell eingebundenen Lernprozesse, die funktional und zielgerichtet bestimm-

---

[87] Vgl. Heyse/Höhn (1997), S. 319ff. und Heimerl-Wagner (1992), S. 182ff.
[88] Vgl. Ladensack (1995), S. 1534
[89] Vgl. Ladensack/Glotz (1997), S. 11ff.
[90] Vgl. Otala (1994), S. 21
[91] Vgl. z. B. Reichle/Wagner (1994), S. 609 oder Littig (1997), S. 102
[92] Vgl. hierzu die empirische Untersuchung von Hadamitzky (1995), S. 180
[93] Vgl. Reiß (1997c), S. 106
[94] Vgl. hierzu auch die Ausführungen zu Führungskräften als Promotoren in Kap. 3.2.3

Kapitel 3: Modellbildung und Entwicklung des Analyseinstrumentariums 131

ten Verlaufsformen zugeordnet werden können"[95], aber sie umfaßt nie die Gesamtheit aller Lernprozesse im Unternehmen. Als Beispiel kann die Einrichtung von Selbstlernzentren im Unternehmen genannt werden.[96]

Unternehmenskultur, Unternehmensstruktur, Unternehmensstrategie
Als wichtigster Erfolgsfaktor einer Lernenden Organisation wird häufig eine ausgeprägte Vertrauenskultur genannt, die auch Fehler zuläßt und nicht verurteilt.[97] Weitere Aussagen zu den charakteristischen Merkmalen betreffen Lösungsorientiertheit, Konfliktkultur, hohe Dialogorientierung sowie eine Vermittlerrolle des Managements.[98] Einen weiteren wichtigen Punkt stellen die Informationsstrukturen und eine offene Informationskultur dar: Information als Bringschuld und nicht als Machtfaktor zur Belohnung und Bestrafung.[99] Ebenfalls ein zentraler Bestandteil ist eine Kommunikationskultur, die einen ungehinderten Kommunikationsfluß sowie die Nutzung moderner Kommunikationssysteme und informeller Kommunikationskanäle zuläßt. Netzwerkorganisation, Projektorganisation oder virtuelle Strukturen als flexible Formen der Unternehmensorganisation fördern das Lernende Unternehmen (Anpassungsfähigkeit, Reaktion auf Veränderungen, kurze Kommunikations- und Informationswege). Flache Hierarchien gelten als Grundvoraussetzung für die Durchschlagskraft von Veränderungen.[100]

Die prozeßorientierte Organisation ermöglicht im Gegensatz zu einer funktionalen Trennung von Tätigkeiten für eine ganzheitliche, systemische Betrachtung und Handlungsweise. Die Beteiligung aller Mitarbeiter an Verantwortung

---

[95] Mann/Ehrhardt (1994), S. 74
[96] Vgl. o. V. (1996), S. 32f.
[97] Vgl. Nachreiner (1992), S. 66, die in Anlehnung an Watzlawicks Kommunikationstheorie von 1985 folgende These aufstellt: „Die Beziehungen entscheiden über das Scheitern oder Gelingen einer neuen Strategie, nicht deren inhaltliche Brillanz. Und organisationales Lernen kann sich nur in dem Takt vollziehen, den die Beziehungs-Zeit vorgibt."; vgl. Reiß (1993), S. 191; zum Begriff der Vertrauenskultur vgl. Schneider (1992), S. 40ff. und Späth/Neumann (1994), S. 26
[98] Vgl. Nachreiner (1992), S. 68
[99] Vgl. Agyris/Schön (1978)
[100] Vgl. Hadamitzky (1995), S. 181f.; vgl. Probst (1994), S. 311f., der die wesentlichen Anforderungen an eine lernfreundliche Unternehmensstruktur folgendermaßen benennt: Autonomie, Heterarchie, Flexibilität

und Umsetzung[101] sowie die Verankerung des organisationalen Lernens in der Unternehmensstrategie sind weitere Grundvoraussetzungen für die Umgestaltung zu einem Lernenden Unternehmen.

Lernprozesse

Als Basis für die Typologisierung der organisationalen Lernprozesse im Unternehmen soll im folgenden die Einteilung nach PAUTZKE dienen, die eine detaillierte Unterscheidung gestattet:[102]

- Lernprozeß 1: Bereits im Unternehmen vorhandenes, geteiltes Wissen wird über das Gesamtsystem verbreitet, z. B. durch die Formalisierung von Prozessen.

- Lernprozeß 2: Das Wissen eines Individuums wird über das Gesamtsystem verbreitet, der Lernprozeß 2 setzt sich aus dem Lernprozeß 1 und dem Lernprozeß 3 zusammen.

- Lernprozeß 3: Das Wissen eines Individuums wird über einen Teil des Gesamtsystems verbreitet.

- Lernprozeß 4: Das Wissen der Umwelt wird ins Unternehmen eingebracht.

- Lernprozeß 5: Es findet eine Veränderung des Wertesystems des Unternehmens statt.

Die Lernprozesse 1 bis 4 bezeichnet PAUTZKE als „horizontale Lernprozesse", da sie im Rahmen eines organisationalen Sinnmodells oder Paradigmas stattfinden. Dagegen löst der Lernprozeß 5 den Erwerb eines höheren Sinnmodells aus und es kommt zu einem „vertikalen Lernen".[103]

REINHARDT verdeutlicht die Definition der fünf Lernprozesse nach PAUTZKE anschaulich anhand eines Beispiels: der Einführung einer neuen Führungsphilosophie in einem Unternehmen:[104]

---

[101] Vgl. Artur D. Little (1995), S. 220
[102] Vgl. Pautzke (1989), S. 113f.
[103] Vgl. Pautzke (1989), S. 114
[104] Vgl. hierzu Reinhardt (1993), S. 76f.

Kapitel 3: Modellbildung und Entwicklung des Analyseinstrumentariums 133

- Die Ausbreitung des Wissens der Abteilung OE/PE über einen neuen Führungsstil, der auch in dieser Abteilung praktiziert wird, mittels Strategieimplementierung über das gesamte Unternehmen läßt sich als Lernprozeß 1 im Sinne PAUTZKES verstehen: bereits im Unternehmen vorhandenes, geteiltes Wissen wird über das Gesamtsystem verbreitet.

- Der Vorstand eines Unternehmensbereichs ist von der Führungsphilosophie überzeugt und beginnt, diesen in seinem Bereich mit den entsprechenden Maßnahmen umzusetzen. Das Wissen eines Individuums wird über das Gesamtsystem verbreitet (Lernprozeß 2).

- Einige Organisationsmitglieder lassen bisher „unerwünschtes" Wissen in die Arbeit der Abteilung einfließen, da ein neuer Abteilungsleiter dies ermöglicht. Das Wissen eines Individuums wird über einen Teil des Gesamtsystems verbreitet (Lernprozeß 3).

- Ein von Unternehmensberatern entwickeltes Konzept zur Führung wird von den Bereichsleitern akzeptiert. Wissen aus der Umwelt wird ins Unternehmen eingebracht (Lernprozeß 4).

- Der zentrale Bestandteil des neuen Führungskonzeptes wird als Bestandteil in das Wertesystem des Unternehmens aufgenommen - eine Veränderung der Unternehmenskultur wird eingeleitet. Die Veränderung des Wertesystems des Unternehmens wird angestoßen (Lernprozeß 5).

Die Lernprozesse 1, 2 und 3 nach PAUTZKE unterscheiden sich nur in Anzahl der Individuen, die dieses Wissen bereits teilen, und im Verbreitungsbereich des geteiltes Wissens, ein Teil- oder das Gesamtsystem. Da die Unterscheidung der ersten drei Lernprozesse in der betrieblichen Realität nicht immer einfach ist, wurden diese auch im Hinblick auf die später beschriebene empirische Untersuchung zusammengefaßt. Diese bisherigen Lernprozesse 1-3 sollen hier summarisch als neuer Lernprozeß 1 wie folgt definiert werden. Die Definitionen der Lernprozesse 4 und 5 als jetzige Lernprozesse 2 und 3 bleiben erhalten.

134 Kapitel 3: Modellbildung und Entwicklung des Analyseinstrumentariums

> **Lernprozeß 1 (Popularisation):** Bereits vorhandenes, individuelles oder geteiltes Wissen wird über ein Teil- oder das Gesamtsystem verbreitet.
>
> **Lernprozeß 2 (Transfer):** Das Wissen der Umwelt wird ins Unternehmen eingebracht.
>
> **Lernprozeß 3 (Paradigmenwechsel):** Es findet eine Veränderung des Wertesystems des Unternehmens statt.

Die nachfolgende Tabelle bietet eine Übersicht über die Bestandteile des Lernprofils und seine wichtigsten Indikatoren:

Kritische Erfolgsfaktoren		Merkmale
Förderung der Lernfähigkeit	von Individuen und von Gruppen	• Selbstlernfähigkeit/-verantwortung • Bereitschaft • Bildungslogistik
Anpassung des organisatorischen Kontextes	Unternehmenskultur	• Vertrauenskultur • Information • Kommunikation
	Unternehmensstruktur	• Aufbau- und Ablauforganisation
	Unternehmensstrategie	• Beteiligung der Mitarbeiter
Förderung der Lernprozesse *horizontal (1-2)* *vertikal (3)*	(1) Popularisation	• Bereits im Unternehmen vorhandenes, individuelles oder geteiltes Wissen wird über ein Teil- oder das Gesamtsystem verbreitet
	(2) Transfer	• Wissen der Umwelt wird ins Unternehmen eingebracht
	(3) Paradigmenwechsel	• Veränderung des Wertesystems des Unternehmens

Tabelle 15: Kritische Erfolgsfaktoren des Lernenden Unternehmens

Diese Kriterien bilden die Grundlage für die später vorgestellte Befragung. Eine Erweiterung des Kriterienspektrums ist unternehmensspezifisch möglich und auch notwendig.

Eine graphische Darstellung, z. B. in einem Netzdiagramm, läßt einen Vergleich zu, nimmt allerdings eine Gewichtung vorweg. Dies verdeutlicht die Notwendigkeit, eine Anpassung an Unternehmensbesonderheiten vorzunehmen.

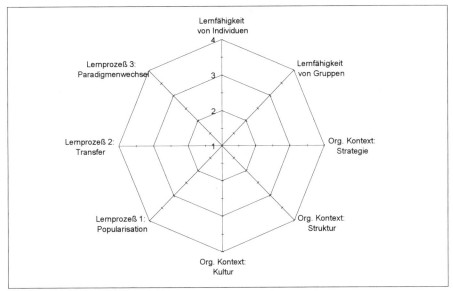

Abbildung 25: Lernprofil eines Unternehmens

Die Ausprägungen werden auf einer vierstufigen Skala dargestellt: dadurch entsteht ein Zwang zur Polarisierung qualitativer Aussagen. Die Ausprägung 1 steht dabei immer für eine optimale Bewertung der Gestaltung im Hinblick auf die Ziele eines Lernenden Unternehmens, 4 für die schlechteste Bewertung. Die Präzisierung erfolgt durch die entwickelten Indikatoren und Kriterien im empirischen Teil der Arbeit.[105]

Das Lernprofil ist ein Instrument zur Analyse von Unternehmen und bildet die Grundlage für die Einordnung ins Lernportfolio. Es dient ebenso der Visualisierung der Veränderungen im Zeitablauf bei mehrmaliger Aufnahme der Daten.

---

[105] Vgl. Kap. 4

Der Vergleich mit anderen Unternehmen wird allerdings erst bei der Verwendung gleicher Skalen und Kriterien möglich. Als Analyseinstrument kann das Lernprofil als Grundlage für die Entwicklung von Strategien, Maßnahmen und Verbesserungen dienen. Gleichzeitig stellt es die Basis für die Typologisierung von Lernenden Unternehmen in dieser Arbeit dar.

3.4.3 Mitarbeiterführungsprofil des Unternehmens

Analog zur Erstellung des Lernprofils soll im nächsten Schritt die Möglichkeiten zur Analyse eines Mitarbeiterführungssystems beschrieben werden. Dies erfolgt wiederum mit der Erstellung eines kriteriengestützten Beurteilungsschemas: dem Mitarbeiterführungsprofil. Auch hier werden zwecks angemessener Praktikabilität Bestandsgrößen gewählt und es wird auf die Messung des Outputs verzichtet. So wird auch hier eine Analyse möglich, die mit vertretbaren Mitteln durchführbar ist, eine Vergleichsmöglichkeit mit anderen Unternehmen bietet, bei mehrfachem Einsatz Veränderungen im Zeitablauf visualisieren kann und bei Analyse der Führungssysteme verschiedener Typen von Lernenden Unternehmen hilfreich ist.

Die Kriterien sind nach der bereits in Kap. 2.3.2 erfolgten Einteilung geordnet, deren Zweckmäßigkeit zur Erfassung des gesamten Spektrums der Mitarbeiterführung sich im Verlauf der bisherigen Untersuchung gezeigt hat: Grundlage für das Führungssystem stellt das vorherrschende Menschenbild im Unternehmen dar, die Prozesse der interaktionellen, kulturellen und strukturellen Führung bestimmen die Ausgestaltung des Führungssystems.

Den entscheidenden Einflußfaktor für die Skalierung und damit einen zentralen Punkt bei der Betrachtung von Führungssystemen in Lernenden Unternehmen stellt das Kriterium der Selbststeuerung dar. Die das Subsystem Mitarbeiterführung bestimmenden Dimensionen lassen sich durch folgende Einzelindikatoren und mögliche Ausprägungen näher bestimmen:

Kapitel 3: Modellbildung und Entwicklung des Analyseinstrumentariums

Führung	Aspekt	Traditionelle Auffassung	Lernende Organisation
Grundlage	Menschenbild	• Vollzieher des unternehmerischen Willens	• Eigenverantwortliches Mitglied der Unternehmung • Dialogpartner für Innovationen
Interaktionell	Führungsstil	• autokratische Führung • Einzelentscheide	• kooperative Führung • Gruppenentscheide
Strukturell	Machtverteilung	• wenige Entscheidungs- und Verantwortungsträger mit großer Machtfülle	• Viele Entscheidungs- und Verantwortungsträger dank großer Delegation
	Organisation	• steile Hierarchie • geführte Einzelgänger • Fremdkontrolle	• flache Hierarchie • Gruppen/Teams • Selbstkontrolle
	Führungsgrundsätze	• angeordnet	• systematisch gemeinsam er- und überarbeitet
	Führungssysteme	• Zielsetzungen (mbo) • Delegation von Aufgaben	• Visionen • Übertragung von Verantwortung
Kulturell	Information	• arbeitsbezogen • selektiv	• umfassend
	Kommunikation	• kanalisiert	• Netzwerk

Tabelle 16: Polarisierende Gegenüberstellung der Elemente der Führung

Auch diese Tabelle läßt sich aus den bereits beim Lernprofil erwähnten Gründen gut graphisch darstellen.

138   Kapitel 3: Modellbildung und Entwicklung des Analyseinstrumentariums

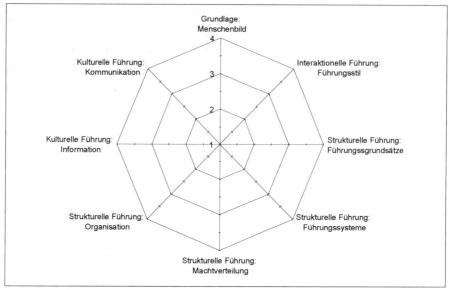

Abbildung 26: Profil des Mitarbeiterführungssystems eines Unternehmens

Zusammen mit dem Lernprofil bietet das Führungsprofil die Basis für die Typenbildung Lernender Unternehmen. Die ermittelten Ausprägungen sollen eine Charakterisierung des Mitarbeiterführungssystems im Hinblick auf die Tauglichkeit für ein Lernendes Unternehmen ermöglichen. Diese soll mit Hilfe der Untersuchung in Kap. 5.4 erfolgen.

3.5 Reifegradportfolio

Die Charakterisierung eines Unternehmens mittels Lernprofil und Führungsprofil als zeitpunktbezogene Bewertung an sich bringt noch keinen entscheidenden Erkenntniszuwachs.

Kapitel 3: Modellbildung und Entwicklung des Analyseinstrumentariums 139

„So wie in der persönlichen Entwicklung Lernschritte aufeinander aufbauen und nicht beliebig auswechselbar sind, so hängt auch im Prozeß des organisationalen Lernens das, was lernbar ist und was als Lernfortschritt zu werten ist, vom jeweiligen Entwicklungsschritt ab."[106]

Erst die Einordnung der gewonnenen Analyseergebnisse in einen sinngebenden Rahmen erbringt die genaue Positionierung eines Lernenden Unternehmens und kann den Ausgangspunkt für anzustrebende Veränderungen bilden. Die typische Vorgehensweise bei einer Portfolioanalyse besteht darin, die aus der Unternehmensanalyse gewonnenen Informationen über Stärken und Schwächen bzw. Chancen und Risiken in zwei Hauptdimensionen zusammenzufassen. In einer zweidimensionalen Matrix werden diese zwei Größen abgetragen. Mit Hilfe der Portfolioanalyse kann man sowohl die eigene Unternehmung als auch die Konkurrenten eines bestimmten Sektors beurteilen.[107]

Aus diesem Grund erfolgt im nächsten Schritt die Einordnung in ein Reifegradportfolio. Ähnlich wie bei der Bewertung der Leistung eines Mitarbeiters oder eines Systems bilden das gegenwärtig erreichte Niveau des organisationalen Lernens sowie die vorhandenen Möglichkeiten, also das Lernpotential, die Achsen des Portfolios. Als Indikatoren sollen die Lernfähigkeit für die Potentialeinschätzung sowie Bewertung des organisatorischen Kontextes und die Ausprägung der vorhandenen Lernprozesse für den erreichten Reifegrad verwendet werden.

---

[106] Nachreiner (1992), S. 66
[107] Die bekanntesten Portfolios, wie das Marktanteils-/Marktwachstum-Portfolio der Boston Consulting Group, werden v. a. von amerikanischen Unternehmernsberatungen in der strategischen Unternehmensplanung eingesetzt. In der Praxis ist diese Technik weitverbreitet, da sie durch Plausibilität und Einfachheit in der Anwendung sehr beliebt ist; vgl. hierzu z. B. Hinterhuber (1997), Neubauer (1989) oder Riekhoff (1991). Auch im Personalbereich wird die Portfolio-Technik für die strategische Human-Ressourcen-Entwicklung eingesetzt; vgl. Heinrich (1990), S. 228ff.

140 Kapitel 3: Modellbildung und Entwicklung des Analyseinstrumentariums

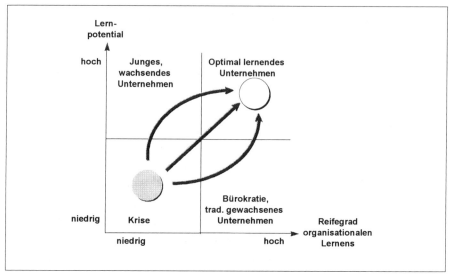

Abbildung 27: Portfolio des Lernenden Unternehmens

Die beispielhaft vorgenommenen Einordnungen verdeutlichen die Extrempositionen und orientieren sich an den üblicherweise exemplarisch in Entwicklungsmodellen in verschiedenen Unternehmensentwicklungsphasen verwendeten Unternehmenscharakteristika.[108] Hierbei läßt sich gut aufzeigen, daß die in diesen Modellen skizzierte Weiterentwicklung nicht zwangsläufig zu einem höheren Grad organisationalen Lernens führen muß. Auch wird deutlich, daß es keinen „one best way" auf dem Weg zum optimal lernenden Unternehmen geben kann. Vielmehr bildet die Einordnung im Portfolio den Ausgangspunkt für die weitere Vorgehensweise:

Die **Positionierung** des Unternehmens stellt den ersten wichtigen Schritt dar. Die vorgenommene Beschreibung der Extrempositionen vereinfacht die qualitative Einordnung des eigenen Unternehmens. Das bereits erwähnte Beispiel von DIERKES/RASKE zeigt eindrucksvoll, daß zwei völlig unterschiedliche Typen von Lernenden Unternehmen das Ziel des optimal lernenden Unternehmens

---

[108] Vgl. die Ausführungen in Kap. 3.4.1.1

Kapitel 3: Modellbildung und Entwicklung des Analyseinstrumentariums 141

auf zwei völlig unterschiedlichen Wegen verfolgen und dabei völlig verschiedene Führungsinstrumente einsetzen.[109]

Liegt die Positionierung vor, können die gewünschte **Neupositionierung** im Portfolio und die daraus abgeleiteten **Ziele** festgelegt werden, idealerweise verbunden mit konkreten Zeitraumangaben für die einzelnen Zwischenziele und die „milestones" der angestrebten Unternehmensentwicklung.

Aus den Zielsetzungen den Erkenntnissen über eigene Stärken und Schwächen bezüglich organisatorischen Lernens oder Defiziten, die aus den Lern- und Führungsprofilen hervorgehen, wird der zukünftige Weg bestimmt: die **Führungsstrategie** als Korridor für zukünftig zu treffende Entscheidungen. Beispielsweise könnte eine Informations- und Kommunikationsstrategie kulturelle Defizite verringern, eine Personalentwicklungsstrategie die individuelle und kollektive Lernfähigkeit erhöhen und neue Führungsgrundsätze helfen, eine Vertrauenskultur zu schaffen. Die Strategiebildung soll insbesondere zur Abstimmung der Maßnahmen und ganzheitlichem Einsatz von Führungsinstrumenten führen.

Die Entscheidungen über die eingesetzten **Führungsinstrumente** bilden dann den ersten Schritt zur Umsetzung der angepeilten Strategie.

Die genannte Vorgehensweise soll exemplarisch für die anhand der empirischen Untersuchung gebildeten Typen von Lernenden Unternehmen aufgezeigt werden.[110]

3.6 Zwischenergebnis

Das Lernende Unternehmen wurde in diesem Abschnitt als offenes, produktives, sich weitgehend selbstorganisierendes, soziales System, welches das Lernen aller Systemmitglieder ermöglicht und organisationale Lernprozesse aktiv fördert, definiert.

---

[109] Vgl. Dierkes/Raske (1994), S. 142ff.
[110] Vgl. die Ausführungen ab Kap. 4

Die wichtigsten Subsysteme sind das Management-System, das produktive System, das Versorgungssystem, Erhaltungssysteme, Innovationssysteme sowie die organisatorische Wissensbasis als wichtigstes und zentrales Subsystem eines Lernenden Unternehmens. Diese Subsysteme ermöglichen diverse Prozesse im Unternehmen, von denen die Mitarbeiterführungsprozesse, die Lernprozesse und die Konversionsprozesse zur Leistungserstellung als die wichtigsten genannt werden können.

Die Prozesse der Führung von Mitarbeiter werden in erster Linie durch das Mitarbeiterführungssystem als ein Subsystem des Management-Systems ermöglicht.

- Diese Prozesse lassen sich in interaktionelle (direkte) und strukturelle bzw. kulturelle (indirekte) Führungsprozesse unterscheiden.
- Die Grundlage für Mitarbeiterführung bildet das im Unternehmen verankerte und vorherrschende Menschenbild.
- Als wichtigste Träger fungieren neben den Mitarbeitern und der Organisation die Führungskräfte.

Die in diesem Kapitel getroffenen Definitionen und Annahmen sollen als Grundlagen für den weiteren Verlauf der Untersuchung dienen.

Als kritische Erfolgsfaktoren für Lernende Unternehmen wurden die Lernfähigkeit, der organisatorische Kontext und die Lernprozesse identifiziert. Daraus ergeben sich die folgenden Zielsetzungen für ein Mitarbeiterführungssystem im Lernenden Unternehmen:

- die Förderung der individuellen und kollektiven Lernfähigkeit,
- die Anpassung des organisatorischen Kontextes und
- die Förderung der organisationalen Lernprozesse im Unternehmen.

Dabei wurden die drei elementaren organisationalen Lernprozesse auf Basis des Ansatzes von PAUTZKE definiert: der Prozeß der Verbreitung des Wissens einzelner oder Gruppen von Organisationsmitgliedern über das Gesamt- oder Teilsystem des Unternehmens, der Transfer von Wissen aus der Umwelt ins

Kapitel 3: Modellbildung und Entwicklung des Analyseinstrumentariums 143

Unternehmen mit anschließender Verbreitung und die Veränderung des Wertesystems der Unternehmung.

Inputbezogene Faktoren sollen eine qualitative Betrachtung ermöglichen: die Bewertung von Faktoren, die organisationales Lernen ermöglichen und fördern.

Anschließend wurden die Analyseinstrumente für Lernende Unternehmen und ihre Mitarbeiterführungssysteme vorgestellt: das Lern- und das Führungsprofil. Deren Anwendung bildet die Grundlage für die Einordnung in das entwickelte Reifegradportfolio organisationalen Lernens und damit den Ausgangspunkt für Strategiewahl und Maßnahmeneinsatz auf dem Weg zum optimal Lernenden Unternehmen. Das Reifegradmodell bewertet wiederum den Input und ist daher als Analyseinstrument geeignet, wenn man bedenkt, daß die Einschätzung einen sehr subjektiven Charakter besitzt.

Kapitel 4: Forschungsdesign 145

1 **Einführung in die Thematik**

2 **Stand der Forschung**

3 **Modellbildung und Entwicklung des Analyseinstrumentariums**

4 **Forschungsdesign der empirischen Untersuchung**
    4.1 Forschungsmethodik
        4.1.1 Methodologie
        4.1.2 Festlegung der Forschungsstrategie
        4.1.3 Standardisierte Befragung als Methode
    4.2 Forschungsprogramm
        4.2.1 Forschungsablauf
        4.2.2 Aufbau des Fragebogens
        4.2.3 Festlegung der Erhebungsstichprobe
    4.3 Zusammenfassung

5 **Ergebnisdarstellung und Bewertung**

6 **Typengenerierung und Gestaltungsempfehlungen**

7 **Schlußbetrachtung**

4 Forschungsdesign der empirischen Untersuchung

Bevor das für diese Arbeit erstellte Forschungsdesign vorgestellt wird, soll in diesem Kapitel zunächst eine kurze Beschreibung und Begründung der gewählten Methodik für die durchgeführte Untersuchung, deren Ergebnisse im Kapitel 5 ausführlich dargestellt werden, erfolgen. Anschließend wird das durchgeführte Forschungsprogramm, der Aufbau des verwendeten Fragebogens sowie die Vorgehensweise bei der Auswertung näher erläutert.

4.1 Forschungsmethodik

Grundsätzlich läßt sich Wissenschaft als Tätigkeit der systematischen, rationalen Erkenntnisgewinnung des Menschen verstehen.[1]

„Es besteht ein Bedarf und eine Notwendigkeit, betriebswirtschaftliche Erkenntnisse für die Praxis anzuwenden und umzusetzen. Aus diesen Gründen der Verpflichtung und Notwendigkeit müssen sich theoretische Erkenntnisse der Betriebswirtschaftslehre an ihrer Tauglichkeit für die Praxis messen lassen, ebenso wie praktische, betriebswirtschaftliche Erfahrungen und Entscheidungen durch die rationale Theorie geprüft werden sollten."[2]

Für die Betriebswirtschaftslehre als real-angewandte Wissenschaft lassen sich zwei Wissenschaftsziele unterscheiden:[3]

- Theoretisches Wissenschaftsziel:
  Hier steht die Bildung von Theorien als Aussagesysteme, welche Begriffe explizieren, deren logische Zusammenhänge analysieren und rein deskriptive Aussagen nach gewissen Ordnungsgesichtspunkten zusammenstellen, im Vordergrund. (Funktion der wissenschaftlichen Erklärung)

---

[1] Vgl. Werhahn (1989), S. 4f.
[2] Venker (1993), S. 7
[3] Vgl. Venker (1993), S. 108; zum Verhältnis von Wissenschaftstheorie und praktischer Anwendung vgl. Kieser (1995), S. 347ff.

- Pragmatisches oder technologisches Wissenschaftsziel:
Es sollen Technologien erzeugt werden und wissenschaftlich fundierte Handlungsempfehlungen zur Lösung praktischer Probleme abgegeben werden. (Gestaltungsfunktion)

> „Insofern liegt ein die Forschung leitendes Gestaltungsinteresse zugrunde, das im Zusammenhang mit dem Streben des Menschen nach Verbesserung seiner Lage bzw. Lebensbedingungen steht."[4]

Diese Ziele lassen sich mit verschiedenen Forschungsstrategien und Methoden erreichen.

4.1.1 Methodologie

Die Methodologie, weitgehend synonym werden auch die Begriffe Wissenschaftstheorie oder Wissenschaftslehre verwendet, befaßt sich erster Linie mit Methodenfragen, die dem Erkenntniswachstum oder - fortschritt dienen.[5] Für die betriebswirtschaftliche Forschung gelten wie für andere Wissenschaftsdisziplinen auch bestimmte Regeln, deren Einhaltung ein systematisches und nachvollziehbares Vorgehen bei einem Forschungsvorhaben erleichtert. Daher lassen sich einige grundsätzliche Möglichkeiten unterscheiden, dem Forschungsziel näherzukommen.

Entsprechend den oben beschriebenen Wissenschaftszielen können verschiedenen Arten von **wissenschaftlichen Aussagen** unterschieden werden, die als Ergebnis von Forschungsarbeit gemacht werden sollen: man unterscheidet erkennende (terminologische, deskriptive, tendenzielle, kausale) Aussagen, die der Erreichung von theoretischen Wissenschaftszielen förderlich sind und gestaltende (normative, technologische) Aussagen, die dem technologischen Ziel Rechnung tragen.[6]

---

[4] Vgl. Schanz (1995), Sp. 2193
[5] Vgl. Schanz (1988), S. 2 und S. 7
[6] Vgl. Müller-Böling (1992), Sp. 1492

Ebenso lassen sich die **Forschungsstrategien** klassifizieren:[7] Die *Falsifikationsstrategie* baut auf den Erkenntnissen des kritischen Rationalismus[8] auf und versucht über die Widerlegung von Hypothesen durch Konfrontation mit der Realität v. a. im Bereich der Erforschung von Begründungszusammenhängen zum Erkenntniszuwachs zu gelangen. Die *Explorationsstrategie* ist dagegen eher auf den Entdeckungszusammenhang, d. h. das erstmaligen Erkennen von Zusammenhängen, fokussiert. Der Einsatz von beiden erfolgt in der Regel im Hinblick auf theoretische Wissenschaftsziele. Dagegen versucht die *Konstruktionsstrategie* Realität zu gestalten. Hier steht der Verwertungszusammenhang wissenschaftlicher Erkenntnisse unter Einsatz empirischer Forschungstechniken im Vordergrund.[9]

Universell einsetzbar sind die **Forschungstechniken**, die zur Datensammlung genutzt werden können. Die verschiedenen Formen von Befragung, Beobachtung oder die Inhaltsanalyse als Instrumente der Primär- oder Sekundärforschung sind die meist verwendeten.[10]

4.1.2 Festlegung der Forschungsstrategie

Die empirischen Praxisbeobachtungen in dieser Arbeit verfolgen in erster Linie zwei Ziele:

Zunächst steht die Typenbildung als **Analyseziel** des qualitativen Forschungsvorhabens im Vordergrund. Insofern weist die Untersuchung einen eher explorativen Charakter auf: es wird nach dem Entdeckungszusammenhang zwischen den Merkmalen in den Lern- und Führungsprofilen der betrachteten Unternehmen gesucht, die eine Klassifizierung gestatten. Dieser Schritt ist notwendig, da die betriebswirtschaftliche Forschung auf diesem Gebiet noch große Lücken aufweist: auch wenn bereits etliche Theorien zum organisationalen Lernen existieren, so fehlt es an empirischen Überprüfungen. Der Zusammen-

---

[7] Vgl. Müller-Böling (1992), Sp. 1495f.
[8] Vgl. Popper (1984)
[9] Vgl. hierzu z. B. Schauenberg/Föhr (1992), Sp. 2206ff.
[10] Zu den Methoden der empirischen Sozialforschung vgl. z. B. Laatz (1993), Friedrichs (1985) oder Schanz (1988)

Kapitel 4: Forschungsdesign 149

hang zwischen organisationalen Lernen und Mitarbeiterführungssystemen blieb in der theoretischen und empirischen Forschung bisher weitgehend unbeachtet.

Andererseits bilden die Ergebnisse der Befragung sowie die auf theoretischer Basis gewonnenen Erkenntnisse die Grundlage für die Gewinnung deskriptiver, tendenzieller und kausaler Aussagen zur Ableitung von **Handlungsempfehlungen**. Damit wird die gewählte Forschungsstrategie auch dem Anspruch des pragmatischen Wissenschaftsziels der Gestaltung gerecht.

4.1.3 Standardisierte Befragung als Methode

Befragungen als die am häufigsten verwendeten Datensammlungsmethoden lassen sich anhand der folgenden Kriterien unterscheiden:[11]

- *Standardisierungsgrad* (unstrukturierte, halbstrukturierte oder standardisierte Befragung);
- *Teilnehmerzahl* (Einzel- oder Gruppenbefragung);
- *Schriftlichkeit* (mündliche oder schriftliche Befragung);
- *Wiederholung* (einmalige oder mehrmalige Befragung);
- *Ermittlungsgrad* (ermittelnde, vermittelnde oder vermittelnde und ermittelnde Befragung)

Für diese Untersuchung wurde als Methode der Datenerhebung eine standardisierte, schriftliche, einmalige, ermittelnde Einzelbefragung eingesetzt, da eine größere Anzahl von Personen befragt werden sollte, die regional sehr weit verstreut angeordnet sind. Außerdem sollte die Vergleichbarkeit der Aussagen ohne den Einfluß des sozialen Klimas zwischen Interviewer und Befragtem sichergestellt werden. Aus forschungsökonomischen Gründen sollte der Kosten- und Zeitaufwand in vertretbaren Grenzen gehalten werden. Das gesamte Forschungsprogramm ist als Querschnittsanalyse angelegt, daher wurde auf eine Wiederholungsbefragung im Zeitraum der Erstellung der Arbeit verzichtet. Eine

---

[11] Vgl. Müller-Böling (1992), Sp. 1497ff.

Beeinflussung der Befragten sollte weitgehend ausgeschlossen werden, deshalb ist der Fragebogen ermittelnd, also auf die Erfahrung von Meinungen der Befragten, ausgelegt.

4.2 Forschungsprogramm

Die Beschreibung des Forschungsprogramms soll anhand folgender Punkte geschehen: Der Forschungsablauf gibt einen Überblick über die einzelnen Schritte der Vorgehensweise bei der empirischen Untersuchung, der Auswertung der Ergebnisse und der Verwertung in dieser Arbeit. Auf den Aufbau des Fragebogens und die Auswahl der Erhebungsstichprobe wird aufgrund der besonderen Relevanz für die Interpretation der Befragungsergebnisse gesondert eingegangen.

4.2.1 Forschungsablauf

Der Forschungsablauf läßt sich wie folgt darstellen:

a) Erstellung forschungsleitenden Annahmen: Die explizite Erstellung von detaillierten Hypothesen ist aufgrund des unvollkommenen Forschungsstandes nicht möglich. Das Untersuchungsziel der Typenbildung impliziert aber die folgenden forschungsleitenden Annahmen:

> *Es gibt verschiedene Typen von Lernenden Unternehmen, die sich über signifikante Unterschiede ihres Lernprofils eindeutig identifizieren lassen.*
>
> *Unterschiedliche Typen von Lernenden Unternehmen verwenden Mitarbeiterführungssysteme, die sich ebenfalls signifikant unterscheiden.*

b) Durchführung der schriftlichen Befragung: Die Fragebögen wurden im Juli 1997 nach mehreren Pretests verschickt. Die Auswertung erfolgt im August 1997.

c) Grundauswertung: Die Grundauswertung umfaßte in erster Linie die Erstellung von Häufigkeitsverteilungen der Antworten zu den einzelnen Fragen.

d) Clusteranalyse: Die Clusteranalyse gehört zur Gruppe der Klassifizierungsverfahren und versucht, Gruppen von Fällen zu identifizieren, die sich aufgrund ihrer Merkmalsausprägung möglichst ähnlich sind, sind aber von den anderen Gruppen möglichst gut abgrenzen lassen.[12] In diesem Fall sollten auf diese Weise Gruppen von Unternehmen gefunden werden, die sich in ihrem Lernprofil unterscheiden. Die festgestellten Unterschiede wurden anschließend auf ihre Signifikanz geprüft.

e) Beschreibung und Untersuchung der einzelnen Cluster: Die identifizierten Typen von Lernenden Unternehmen wurden dann hinsichtlich ihres Lernprofils analysiert und inhaltlich beschrieben. Die Betrachtung der dazugehörigen Führungssysteme schließt die Typenbildung ab.

f) Einordnung im Portfolio: Exemplarisch wurden die ermittelten Typen nun in das entwickelte Reifegradportfolio eingeordnet.

g) Verallgemeinerung der Ergebnisse: Den Kernpunkt der Handlungsempfehlungen bilden die Gestaltungsanregungen für das Mitarbeiterführungssystem der ermittelten Typen von Lernenden Unternehmen. Diese orientieren sich an dem in Kapitel 3.5 dargestellten Ablauf und werden von allgemeinen Empfehlungen zur Mitarbeiterführung im Lernenden Unternehmen ergänzt.

4.2.2 Aufbau des Fragebogens

Der verwendete Fragebogen besteht aus drei Teilen:[13]

Im **Teil A** werden die Daten zum Unternehmen abgefragt. Die überwiegend geschlossenen Fragestellungen beziehen sich auf Branche und Unternehmensgröße, die mittels Anzahl der beschäftigten Mitarbeiter und Umsatz ermittelt wird.

Im **Teil B** steht das Mitarbeiterführungssystem im Mittelpunkt der Datenerhebung. Die Merkmale der strukturellen, kulturellen und interaktionellen Führungsprozesse werden wiederum in größtenteils geschlossenen Fragestellungen behandelt. Um eine einheitliche Einordnung im Führungsprofil zu ermöglichen, findet eine Likert-Skala mit vier Ausprägungen Verwendung, die auch im dritten Teil eingesetzt wird.[14]

---

[12] Vgl. Backhaus u.a. (1989), S. 115
[13] Der komplette Fragebogen befindet sich im Anhang.
[14] Die verwendete Skala wird als intervallskaliert angenommen; vgl. hierzu Backhaus (1989), S. XII

Der **Teil C** hat die Ermittlung des Reifegrades organisationalen Lernens zum Ziel. Die Fragestellungen zu Lernfähigkeit, organisationalen Kontext und den Lernprozessen werden mit einer Selbsteinschätzungsfrage abgeschlossen. Die Operationalisierung der verwendeten Variablen zeigt, daß überwiegend kausale Indikatoren verwendet wurden. Aus der Tabelle geht auch die Zuordnung der Fragen zu den Indikatoren hervor.[15]

Lernendes Unternehmen							
Reifegrad organisationalen Lernens				Mitarbeiterführungssystem			
Lernfähigkeit	organisationaler Kontext	Lernprozesse	Grundlage	Strukturelle Führungsprozesse	Interaktionelle Führungsprozesse	Kulturelle Führungsprozesse	
• Individuelle Lernfähigkeit • Kollektive Lernfähigkeit	• Strategie • Kultur • Struktur	• LP 1 • LP 2 • LP 3	• Menschenbild	• Führungssysteme • Führungsgrundsätze	• Führungsstil	• Information • Kommunikation	
Fragen 16.1 bis 16.3	Fragen 7, 8, 12.1 bis 12.5, 13.1 bis 13.3, 14.1 bis 14.10	Fragen 15.1 bis 15.8, 16.4	Frage 11.9	Fragen 9, 10, 11.1 bis 11.5	Frage 11.6	Fragen 11.7, 11.8, 11.10	
Fragen 17 und 18							

Tabelle 17: Operationalisierung der Variablen

Die verwendeten Indikatoren determinieren den Grad an Genauigkeit, mit dem das, was gemessen werden soll, tatsächlich gemessen wird. Dieser Grad an Gültigkeit für die zu messenden Zusammenhänge wird in der empirischen Sozialforschung als **Validität** bezeichnet.[16] Die Validität des verwendeten Fragebogens soll folgendermaßen sichergestellt werden:

- Es werden kausale Indikatoren verwendet, deren Zusammenhang mit dem zu messenden Phänomen bereits hinlänglich theoretisch fundiert oder empirisch bewiesen wurde.

---

[15] Vgl. Tabelle 17
[16] Vgl. Müller-Böling (1992), Sp. 1503

Kapitel 4: Forschungsdesign 153

- Die Zusammenstellung der Indikatoren erfolgt auf Basis der theoretischen Fundierung in dieser Arbeit, in welcher die Verwendung dieser ausführlich dargestellt wurde und die Zusammenhänge begründet worden sind.

- Durch die Dokumentation der Entwicklung der verwendeten Indikatoren, der theoretischen Vorüberlegungen und die Darstellung des Forschungsdesigns in der vorliegenden Arbeit lassen die erzielten Ergebnisse weitgehend nachvollziehen, auch wenn das Datenmaterial im Rahmen statistischer Analysen mehrfach aufgearbeitet wurde.

Mit **Reliabilität** wird der Grad der Genauigkeit der Messung bezeichnet - gleichgültig, ob das, was gemessen werden soll, auch tatsächlich gemessen wird.[17] Es stellt sich also die Frage, ob aufgrund der Meßmethode bei einer Wiederholung die gleichen Ergebnisse erzielt werden würden oder ob die verwendeten Meßvorschriften ein bestimmtes Maß an Streuung zulassen. Die bereits angesprochene überwiegende Verwendung von Likert-Skalen mit den vier Antwortmöglichkeiten (trifft zu, trifft eher zu, trifft eher nicht zu, trifft nicht zu) soll im Zusammenhang mit sehr praxisnah gestellten Fragen eine hohe Eindeutigkeit der Fragestellungen garantieren. Zusammen mit dem Verzicht auf offene Fragen bei qualitativen Fragestellungen wird so eine hohe Meßgenauigkeit angestrebt.

4.2.3 Festlegung der Erhebungsstichprobe

Die Erhebungsstichprobe umfaßte 250 Personalverantwortliche in Unternehmen aller Größen und Branchen in Deutschland.

Die **Zielgruppe** der Personalverantwortlichen wurde ausgewählt, da die grundsätzlichen Aufgaben im Bereich der Mitarbeiterführung der Erfahrung nach am ehesten dem Personalmanagement eines Unternehmen zugeordnet sind. Da die Befragung anonym angelegt war, ist natürlich nicht nachvollziehbar, wer letztendlich die Fragen beantwortet hat, so daß die Weitergabe des Fragebogens durch die angeschriebenen Personen an die eigenen Mitarbeiter oder Personen, die sich mit der Problematik des Lernenden Unternehmens beson-

---

[17] Vgl. Müller-Böling (1992), Sp. 1504

ders beschäftigen, nicht ausgeschlossen werden kann. Um auch Extrempositionen berücksichtigen und ein möglichst vollständiges Bild zu erhalten, wurden Personen in Unternehmen aller Branchen und Größenordnungen angeschrieben.

Die **Stichprobenauswahl** erfolgte nach dem Zufallsprinzip aus einem Pool von etwa 5000 Personalverantwortlichen, deren Anschrift zum Zeitpunkt der Befragung zur Verfügung standen. Da zum Zeitpunkt der Untersuchung die Determinanten, die die Verteilung von Lernenden Unternehmen über die Grundgesamtheit beeinflussen, nicht bekannt waren, wurde eine Zufallsstichprobe gezogen.[18]

Die Untersuchung ist als **Querschnittsanalyse** angelegt und wurde daher einmalig im Sommer 1997 durchgeführt, auch wenn damit Nachteile wie der Verzicht auf die Wiedergabe dynamischer Effekte in Kauf genommen wurden.

Die gezogene Stichprobe wurde aus einer Teilmenge der Grundgesamtheit (alle deutschen Unternehmen) entnommen, welche aufgrund ihres Umfangs als repräsentativ angenommen werden kann. Der Anspruch der **Repräsentativität** und damit die uneingeschränkte **Generalisierbarkeit** der Ergebnisse für alle Unternehmen kann aufgrund der relativ kleinen Erhebungs- und Auswertungsstichprobe jedoch nicht aufrecht erhalten werden.

4.3 Zusammenfassung

Die gewählte Forschungsstrategie verfolgt zwei Ziele: während das Analyseziel eher explorativen Charakter aufweist, dient die Erstellung von Gestaltungsempfehlungen dem pragmatischen Wissenschaftsziel, das in dieser Arbeit im Mittelpunkt stehen soll.

Als Methode wurde eine einmalige, schriftliche, standardisierte, ermittelnde Einzelbefragung gewählt. Die Erhebungsstichprobe betrug N = 250 Personal-

---

[18] Vgl. hierzu auch Bortz (1989), S. 113

verantwortliche in Unternehmen aller Größen und Branchen in Deutschland. Die Auswahl erfolgte nach dem Zufallsprinzip.

Zentrales Element des Forschungsprogramms ist die Durchführung einer Clusteranalyse, deren Ergebnisse als Grundlage für die Typengenerierung dienen sollen. Weitere Schritte sind die exemplarische Einordnung der ermittelten Typen im Reifegradportfolio sowie die Ableitung umfassender, typspezifischer Gestaltungsempfehlungen für das Mitarbeiterführungssystem.

Kapitel 5: Ergebnisdarstellung und Bewertung 157

1 Einführung in die Thematik
2 Stand der Forschung
3 Modellbildung und Entwicklung des Analyseinstrumentariums
4 Forschungsdesign der empischen Untersuchung

5 **Ergebnisdarstellung und Bewertung**
  5.1 Strukturmerkmale der befragten Unternehmen
  5.2 Lernen im Unternehmen
    5.2.1 Lernfähigkeit
    5.2.2 Organisationaler Kontext
    5.2.3 Lernprozesse
  5.3 Mitarbeiterführungssysteme von Lernenden Unternehmen
  5.4 Ergebnisse einer Clusteranalyse
    5.4.1 Cluster von Lernenden Unternehmen
    5.4.2 Mitarbeiterführungssysteme in Lernenden Unternehmen
  5.5 Zwischenergebnis

6 Typengenerierung und Gestaltungsempfehlungen
7 Schlußbetrachtung

5 Ergebnisdarstellung und Bewertung

Das folgende Kapitel gibt die Ergebnisse der empirischen Untersuchung wieder, und zwar in nachstehender Reihenfolge: zunächst wird ein Überblick über die Auswertung gegeben (Grundauswertung), dann erfolgt die Typenbildung (Clusteranalyse) und deren Überprüfung (Signifikanztest) und anschließend werden die ermittelten Gruppen von Lernenden Unternehmen hinsichtlich des organisationalen Lernens und der Mitarbeiterführungssysteme analysiert.

5.1 Strukturmerkmale der befragten Unternehmen

Insgesamt kamen 73 ausgefüllte Fragebögen zur Auswertung, was einer bei einer Erhebungsstichprobe von 250 Unternehmen einer Rücklaufquote von 29,2% entspricht, die im Vergleich zu ähnlichen Untersuchungen als sehr zufriedenstellend bezeichnet werden kann.

Kategorie	Anzahl	in Prozent
Verarbeitendes Gewerbe	20	27,4
Kredite und Versicherungen	16	21,9
Dienstleistungen und Handel	10	13,7
Chemie/Pharma/Nahrungsmittel	9	12,3
Telekommunikation und Informationstechnologie	7	9,6
Energie und Verkehr	7	9,6
Sonstige	4	5,4
Summe	*N= 73*	*100*

Tabelle 18: Branchenzugehörigkeit der befragten Unternehmen

Etwa zwei Drittel der Unternehmen der Auswertungsstichprobe gehörten einem Konzern an (63%). Die meisten der befragten Unternehmen können dem verarbeitenden Gewerbe zugeordnet werden.

Kategorie	Anzahl	in Prozent
Kleine Unternehmen (<50 Mitarbeiter)	2	2,7
Mittelgroße Unternehmen (50-500 Mitarbeiter)	16	21,9
Große Unternehmen (>500 Mitarbeiter)	55	75,3
Summe	*N = 73*	*100*

Tabelle 19: Größe der befragten Unternehmen

Erwartungsgemäß stammt der größte Teil, drei Viertel der beantworteten Fragebogen, aus größeren Unternehmen. Dies liegt vermutlich zum einen daran, daß sich die Unternehmen mit weniger als 500 Mitarbeiter bisher weniger mit wissenschaftlichen Ansätzen zum organisationalen Lernen befaßt haben und damit das Interesse der Teilnahme an einer derartigen Befragung eher gering war. Zum anderen ist in den kleineren Unternehmen die Identifikation eines Personalverantwortlichen schwieriger, da diese oftmals nicht über einen Personalleiter verfügen, sondern diese Aufgaben von der Geschäftsführung mit übernommen werden.

5.2 Lernen im Unternehmen

Im Einklang zu der gebildeten Systematik soll der Ausbaustand des organisationalen Lernens in den befragten Unternehmen anhand der drei in Kapitel 3.3 bestimmten Zielkategorien analysiert werden.[1]

5.2.1 Lernfähigkeit

Die Möglichkeiten zur Förderung der individuellen Weiterentwicklung und damit das Potential der **individuellen Lernfähigkeit** sind relativ stark beschränkt, da frei zugängliche Lernmöglichkeiten außerhalb des üblichen Weiterbildungsprogramms fehlen. Die Budgets zur Personalentwicklung werden weitgehend ohne Einfluß der betroffenen Mitarbeiter verteilt, die Chance zum selbstgesteuerten, individuellen Lernen ist meist nicht gegeben.

---

1 An dieser Stelle sei nochmals auf die Begründung zur Verwendung inputorientierter Indikatoren hingewiesen; vgl. Kap. 3.3

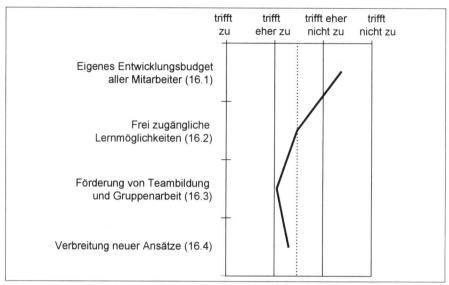

Abbildung 28: Fragen zur Lernfähigkeit
Quelle: Befragung zur Mitarbeiterführung in Lernenden Unternehmen (N=73)

Die Gruppen- und Teamarbeit im Unternehmen werden weitgehend unterstützt. Der Ausbaustand der **kollektiven Lernfähigkeit** kann somit als eher hoch eingeschätzt werden. Die Hauptursache ist hier vermutlich auch in der verstärkten Diskussion von Gruppenarbeitskonzepten in den letzten Jahren zu sehen: Teamarbeit wird inzwischen als wichtiger Faktor der Unternehmenskultur und Arbeitseffizienz anerkannt.

5.2.2 Organisationaler Kontext

Das Lernen gehört bei einem Großteil der befragten Unternehmen zur **Unternehmensstrategie**, allerdings fehlt meist eine Möglichkeit für die Mitarbeiter für unternehmerisches Handeln. Die Vermeidung von Experimenten und der weitgehende Ausschluß der Mitarbeiter bei der Bestimmung der Unternehmenspolitik lassen auf einen eher individuell geprägten Lernbegriff schließen: unter der strategischen Verankerung des Lernens ist in diesem Zusammenhang eher die Verpflichtung zur Personalentwicklung abzulesen.

Kapitel 5: Ergebnisdarstellung und Bewertung 161

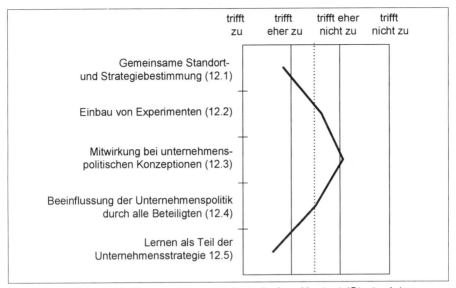

Abbildung 29: Fragen zum organisatorischen Kontext (Strategie)
Quelle: Befragung zur Mitarbeiterführung in Lernenden Unternehmen (N=73)

Die Wirkungen der Restrukturierungswellen der letzten Jahre lassen sich bei der Einschätzung zum **strukturellen Kontext** ablesen: die eigenen Strukturformen und damit auch die Grenzen der Organisationseinheiten sind flexibel geworden, das Kästchendenken scheint z. T. überwunden. Damit ergeben sich auch neue Möglichkeiten für die beruflichen Werdegänge der Organisationsmitglieder, die sich nicht ausschließlich an einem Kaminaufstieg in dem einmal gewählten Bereich orientieren müssen.[2]

---

[2] Vgl. hierzu Lehnert (1996), die in ihrer Dissertation die Auswirkungen struktureller Änderungen auf die Karrierewege im Unternehmen ausführlich analysiert.

162　　　　　　　　　　　　　*Kapitel 5: Ergebnisdarstellung und Bewertung*

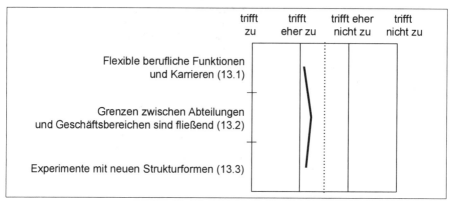

Abbildung 30: Fragen zum organisatorischen Kontext (Struktur)
Quelle: Befragung zur Mitarbeiterführung in Lernenden Unternehmen (N=73)

Die erste Auswertung der Fragen zum **kulturellen Kontext** ergibt noch kein klares Bild: es lassen sich zwar leichte Schwächen im Bereich der Kommunikation und die Konfliktkultur betreffend ablesen, alle anderen Fragen werden aber in der Summe ähnlich positiv bewertet, so daß hier erst die differenzierte Auswertung nach Typen von Lernenden Unternehmen eindeutige Aussagen zuläßt. Es fällt allerdings auf, daß trotz der herrschenden Offenheit in den befragten Unternehmen Konflikte nicht unbedingt als Lernquelle angesehen werden. Auch die Neigung zu Toleranz gegenüber Fehlern ist nicht übermäßig ausgeprägt. Als weiterer Schwachpunkt dieser summarischen Betrachtung fällt die schlechte Bewertung der Förderung von Kommunikation durch die verantwortlichen Führungskräfte auf.

Kapitel 5: Ergebnisdarstellung und Bewertung

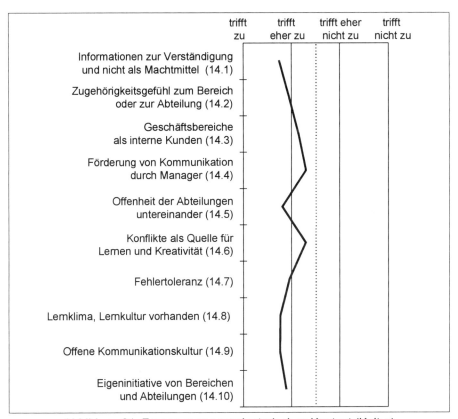

Abbildung 31: Fragen zum organisatorischen Kontext (Kultur)
Quelle: Befragung zur Mitarbeiterführung in Lernenden Unternehmen (N=73)

5.2.3 Lernprozesse

Die Beurteilung der vorhandenen Lernprozesse im Unternehmen erfolgt ebenfalls in Anlehnung an die bereits getroffenen Klassifikationen.[3]

Betrachtet man den **Lernprozeß 1**, also die Verbreitung von Wissen über das Unternehmen, so stellt man die unterschiedliche Ausprägungen der einzelnen Prozeßschritte fest: Der Wille zur Einbringung des individuellen Wissens

---

[3] Vgl. Kap. 3.4.2

scheint vorhanden (Frage 15.5), die erforderliche Technologie zur Verbreitung ebenfalls (Frage 15.7), jedoch die Umsetzung (Frage 15.8) läßt noch Wünsche offen.

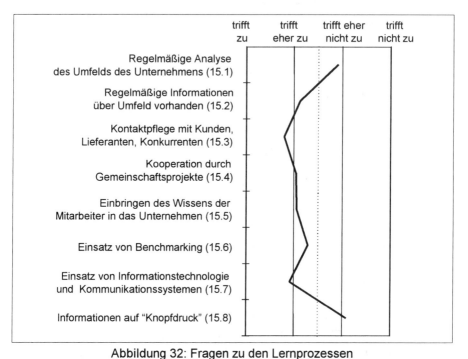

Abbildung 32: Fragen zu den Lernprozessen
Quelle: Befragung zur Mitarbeiterführung in Lernenden Unternehmen (N=73)

Der **Lernprozeß 2** - die Einbringung von Wissen aus der Umwelt ins Unternehmen und die anschließende Verbreitung über das (Teil-)System - erfordert eine ähnlich differenzierte Untersuchung. Es werden zwar Kontakte gepflegt und Kooperationen mit anderen Systemen eingegangen, die zurückhaltenden Einschätzungen zu einer regelmäßigen Informationsversorgung und der eher vereinzelte Einsatz von Benchmarking lassen jedoch auf eine etwas unsystematische Vorgehensweise bei der Beschaffung von Informationen über die Umwelt schließen. Eine regelmäßige Analyse des Umfelds des Unternehmens findet in der Regel nicht statt.

Kapitel 5: Ergebnisdarstellung und Bewertung 165

Die Ergebnisse der Frage nach dem **Lernprozeß 3**, der einen Paradigmawechsel einleitet, sind für sich allein schwer interpretierbar und lassen erst im Vergleich verschiedener Gruppen und in der gemeinsamen Betrachtung mit den anderen Ergebnissen sinnvolle Schlüsse zu.

5.3 Mitarbeiterführungssysteme von Lernenden Unternehmen

Die Darstellung der Merkmale der eingesetzten Mitarbeiterführungssysteme erfolgt nach der Systematik des entwickelten Führungsprofils.[4]

Die Grundlage für das Mitarbeiterführungssystem bildet das **Menschenbild**, welches im Unternehmen vorherrscht.[5] In über 80% der befragten Unternehmen dominiert heute ein Menschenbild, das den Mitarbeiter als Partner und selbständiges Mitglied der Organisation betrachtet. Damit ist in einem Großteil der befragten Unternehmen die Basis für eine moderne Führungskultur geschaffen worden.

Bei den vorherrschenden **interaktionellen Führungsprozessen** überwiegen in 86,3% der befragten Unternehmen die gemeinsamen Entscheidungen die autokratischen Einzelentscheide. (Frage 11.6) Der kooperative Führungsstil hat sich damit weitgehend durchgesetzt. Dies kann man kaum als Überraschung werten. Aufgrund der geringeren Bedeutung der interaktionellen Führung für Lernende Unternehmen[6] wurde der Schwerpunkt der Befragung und damit auch dieser Auswertung eher auf strukturelle Führungsprozesse gelegt.

Den ersten Punkt bei der Analyse der **strukturellen Führungsprozesse** bildet die Betrachtung der <u>Organisationsformen</u> aller Unternehmen, die an der Befragung teilgenommen haben. Hier fällt der nach wie vor sehr hohe Anteil der sogenannten „traditionellen" Formen der Aufbauorganisation auf: zwei Drittel sind funktional oder divisional aufgebaut. Immerhin noch über 20% folgen der Matrixorganisation. Der Anteil derer, die neuere, progressivere Formen der Auf-

---

[4] Vgl. Kap. 3.4.3
[5] Vgl. Kap. 2.3.3 und 3.2.1
[6] Vgl. Kap. 3.3

bauorganisation wie die Projekt- oder Center-Organisation bevorzugen, ist sehr gering.

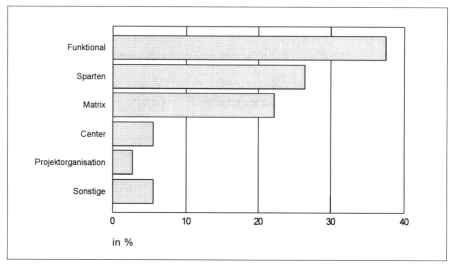

Abbildung 33: Organisationsformen der befragten Unternehmen
Quelle: Befragung zur Mitarbeiterführung in Lernenden Unternehmen (N=73)

Der bereits festgestellte hohe Durchdringungsgrad von Teamarbeit bestätigt sich hier noch einmal:[7] in 60,3% der befragten Unternehmen arbeiten die Mitarbeiter eher in Teams zusammen und kontrollieren sich weitgehend selbst (Frage 11.5).

Die Machtverteilung im Unternehmen spiegelt die Anzahl der Hierarchieebenen wider. Die Verteilung über die gesamte Stichprobe hinweg zeigt keine Besonderheiten: der größte Teil kommt mit 3 oder 4 Ebenen aus, ein kleiner Teil benötigt 5 oder 6 Ebenen, nur wenige Unternehmen weichen mit 1 oder 2 bzw. 7 oder 8 Hierarchieebenen deutlich ab.

---

[7] Vgl. Kap. 5.2.1

Kapitel 5: Ergebnisdarstellung und Bewertung 167

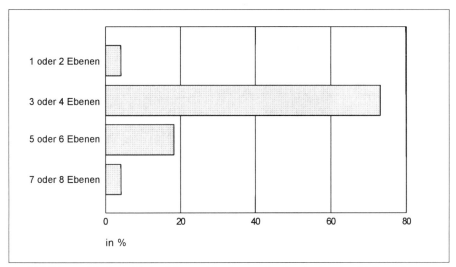

Abbildung 34: Anzahl der Hierarchieebenen in den befragten Unternehmen
Quelle: Befragung zur Mitarbeiterführung in Lernenden Unternehmen (N=73)

In dieses Bild paßt auch die Aussage von 58,9% der Befragten, die der Meinung sind, daß es in ihrem Unternehmen dank umfassender Delegation viele Entscheidungsträger gibt (Frage 11.4). Eine summarische Aussage zur Machtverteilung als wichtigen Indikator für die strukturelle Führung im Lernenden Unternehmen erscheint hier allerdings nicht praktikabel. Es wird auf die detailliertere Betrachtung bei den einzelnen Gruppen von Unternehmen verwiesen.[8]

Drei Viertel aller befragten Unternehmen bestätigen die Existenz von Führungsgrundsätzen. Zwei Drittel davon sind gemeinsam mit den Mitarbeitern erarbeitet und nicht einseitig von der Unternehmensleitung vorgegeben worden. Dies läßt auf ein Führungsverständnis schließen, welches die Mitarbeiter als Kooperationspartner im Unternehmen ansieht.

---

[8] Vgl. Kap. 5.4

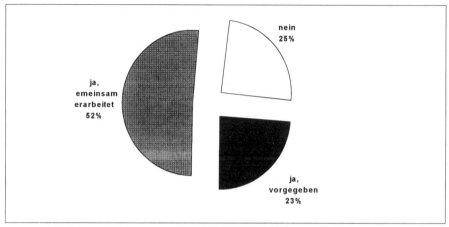

Abbildung 35: Führungsgrundsätze in den befragten Unternehmen
Quelle: Befragung zur Mitarbeiterführung in Lernenden Unternehmen (N=73)

Bei den eingesetzten Führungssystemen ergibt sich folgendes Bild:

- In 80,8% der befragten Unternehmen wird *management by exception (mbe)* angewandt, d. h. Führungskräfte greifen nur im Ausnahmefall steuernd in laufende Prozesse ein.

- Ähnlich hoch ist der Anteil der Unternehmen, die auf *management by objectives (mbo)* vertrauen: 79,5% setzen mbo ein.

- Angesichts der Bedeutung für die Mitarbeiterführung ist der Anteil derer, die nach *Leitbildern* handeln, mit nur 52% erstaunlich gering.

Die Tatsache, daß die Kernstücke der angesprochenen Führungssysteme, also das Eingreifen im Ausnahmefall und das Vereinbaren von Zielen, zu den Grundaufgaben jeder Führungskraft gehören, relativiert das Befragungsergebnis etwas und paßt zu dem ermittelten vorherrschenden, eher kooperativ ausgerichteten Führungsstil.[9] Die hohe Zielorientierung weist in der gemeinsamen Betrachtung mit der geringen Verbreitung von Leitbildern auf eher geringe strategische Orientierung der handelnden Führungskräfte. Dies läßt darauf schließen, daß sich die vorhandene Zielorientierung in diesem Zusammenhang meist auf operative Zielsetzungen bezieht.

---

[9] Vgl. Kap. 5.4

Die **kulturellen Mitarbeiterführungsprozesse** lassen sich aufgrund der Befragung folgendermaßen beschreiben:

- In 71,2% der befragten Unternehmen erhalten die Mitarbeiter umfassende Informationen, die auch über den Arbeitsbereich hinausgehen.
- Die Kommunikationswege verlaufen in 78,1% der befragten Unternehmen auch informell und nicht nur über vorgegebene Kanäle.
- Knapp die Hälfte (47,2%) führen regelmäßig Mitarbeiterbefragungen durch und schaffen damit die Grundlage für eine aktive kulturelle Führung.

Erstaunlich gering erscheint die Anzahl der Unternehmen, die ihre Mitarbeiter regelmäßig befragen. Dieses ist ein augenscheinlicher Widerspruch zu dem zugrundeliegenden Menschenbild, in welchem der Großteil der befragten Unternehmen die Mitarbeiter als Dialogpartner bezeichnet.

Das Führungsprofil zeigt abschließend die Ergebnisse der Fragen zu den eingesetzten Mitarbeiterführungssystemen noch einmal im Überblick:

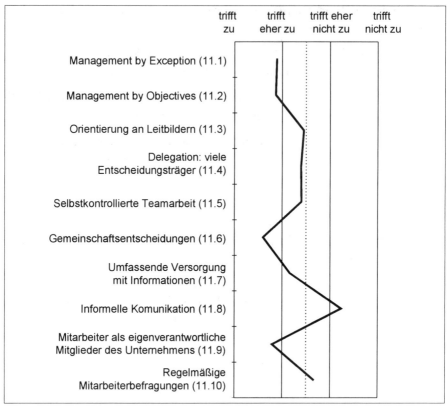

Abbildung 36: Führungsprofil
Quelle: Befragung zur Mitarbeiterführung in Lernenden Unternehmen (N=73)

5.4 Ergebnisse einer Clusteranalyse

Im nächsten Schritt sollen nun Cluster von Lernenden Unternehmen ermittelt werden, die als Grundlage für die Bildung einer Typologie dienen.

Die Clusteranalyse gehört zur Gruppe der heuristischen Verfahren zur systematischen Klassifizierung von Objekten einer gegebenen Objektmenge.[10]

---

[10] Vgl. Brosius (1989), S. 175

„Die durch einen festen Satz von Merkmalen beschriebenen Objekte (Personen oder andere den Sozialwissenschaftler interessierende Untersuchungsobjekte) werden nach Maßgabe ihrer Ähnlichkeit in Gruppen (Cluster) eingeteilt, wobei die Cluster intern möglichst homogen und extern möglichst gut voneinander separierbar sein sollen."[11]

In diesem Fall erfolgt die Klassifizierung mit Hilfe einer hierarchischen Clusteranalyse mit einem agglomerativen Algorithmus nach dem Average-Linkage-Verfahren zur Gruppierung der gewonnenen Ähnlichkeitsdaten.

---

[11] Bortz (1989), S. 684

172 Kapitel 5: Ergebnisdarstellung und Bewertung

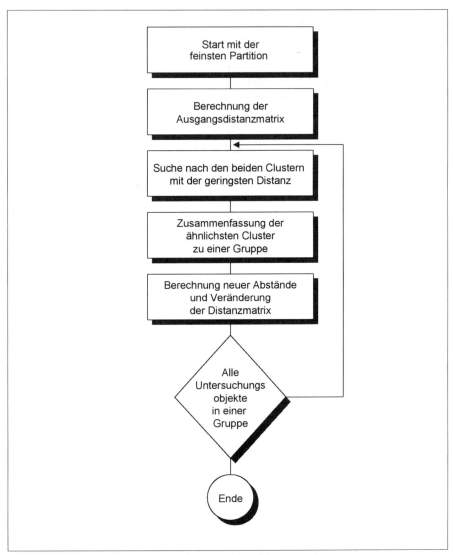

Abbildung 37: Ablauf der Clusteranalyse
Quelle: Backhaus (1989), S. 135

Kapitel 5: Ergebnisdarstellung und Bewertung 173

Der Ablauf des Verfahren läßt sich folgendermaßen skizzieren:[12]

1. Man startet mit der kleinsten Partition, d. h. jedes Untersuchungsobjekt, in diesem Fall jedes befragte Unternehmen, stellt ein Cluster dar.
2. Den nächsten Schritt bildet die Berechnung der Distanz für alle in die Untersuchung eingeschlossenen Fälle.
3. Es werden die beiden Objekte ermittelt, die die geringste Distanz zueinander aufweisen.
4. Die beiden Gruppen mit der größten Ähnlichkeit werden zu einem Cluster zusammengefaßt, die Zahl der Gruppen nimmt nun um eins ab.
5. Man berechnet die Abstände zwischen der neuen Gruppen und übrigen Gruppen neu. Es entsteht eine reduzierte Datenmatrix, die den Ausgangspunkt für die nächste Berechnungsrunde bildet. Das Average-Linkage Verfahren bezeichnet die Vorgehensweise für die Berechnung des Abstandes zwischen einem Cluster und einem neu gebildeten Cluster.

5.4.1 Cluster von Lernenden Unternehmen

Die Clusteranalyse wurde computergestützt durchgeführt und führte zu folgenden Gruppierungen:

Cluster Nr.	Anzahl	In Prozent
1	34	50
2	19	27,9
3	15	22,1
Summe	**68**	**100**

Tabelle 20: Verteilung auf die ermittelten Cluster

Die Analyse der Lernprofile ergab drei Gruppen von Lernenden Unternehmen, deren Mitglieder sich aufgrund der Ausprägung ihrer Merkmale sehr ähnlich sind, d. h. deren Lernprofile weitgehend übereinstimmen, die sich aber von den Unternehmen der anderen Gruppen eben aufgrund ihrer Lernprofile signifikant unterscheiden.

---

[12] Zur detaillierten Beschreibung des verwendeten Verfahrens und zum folgenden Ablauf vgl. Backhaus (1989), S. 133ff.

Diese sollen in Zukunft als Cluster 1, 2 und 3 bezeichnet werden. Die Verteilung der Unternehmen auf diese Cluster erfolgte ungleichmäßig, so daß das Cluster 1 genauso viele Unternehmen beinhaltet wie die anderen zwei zusammen. Fünf Unternehmen ließen sich aufgrund ihrer Profilausprägung nicht sauber einordnen und wurden deshalb nicht berücksichtigt, um die Ergebnisse nicht zu verfälschen.

Die Verläufe der drei unterschiedlichen Lernprofile zeigt Abbildung 38: die Lernprofile unterscheiden sich nicht nur darin, daß ihre Ausprägungen auf unterschiedlichen Niveaus verlaufen, sondern auch durch ausgeprägte, unterschiedliche Stärken und Schwächen.

Kapitel 5: Ergebnisdarstellung und Bewertung 175

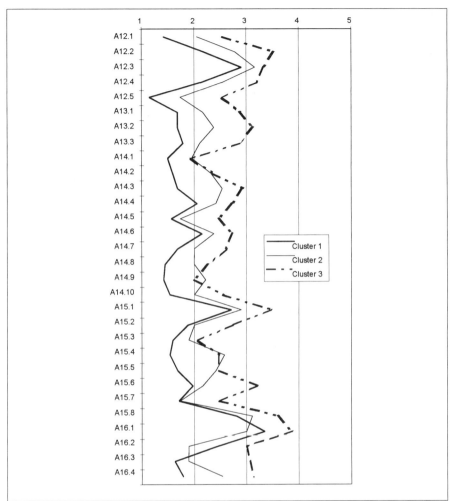

Abbildung 38: Cluster von Lernenden Unternehmen
Quelle: Befragung zur Mitarbeiterführung in Lernenden Unternehmen (N=73);
(Skala: 1=trifft zu, 4= trifft nicht zu)

Bevor die ermittelten Cluster inhaltlich näher bestimmt werden, erfolgt zunächst der Test der Signifikanz der ermittelten Unterschiede. Signifikanztests sollen prüfen, ob es zwischen zwei Variablen eine Beziehung gibt. In diesem Fall soll der t-Test darüber Aufschluß geben, ob die Differenz der Mittelwerte einer Variablen für zwei Vergleichsgruppen eventuell auf zufällige Auswahlfehler zurückzuführen ist oder aber tatsächlich besteht. In diesem Fall spricht man von einem statistisch signifikanten Unterschied.[13] Der Ablauf der durchgeführten zweiseitigen t-Tests für Mittelwertdifferenzen unabhängiger Stichproben sieht in groben Schritten folgendermaßen aus:[14]

- Der Nullhypothese (H_0: es besteht keine Beziehung zwischen den untersuchten Variablen) wird eine Gegenhypothese gegenübergestellt (H_1: es besteht ein Zusammenhang: in diesem Fall heißt das, daß das untersuchte Merkmal wahrscheinlich für die Gruppierung verantwortlich ist).

- Eine statistische Prüfgröße, für die eine Wahrscheinlichkeitsverteilung bekannt ist, wird ermittelt.

- Das Signifikanzniveau wird festgelegt: die Irrtumswahrscheinlichkeit, ab der H_1 angenommen wird, liegt in der Regel bei 5%. Wird sogar ein 1%-Niveau erreicht, spricht man von einem hoch signifikanten Ergebnis.

- Es erfolgt das Feststellen der Freiheitsgrade.

- Die Prüfgröße wird daraufhin geprüft, ob sie in den durch die Festlegungen definierten „kritischen" Bereich fällt. Ist dies der Fall, so wird H_1 angenommen, ansonsten wird H_0 vorläufig beibehalten.

Die Tabelle 21 zeigt die Ergebnisse der Mittelwertvergleiche. Dabei wurden alle drei Ergebnisreihen gegeneinander getestet. Es wurde ein Signifikanzniveau von 5% zugrunde gelegt. Die hoch signifikanten Unterschiede (Signifikanzniveau: 1%) sind fett hervorgehoben. Bei den nicht signifikanten Vergleichen wurde aus Gründen der Übersichtlichkeit auf den Zahlenwert verzichtet.

---

[13] Vgl. Bortz (1989), S. 141ff. und Jansssen/Laatz (1994), S. 293
[14] Vgl. zum folgenden Janssen/Laatz (1994), S. 294

Frage/Cluster	1 gegen 2	1 gegen 3	2 gegen 3
12.1	0,010	0,000	-
12.2	-	0,000	0,003
12.3	-	-	-
12.4	0,050	0,000	0,012
12.5	0,010	0,000	0,002
13.1	0,010	0,000	0,004
13.2	0,050	0,000	0,009
13.3	-	0,000	0,024
14.1	0,020	0,026	-
14.2	0,010	0,002	-
14.3	0,000	0,000	-
14.4	0,022	0,000	-
14.5	-	0,004	0,016
14.6	-	0,007	-
14.7	0,045	0,000	0,003
14.8	0,000	0,002	-
14.9	0,000	0,002	-
14.10	0,008	0,000	0,046
15.1	-	0,004	0,042
15.2	-	0,000	0,006
15.3	-	-	-
15.4	0,000	0,000	-
15.5	0,004	0,001	-
15.6	-	0,000	0,001
15.7	-	0,005	0,011
15.8	-	0,003	0,047
16.1	-	0,003	0,001
16.2	0,036	0,021	0,000
16.3	-	0,000	0,000
16.4	0,001	0,000	0,020
17	0,005	0,000	0,022

Tabelle 21: Signifikanztest der Lernprofile

Die Ergebnisse des Signifikanztests lassen sich wie folgt zusammenfassen:

- Cluster 1 und Cluster 3 unterscheiden sich in fast allen Merkmalen besonders signifikant. Das ermittelte Signifikanzniveau bleibt meist deutlich über den geforderten 95%. Positioniert man diese zwei Cluster in einem Raum, dessen Dimensionen durch die Anzahl der Merkmale bestimmt wird, so nehmen diese die Extrempositionen ein.

- Die Abgrenzung des Clusters 2 gegenüber den anderen beiden Clustern fällt nicht ganz so eindeutig aus, da hier jeweils etwa ein Drittel der Merkmale nicht zur signifikanten Unterscheidung herangezogen werden können. Es handelt sich jedoch meist nicht um die gleichen Merkmale, d. h. die Cluster 1 und 3 drei unterscheiden sich aufgrund verschiedener Merkmalsausprägungen vom Cluster 2.

- Die Merkmalsausprägungen der Fragen 12.3 und 15.3 unterscheiden sich in allen drei Clustern nicht signifikant, d. h. diese Merkmale sind nicht geeignet, Gruppen von Unternehmen zu unterscheiden, und tragen selbst zur Abgrenzung der Cluster 1 und 3 nicht bei.

- Die Ergebnisse der Fragen 12.5 und 13.1 grenzen alle drei Cluster besonders signifikant von einander ab, die Merkmale der Fragen 12.4, 13.2, 14.7, 14.10, 16.2, 16.4 und 17 zeigen ebenfalls signifikante Unterschiede aller drei Cluster gegeneinander auf.

Signifikanztests bieten lediglich eine Entscheidungshilfe, jedoch keinen Beweis. Man macht aber damit das Risiko einer Fehlentscheidung kalkulierbar. Bei einem Signifikanzniveau von 0,05 ist das Risiko, sich für H_1 zu entscheiden, obwohl H_0 richtig ist, bei 5%. Auch werden die Risiken nicht gleichwertig behandelt: im Zweifel wird H_0 fälschlicherweise beibehalten, bevor man H_1 fälschlicherweise annimmt. Es wird daher von einem vorläufigen Beibehalten von H_0 gesprochen.[15] Aus diesem Grund sollen, auch wenn nicht bei allen Merkmalen signifikante Unterschiede nachgewiesen werden konnten, die ermittelten Testwerte jedoch für eine inhaltliche Interpretation der einzelnen Cluster ausreichen.

Die Unternehmen, die in **Cluster 1** enthalten sind, lassen sich folgendermaßen beschreiben:
Der Ausbaustand der individuellen Entwicklungs- und Lernmöglichkeiten ist eher schwach ausgeprägt. Dagegen werden Maßnahmen zur Förderung der kollektiven Lernfähigkeit in großem Umfang eingesetzt. Die Beurteilung nach

---

[15] Vgl. Janssen/Laatz (1994), S. 294f.

dem Kriterium individuelle und kollektive **Lernfähigkeit** fällt daher in der Summe eher durchschnittlich aus.

Der **organisatorische Kontext** ist bei Unternehmen des Clusters 1 sehr ausgeprägt auf organisationales Lernen ausgerichtet. Mit der ausdrücklichen Formulierung des Lernens aller Mitarbeiter in der Unternehmensstrategie grenzen sich diese Unternehmen signifikant von den anderen Clustern ab. Auch bei der Betrachtung der Unternehmensstruktur hebt sich Cluster 1 deutlich hervor:

- Ein hoher Anteil setzt innovative Strukturformen, wie z. B. Center-Konzepten, ein;
- drei Viertel aller enthaltenen Unternehmen operieren mit 3 oder 4 Hierarchieebenen, kein Unternehmen besitzt mehr als 6 Hierarchieebenen;
- die Grenzen der Unternehmenseinheiten werden flexibel angepaßt.

Die Unternehmenskultur bietet ebenfalls bereits eine solide Basis für die Verbreitung organisationaler Lernprozesse im Unternehmen:

- Informations- und Kommunikationsprozesse werden effektiv eingesetzt;
- interne und externe Kooperation sind selbstverständlich und fördern die Identifikation mit dem eigenen Bereich;
- die Gewährung von Handlungsspielräumen für die Mitarbeiter zeigt eine bereits deutlich ausgeprägte Vertrauenskultur.

Die **Prozesse organisationalen Lernens** sind größtenteils bereits in einem vergleichsweise ausgereiften Ausbaustand. Während die Verbreitung von Wissen über das Unternehmen und die Beschaffung von Wissen aus der nächsten Umwelt bereits gut funktionieren, offenbaren sich noch Schwächen beim systematischen Transfer von Wissen von außen ins Unternehmen und dem Einsatz der entsprechenden Techniken, wie z. B. Benchmarking.

Das **Cluster 2** läßt sich wie folgt charakterisieren:
Die Merkmale der **Lernfähigkeit** bewegen sich auf ähnlichem Niveau wie bei Cluster 1. Allerdings unterscheiden sie sich leicht im Verlauf: die Indikatoren für die individuellen Lernmöglichkeiten sind gegenüber Cluster 1 etwas besser

ausgeprägt, die Förderung des kollektiven Lernens fällt dagegen schwächer aus.

Die Mittelwertkurve der Fragen zum **organisationalen Kontext** der Unternehmen des Clusters 2 verläuft größtenteils parallel zu derjenigen des ersten Clusters - jedoch auf niedrigerem Niveau. Die Verankerung des Lernens in der Unternehmensstrategie kann auch diesen Unternehmen nicht abgesprochen werden, nur fallen die Aussagen nicht ganz so deutlich aus. Bei der Betrachtung der Unternehmensstruktur ergeben sich folgende Auffälligkeiten:

- in dieser Gruppe gibt es den höchsten Anteil an Spartenorganisationsformen;
- fast alle (88%) der Unternehmen verfügen über 3 bzw. 4 Hierarchieebenen, aber immerhin auch 11% benötigen 7 oder 8;
- der Grad an organisatorischer Flexibilität ist deutlich niedriger ausgeprägt als bei Cluster 1.

Am ehesten lassen sich bei der Unternehmenskultur Unterschiede zwischen den ersten beiden betrachteten Clustern finden:

- das interne Kundenverständnis ist deutlich weniger ausgeprägt;
- die interne Kommunikation eher mäßig und
- von einem Lernklima kann noch nicht gesprochen werden.

Die **Lernprozesse** sind nicht ganz so ausgereift wie bei den Unternehmen des Clusters 1: Besonders beim Transfer von Wissen in das Unternehmen gibt es noch große Defizite, selbst bei der Zusammenarbeit mit Systemen der näheren Umwelt wie Kunden, Lieferanten und auch Konkurrenten. Auch die Bereitschaft der Mitarbeiter, ihr Wissen dem Unternehmen zur Verfügung zu stellen, ist eher mäßig ausgeprägt.

Gegenüber den ersten beiden Clustern weist das **Cluster 3** z. T. sehr deutliche Unterschiede auf:
Alle Indikatoren zur **Lernfähigkeit** bewegen sich auf sehr schwachem Niveau. Die Einschätzungen zu den Möglichkeiten der selbstverantwortlichen Weiterentwicklung sind die schlechtesten der gesamten Befragung. Auch beim orga-

Kapitel 5: Ergebnisdarstellung und Bewertung

nisationalen Kontext werden die Unterschiede schnell deutlich. Die Unternehmensstrategie sieht keine Experimente oder eine Beteiligung der Mitarbeiter an der Unternehmenspolitik vor. In diesem Cluster ist der höchste Anteil funktionaler Organisationsformen zu finden, deren Aufbau bei 40% der im Cluster enthaltenen mehr als 4 Hierarchieebenen vorsieht. Einen Pluspunkt gegenüber dem zweiten Cluster kann bei der Informationskultur verbucht werden. Die weiteren Eckpunkte der Unternehmenskultur fallen eher negativ auf: interne Kundenorientierung und eine Konfliktkultur fehlen, die interne Kooperation kann als eher mäßig bezeichnet werden.

Die **Lernprozesse** zeigen z. T. ein ähnliches Bild wie Cluster 2, Zum Teil ergeben sich aber auch Abweichungen. Eine systematische Umweltbetrachtung fehlt hier fast völlig und die technische Gestaltung der Voraussetzungen durch EDV-Systeme ist ebenfalls schwach ausgeprägt.

Der Vergleich der Clusterbeschreibungen macht deutlich, daß die Unternehmen des Clusters 1 die Bedingungen für ein Lernenden Unternehmen, wie es im Verlaufe dieser Arbeit bisher skizziert wurde, am ehesten erfüllen können. Ebenso deutlich wird, daß die in Cluster 3 enthaltenen Unternehmen von diesem Ziel noch am weitesten entfernt sind. Nicht einfach ist die Einschätzung des Clusters 2, wobei auch hier erkennbar wird, daß seine Position näher an der des ersten Clusters liegt.

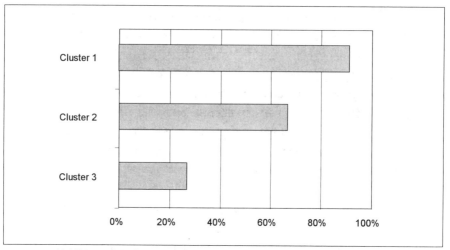

Abbildung 39: Selbsteinschätzung der befragten Unternehmen
Quelle: Befragung zur Mitarbeiterführung in Lernenden Unternehmen (N=73)

Diese Einschätzung wird durch das Selbstbild der befragten Unternehmen bestätigt: über 90% der Befragten aus Cluster 1 halten ihr Unternehmen für ein Lernendes Unternehmen, genauso denken etwa zwei Drittel der Befragten des zweiten Clusters - dagegen bezeichnen nur 26% der Befragten im Cluster 3 ihr Unternehmen als ein Lernendes Unternehmen.

5.4.2 Mitarbeiterführungssysteme in Lernenden Unternehmen

Für die weitere Vorgehensweise stand nun die Frage im Vordergrund: welche Führungssysteme kommen nun in den verschiedenen Typen von Lernenden Unternehmen zum Einsatz? Um diese Frage zu beantworten, wurden die Führungsprofile der drei Cluster ebenfalls getrennt.

Kapitel 5: Ergebnisdarstellung und Bewertung

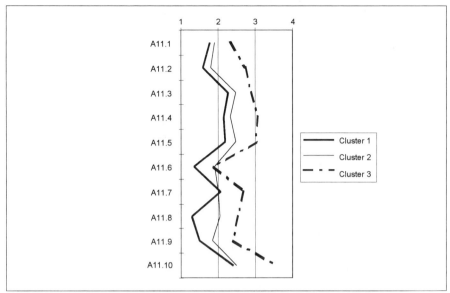

Abbildung 40: Führungsprofile der Cluster
Quelle: Befragung zur Mitarbeiterführung in Lernenden Unternehmen (N=73);
(Skala: 1=trifft zu, 4=trifft nicht zu)

Auch hier zeigen sich deutliche Unterschiede sowohl in Niveau und Verlauf der drei Profilkurven. Um zu gesicherten Aussagen bezüglich der Unterschiede der Gestaltung von Mitarbeiterführungssystemen der Lernenden Unternehmen zu gelangen, wurden anschließend auch hier die Profilkurven auf ihre Signifikanz überprüft.[16] Die Tabelle 22 zeigt die Ergebnisse der Signifikanztests.

Die Führungsprofile der Cluster 1 und 3 grenzen sich, wie die Lernprofile, ebenfalls deutlich voneinander ab. Hier kann davon ausgegangen werden, daß sich die Führungssysteme in allen abgefragten Merkmalen signifikant unterscheiden. Bei den meisten Merkmalsausprägungen konnte sogar ein hoch signifikanter Zusammenhang festgestellt werden. Es kann also davon ausgegangen werden, daß in den Unternehmen des Clusters 1 die Mitarbeiterführungssysteme deutlich anders ausgestaltet sind, als diejenigen der in Cluster 3 enthaltenen Unternehmen.

Frage/Cluster	1 gegen 2	1 gegen 3	2 gegen 3
11.1	-	0,035	-
11.2	-	0,000	0,001
11.3	-	0,044	-
11.4	-	0,000	0,012
11.5	-	0,004	-
11.6	0,050	0,078	-
11.7	-	0,005	0,024
11.8	0,000	0,000	-
11.9	-	0,000	0,040
11.10	-	0,000	0,004

Tabelle 22: Signifikanztest der Führungsprofile

Dagegen gelingt der eindeutige Nachweis der Abgrenzung der Führungsprofile von den Unternehmen des Clusters 1 gegenüber denjenigen des Clusters 2 nur bei zwei Items. Es kann hier also nicht mit letztendlicher Sicherheit davon ausgegangen werden, daß die unterschiedlichen Ausprägungen nicht zufällig zustande gekommen sind. Ein Blick auf den Verlauf der Profilkurven bestätigt dies, wobei die Linie des Clusters 2 durchweg auf etwas schwächerem Niveau, aber meist parallel zum Profil des ersten Clusters verläuft. Deutliche Unterschiede sind nur bei den Items 11.6 und 11.8 feststellbar, wie auch die graphische Darstellung eindeutig aufzeigt.

Die Abgrenzung der Profile der Cluster 2 und 3 fällt zwar deutlicher, aber ebenfalls nicht so eindeutig aus, wie es bei des Profilen der Cluster 1 und 3 der Fall ist. Immerhin bei der Hälfte der betrachteten Items konnte nachgewiesen werden, daß die unterschiedlichen Ausprägungen mit einer Wahrscheinlichkeit von mindestens 95% nicht auf Zufällen beruhen.

Das Mitarbeiterführungssystem der Unternehmen des **Clusters 1** basiert auf einem modernen **Menschenbild**, welches den Mitarbeiter als eigenverantwortliches Individuum und vollwertiges Mitglied der Organisation betrachtet. Die **interaktionellen Führungsprozesse** sind durch einen sehr hohen Anteil von gemeinsamen Entscheidungen gekennzeichnet, die auf einen vorherrschenden integrativen Führungsstil schließen lassen, der den Mitarbeiter große Verantwortungs- und Handlungsspielräume einräumt. Die **strukturelle Führung** ist durch einen verbreiteten Einsatz von management by exception und management by objectives sowie der Orientierung an Leitbildern gekennzeichnet. Darüber hinaus verwenden drei Viertel der Unternehmen Führungsgrundsätze, die zu 80% gemeinsam mit den Mitarbeiter entwickelt wurden. Die gute Informationsversorgung, das sehr gute Funktionieren der informellen Kommunikation sowie der eher mäßige Einsatz von Mitarbeiterbefragungen kennzeichnen die **kulturelle Führung**.

Wenn auch die Bewertungen der Führungssysteme des **Clusters 2** durchweg nicht ganz so positiv ausfallen, so weichen dennoch beide nicht allzu sehr voneinander ab - mit zwei Ausnahmen: die **interaktionelle Führung** räumt den Mitarbeiter in den Unternehmen des Clusters 2 weniger Spielraum ein. Es kann allerdings dennoch von einem kooperativen Führungsstil gesprochen werden. Die informellen Kommunikationskanäle sind hier weniger stark ausgeprägt.

Deutliche Unterschiede gegenüber den anderen beiden Clustern weist dagegen **Cluster 3** auf. Das zugrundeliegende **Menschenbild** geht eher von dem ausführenden Mitarbeiter ohne Eigenverantwortung aus. Die **strukturelle Führung** kommt weitgehend ohne Zielvereinbarungen aus, Delegation und Teamwork sind ebenfalls eher schwach ausgeprägt vorhanden. Von den 50% der Unternehmen des Clusters, die Führungsgrundsätze einsetzen, hat wiederum nur die Hälfte die Mitarbeiter bei der Entwicklung beteiligt. Die schwachen Bewertungen von Informationsversorgung und interner Kommunikation sowie der seltene Einsatz von Mitarbeiterbefragungen läßt auf eine eher passive Rolle der betrachteten Unternehmen bei **kulturellen Führungsprozessen** schließen.

Um ein möglichst vollständiges Bild der ermittelten Cluster zu erhalten, soll abschließend auch die Verteilung der betrachteten Unternehmen in den Clustern nach Branchenzugehörigkeit untersucht werden. Die folgende Tabelle zeigt die Verteilung im Überblick:

Kategorie	Cluster 1	Cluster 2	Cluster 3
Verarbeitendes Gewerbe	12	3	2
Kredite und Versicherungen	5	6	5
Dienstleistungen und Handel	1	5	3
Chemie/Pharma/Nahrungsmittel	6	2	1
Telekommunikation und Informationstechnologie	6	1	0
Energie und Verkehr	0	1	2
Sonstige	4	1	2
Summe	**34**	**19**	**15**

Tabelle 23: Verteilung auf die Cluster nach Branchen

Von den Unternehmen des verarbeitenden Gewerbes sind die meisten in Cluster 1 enthalten und stellen dort auch den größten Anteil. Ebenfalls überwiegend in das erste Cluster eingeordnet wurden auch die befragten Unternehmungen der Telekommunikations- und Informationstechnologie und diejenigen der chemischen Industrie. Banken und Versicherungen sind gleichmäßig über alle drei Cluster verteilt, und stellen in Cluster 2 und 3 jeweils die größte Gruppe. Dagegen befinden sich die sonstigen Dienstleistungs- und Handelsunternehmen überwiegend im Cluster 2. Die relativ gleichmäßige Verteilung der Unternehmen der verschiedenen Branchen auf die drei Cluster läßt keine eindeutige Aussage bezüglich des organisationalen Lernens in einzelnen Branchen zu - mit Ausnahme der Telekommunikations- und Informationstechnologie: hier finden sich bis auf eines alle befragten Unternehmen im ersten Cluster wieder. Dies läßt darauf schließen, daß die hohen Innovationsraten in diesem Sektor auch einen starken Einfluß auf das organisationale Lernen haben.

Kapitel 5: Ergebnisdarstellung und Bewertung 187

5.5 Zwischenergebnis

Die Auswertungsstichprobe der Befragung betrug N=73, was einer Rücklaufquote von 29,2% entspricht und als sehr zufriedenstellend angesehen werden kann. Es nahmen überwiegend große Unternehmen mit mehr als 500 Mitarbeitern teil.

Die Grundauswertung wurde in zwei Blöcken dargestellt: Lernen im Unternehmen und Mitarbeiterführung.

Bei der Zusammenfassung der *Ergebnisse zum organisationalen Lernen* können folgende Punkte hervorgehoben werden: die kollektive Lernfähigkeit ist meist relativ stark ausgeprägt, das Lernen bereits häufig in der Unternehmensstrategie verankert und die Organisationsstrukturen werden als relativ flexibel eingestuft. Dagegen bestehen noch viele Defizite beim individuellen Lernen und die Möglichkeiten der Mitwirkung an der Unternehmenspolitik sind für die meisten Mitarbeiter stark eingeschränkt. Bei den Lernprozessen ergibt sich kein einheitliches Bild: die Merkmale der drei Lernprozesse sind sehr unterschiedlich ausgeprägt.

Die *Bewertung der Mitarbeiterführungssysteme* zeigt, daß in der Mehrzahl der Unternehmen inzwischen ein modernes Menschenbild vorherrscht und ein kooperativer Führungsstil praktiziert wird. Etwa die Hälfte der Unternehmen hat seine Führungsgrundsätze gemeinsam mit den Mitarbeitern entwickelt. Allerdings setzen nur 52% Leitbilder bei der Führung von Mitarbeitern ein und der Anteil innovativer Organisationsformen wie Projekt- oder Center-Organisationen ist noch sehr gering.

Die Durchführung der Clusteranalyse identifizierte drei Gruppen von Unternehmen, die hinsichtlich des organisationalen Lernens in sich relativ homogen und gegeneinander relativ heterogen in ihren Merkmalsausprägungen sind. Der Signifikanztest bestätigte weitgehend, daß sich die Unterschiede aus den bewerteten Merkmalen nicht zufällig ergeben haben. Besonders die Unterschiede der Cluster 1 und 3 sind überwiegend hochsignifikant. Die Zuordnung der Mitarbeiterführungssysteme ergab ebenfalls sehr ausgeprägte Unterschiede zwischen den Clustern 1 und 3. Dagegen setzen die Unternehmen der Cluster 1 und 2 Mitarbeiterführungssysteme ein, die sich in ihrer grundsätzlichen Charakteristik ähnlich sind. Allerdings verläuft die Bewertung bei Cluster 1 durchweg auf etwas höherem Niveau.

Insgesamt betrachtet kann die empirische Untersuchung hinsichtlich des Forschungszieles als sehr hilfreich eingestuft werden: es konnte bestätigt werden, daß es Unternehmen mit sehr unterschiedlichem Lernverhalten gibt und daß diese sehr unterschiedliche Führungssysteme einsetzen. Damit können die in Kapitel 4.2.1 formulierten forschungsleitenden Thesen eindeutig bestätigt werden. Auch das Ziel der eindeutigen Zuordnung der befragten Unternehmen zu Gruppen wurde erreicht.

Kapitel 6: Typengenerierung und Gestaltungsempfehlungen

1 Einführung in die Thematik
2 Stand der Forschung
3 Modellbildung und Entwicklung des Analyseinstrumentariums
4 Forschungsdesign der empischen Untersuchung
5 Ergebnisdarstellung und Bewertung

6 Typengenerierung und Gestaltungsempfehlungen
   6.1 Typen von Lernenden Unternehmen
      6.1.1 Typ A: der Innovator
      6.1.2 Typ B: der Kooperator
      6.1.3 Typ C: der Traditionalist
   6.2 Gestaltungsempfehlungen für ein integriertes Mitarbeiterführungssystem im Lernenden Unternehmen
      6.2.1 Handlungsempfehlungen für Typ C: die Basisstrategie
      6.2.2 Handlungsempfehlungen für Typ B: die Optimierungsstrategie
      6.2.3 Handlungsempfehlungen für Typ A: die Experimentalstrategie
   6.3 Ergänzende Gestaltungsempfehlungen zur Umsetzung
      6.3.1 Implementierung
      6.3.2 Erfolgsmessung
      6.3.3 Rolle der Personalabteilung
   6.4 Zwischenergebnis

7 Schlußbetrachtung

6 Typengenerierung und Gestaltungsempfehlungen

Die Aufgabe dieses Kapitels besteht in der Ableitung von Handlungsempfehlungen für die Unternehmenspraxis. Dabei steht die Ausrichtung der Mitarbeiterführungssysteme der identifizierten Typen von Lernenden Unternehmen auf die Förderung organisationalen Lernens im Mittelpunkt. Zunächst werden die drei Muster von Lernenden Unternehmen kurz abschließend charakterisiert, die sich aus der Clusterbildung des vorangegangenen Abschnitts ergeben haben.[1] Anschließend werden diese in das Reifegradportfolio eingeordnet.[2] Von dieser Positionierung ausgehend werden dann exemplarisch Handlungsempfehlungen für diese Typen vorgestellt, ergänzt um einige Ausführungen zu Implementierung und Erfolgsmessung. Abschließend wird zur Rolle der Personalabteilung in einem Lernenden Unternehmen Stellung genommen.

6.1 Typen von Lernenden Unternehmen

Der Reifegrad organisationalen Lernens und das vorhandene Mitarbeiterführungssystem stellen die typenbildenden Kriterien für die folgenden Ausführungen dar.

6.1.1 Typ A: der Innovator

Der **Typ A** eines Lernenden Unternehmens entspricht in seinen Merkmalen der in Cluster 1 zusammengefaßten Gruppe von Unternehmen. Das Lernprofil ist durch eine leicht überdurchschnittliche Lernfähigkeit, einen hohen Reifegrad der organisationalen Lernprozesse und den bereits im Sinne einer Lernenden Organisation entwickelten organisationalen Kontext gekennzeichnet.

---

[1] Vgl. Kap. 5.4
[2] Vgl. Kap. 3.5

Kapitel 6: Typengenerierung und Gestaltungsempfehlungen 191

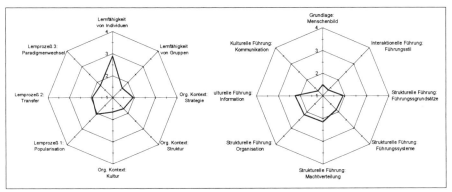

Abbildung 41: Lern- und Führungsprofil Typ A „Innovator"
(Skala: 1=trifft zu, 4=trifft nicht zu)

Die Abbildung zeigt die Profile, die sich aus den Ergebnissen der Befragung für das organisationale Lernen und die Mitarbeiterführung in den Unternehmen, die in Cluster 1 enthalten sind, ergeben haben.[3] Das moderne Führungssystem mit Handlungs- und Entscheidungsspielräumen, offener Kommunikationskultur und der Förderung eines ausgeprägten Teamgeistes, basiert auf einer hohen Achtung der Mitarbeiter. Es enthält bereits Elemente der Selbststeuerung und der Selbstorganisation. Dieser Typ A zeigt bereits viele Merkmale eines Lernenden Unternehmens und soll hier aufgrund seines modernen Führungssystems als „*Innovator*" bezeichnet werden.

6.1.2 Typ B: der Kooperator

Der **Typ B** verfügt über ein Lernpotential, das sich aufgrund der ebenfalls vorhandenen Lernfähigkeit auf fast gleichem Niveau befindet wie beim Typ A. Jedoch kann der Reifegrad des organisationalen Lernens aufgrund der vorhandenen Schwächen bisher erst als mittel eingestuft werden. Das Führungsprofil weist ein sehr kooperativ ausgelegtes Führungssystem mit leichten Schwächen im Bereich der Kommunikation auf. Zusammenfassend kann der Typ B als lernfähig und wegen der Strukturen seines Führungssystems mit der Bezeichnung des „*Kooperators*" charakterisiert werden.

---

[3] Zur Bestimmung der Mittelwerte für die einzelnen Kriterien vgl. Tabelle 17.

192 Kapitel 6: Typengenerierung und Gestaltungsempfehlungen

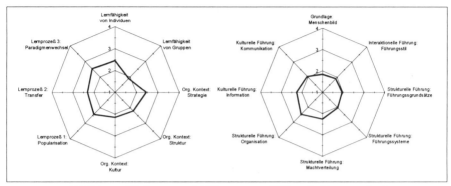

Abbildung 42: Lern- und Führungsprofil Typ B „Kooperator"
(Skala: 1=trifft zu, 4=trifft nicht zu)

6.1.3 Typ C: der Traditionalist

Der **Typ C** hebt sich durch seinen bisher erst sehr niedrigen Reifegrad organisationalen Lernens relativ stark von den anderen beiden Typen ab. Seine ebenfalls als gering einzustufende Lernfähigkeit limitiert das vorhandene Potential für ein Lernendes Unternehmen bislang auf ein relativ niedriges Niveau. Das eher konventionelle, autokratische Führungssystem mit wenig Handlungsspielräumen, mit starken Schwächen bei Information und Kommunikation und bei dem Einsatz von strukturellen Instrumenten legt ein Menschenbild des Mitarbeiters als Untergebener zugrunde. In diesem Vergleich fällt dem Typus C daher die Rolle des „*Traditionalisten*" zu.

Kapitel 6: Typengenerierung und Gestaltungsempfehlungen 193

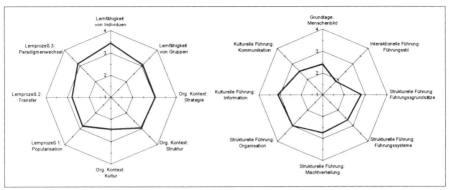

Abbildung 43: Lern- und Führungsprofil Typ C „Traditionalist"
(Skala: 1=trifft zu, 4=trifft nicht zu)

Die mit der Bildung der Typen einhergehende Charakterisierung trägt bewußt idealisierende Züge, um später eine differenzierte Betrachtung vornehmen zu können.[4]

Kriterium	Typ A „Innovator"	Typ B „Kooperator"	Typ C „Traditionalist"
Reifegrad des Lernens	hoch	mittel	sehr niedrig
Lernfähigkeit	mittel	mittel	niedrig
Führungssystem	weitgehend selbstgesteuert	kooperativ	autokratisch
Gesamtcharakteristik	lernend	lernfähig	erstarrt

Tabelle 24: Typen von Lernenden Unternehmen

Abbildung 44 und Abbildung 45 zeigen die Lern- und Führungsprofile der drei identifizierten Typen von (mehr oder weniger) Lernenden Unternehmen im Überblick:

---

[4] Vgl. hierzu z. B. Spannagl (1997), S. 282, der eine ähnliche Typologie vorstellt

194 Kapitel 6: Typengenerierung und Gestaltungsempfehlungen

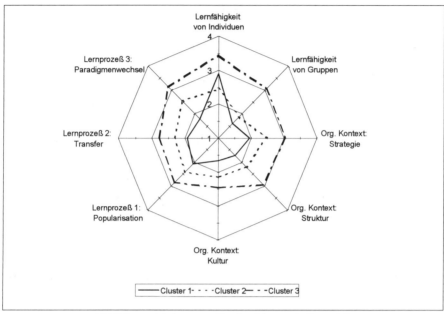

Abbildung 44: Lernprofile der Typen A, B und C
(Skala: 1=trifft zu, 4=trifft nicht zu)

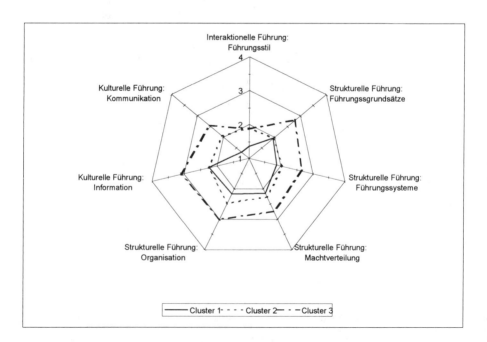

Kapitel 6: Typengenerierung und Gestaltungsempfehlungen

Die Einordnung in das Reifegradportfolio organisationalen Lernens zeigt noch einmal deutlich die bereits skizzierten Unterschiede der Typen A, B und C auf. Die Darstellung verdeutlicht, daß es nichtlernende Unternehmen in diesem Wortlaut nicht geben kann - es gibt allerdings Unternehmen, deren Lernpotential aufgrund der bisherigen Entwicklung höher einzustufen ist, und es gibt Unternehmen, die bereits einen guten Ausbaustand der organisationalen Lernprozesse erreicht haben und deren organisatorischer Kontext die passenden Rahmenbedingungen für organisationales Lernen bereitstellt.

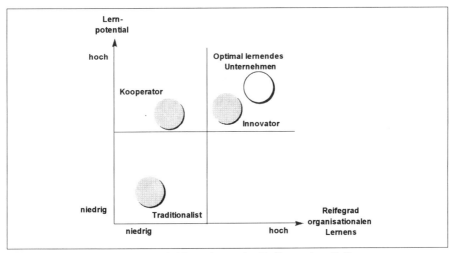

Abbildung 46: Einordnung im Reifegradportfolio

Die bisher erreichten Positionen zeigen deutlich, daß sich die Typen A und B in erster Linie durch ihren Reifegrad organisationalen Lernens unterscheiden, während der Typ C noch weit von einem Lernenden Unternehmen, wie es als Idealbild in dieser Arbeit umrissen wurde, entfernt ist. Ähnlich stellen sich die Unterschiede bei den verwendeten Führungssystemen dar: auch hier weisen die Systeme der Typen A und B die meisten Gemeinsamkeiten auf.[5]

---

[5] Vgl. Abbildung 45

6.2 Gestaltungsempfehlungen für ein integriertes Mitarbeiterführungssystem im Lernenden Unternehmen

Die Handlungsempfehlungen für die verschiedenen Typen von Lernenden Unternehmen müssen sich an den Entwicklungsstadien orientieren, in denen sich diese hinsichtlich des organisationalen Lernens gerade befinden. Hierzu wurde das Reifegradportfolio verwendet,[6] welches die Vielzahl möglicher Stadien aufzeigt. Die abgegebenen Empfehlungen orientieren sich an den bereits bekannten Zielsetzungen der Mitarbeiterführung im Lernenden Unternehmen: der Förderung der Lernfähigkeit, der Anpassung des organisatorischen Kontextes und der Unterstützung der organisationalen Lernprozesse.[7] Es sollen drei Stufen unterschieden werden:

- die *Aufbaustufe* orientiert sich an den Bedürfnissen von Unternehmen mit einem niedrigen Reifegrad organisationalen Lernens und einem eher autokratisch ausgelegten Führungssystem - dem Typ C;

- die *Adaptionsstufe* berücksichtigt den bereits fortgeschrittenen Ausbaustand eines lernfähigen Unternehmens, das insbesondere noch Defizite bei den organisationalen Lernprozessen, dem organisatorischen Kontext und den indirekten Führungsprozessen aufweist - vergleichbar mit Typ B;

- die *Evolutionsstufe* setzt voraus, daß bereits ein hohes Niveau beim organisatorisches Reifegrad erreicht ist und daß auch die Grundlagen für ein modernes Mitarbeiterführungssystem geschaffen wurden - wie dies beim Typ A der Fall ist.

Da die Umgestaltung zum Lernenden Unternehmen kein kurzfristig durchzuführendes Programm, sondern einen kontinuierlichen, längerfristig ausgerichteten Prozeß der Veränderung darstellt, der auch die Grundwerte des Unternehmens berührt, ist eine Berücksichtigung in den unternehmensstrategischen Zielsetzungen unumgänglich. Den eigentlichen Empfehlungen zum Maßnahmeneinsatz für das Mitarbeiterführungssystem gehen daher jeweils einige Überlegungen zur Konkretisierung der Zielsetzungen und der empfohlenen Strategie vor-

---

[6] Vgl. Kap. 6.1 und zur Entwicklung Kap. 3.5. Dort wurde auch ausführlich der Verzicht auf den Einsatz eines Unternehmensentwicklungsmodells begründet.
[7] Vgl. Kap. 3.3

aus, die sich an den strategischen Erfolgspotentialen,[8] also an den Stärken und Schwächen hinsichtlich des organisationalen Lernens, ausrichten.

6.2.1 Handlungsempfehlungen für Typ C: die Basisstrategie

Die Schwächen des „Traditionalisten" sind gleichmäßig über alle Teilbereiche des organisationalen Lernens verteilt und haben vorwiegend grundsätzlichen Charakter. Individuelle und kollektive Lernfähigkeit sind sehr beschränkt vorhanden, eine strategische Verankerung des organisationalen Lernens fehlt, eine Beteiligung der Mitarbeiter an der Unternehmenspolitik existiert nicht und auch die zentralistische Organisationsstruktur mit einer relativ steilen Machtverteilung sind auf dem Weg zu einem Lernenden Unternehmen eher hinderlich. Die technischen Voraussetzungen für eine moderne Medienstruktur fehlen häufig, daher verwundert es nicht, daß bei den Lernprozessen besonders der Transfer von Wissen aus der Umwelt ins Unternehmen nicht funktioniert. In diesem Zusammenhang Stärken zu identifizieren, fällt nicht leicht. Der Rückstand bei der Informationskultur ist allerdings nicht so hoch, wie erwartet.

Unter diesen Umständen müssen für ein Unternehmen vom Typ C die strategischen Zielsetzungen für ein Mitarbeiterführungssystem ganz auf die *Schaffung der Grundlagen für organisationales Lernen und die Einleitung eines Kulturwandels* ausgerichtet werden - man kann hier von einer Basisstrategie sprechen. Aufgrund ihres grundlegendes Charakters ist die Basisstrategie ganz auf eine möglichst große Breitenwirkung ausgelegt und berührt somit alle Teilbereiche der Mitarbeiterführung: die Grundlagen sowie die indirekten und direkten Führungsprozesse.

6.2.1.1 Verbreitung eines vertrauensbasierten Menschenbildes

Die nachhaltige Verankerung von organisationalen Lernen im Unternehmen kann man durchaus als einen paradigmatischen Wandel bezeichnen. Im Umgang mit Veränderungen dieser Art verhindern vorwiegend an Tayloristischen Prinzipien orientierte Menschenbilder die Entfaltung menschlichen Entdecker-

---

[8] Vgl. Kirsch/Knyphausen/Ringlstetter (1991), S. 7

strebens zur Entwicklung kreativer Lösungen.[9] Diese weit verbreiteten Ansichten über das Bild des Mitarbeiters basieren in erster Linie auf Mißtrauen.[10] Mitarbeiterführung in einem Lernenden Unternehmen beruht allerdings vor allem auf Werten, die Selbstorganisation und Selbststeuerung fordern, Handlungsspielräume einräumen und Verantwortung übertragen. Hierzu ist eine Verbreitung eines vertrauensbasierten Menschenbildes im Unternehmen notwendig, denn:

> „Ohne Vertrauen sind nur sehr einfache, auf der Stelle abzuwickelnde Formen menschlicher Kooperation möglich, und selbst individuelles Handeln ist viel zu störbar, als daß es ohne Vertrauen über den sicheren Augenblick hinaus geplant werden könnte. Vertrauen ist unentbehrlich, um Handlungspotential eines sozialen Systems über diese elementaren Formen hinaus zu steigern."[11]

Vertrauen läßt sich z. B. bestimmen über die Faktoren Ehrlichkeit, Offenheit, Toleranz, Humor, Partnerschaft, Würde und Sicherheit.[12]

Eine derartige Vertrauenshaltung des Managements kann nach KRYSTEK/ZUMBROCK allerdings sowohl funktionale als auch dysfunktionale Wirkungen auf die Bewältigung des Wandels haben: den positiven Wirkungen wie Komplexitätsreduktion, Gruppeneinfluß, Kooperationswirkungen, Problemlösungsfähigkeit im Team, Arbeitsmotivation, Leistungs- und Innovationssteigerung stehen auch negative Wirkungen wie das Risiko des Mißtrauens, die dezentrale Verfügbarkeit, Synergieverluste und zunehmende Zentrifugalkräfte oder die Gefahr der Mittelmäßigkeit bei falsch verstandenem Vertrauen gegenüber.[13]

---

[9] Vgl. Bleicher (1995), S. 212f.
[10] Vgl. Bierhoff (1995), Sp. 2148ff.
[11] Luhmann (1989), S. 23
[12] Vgl. Solaro (1989), zitiert nach Bleicher (1995), S. 213
[13] Vgl. Krystek/Zumbrock (1993), S. 13ff.

Kapitel 6: Typengenerierung und Gestaltungsempfehlungen

Ein Menschenbild, das Mitarbeiter bei der Entwicklung ihrer Fähigkeiten und Potentiale für das Unternehmen unterstützt, um nachhaltige Effekte für das Unternehmen zu erzielen, muß daher nicht nur nutzungs-, sondern auch förderungsorientiert sein.[14] In einem Lernenden Unternehmen sollte dieses Bild den Mitarbeiter als eigenverantwortlichen Partner für Dialog und Innovation darstellen, der in Lage ist, mit Kreativität und Improvisationstalent Lösungen für anforderungsgerechte Problemstellungen zu finden.

Die Entwicklung und Verbreitung eines Menschenbildes kann als komplexer Prozeß verstanden werde, der zahlreichen Wechselwirkungen mit den in der Organisation gelebten Werten, Normen und Traditionen und den bisherigen Führungspraktiken steht:

- Grundlage bildet die Verankerung des organisationalen Lernens in der Unternehmensstrategie. Die wichtigsten Fähigkeiten und Werte, die vom Unternehmen als relevant für die Zukunft angesehen werden, können benannt und in die strategische Ausrichtung des Unternehmens integriert werden. Damit soll eine eindeutige Fokussierung der Lernprozesse und Anstrengungen gelingen, die eine langfristig angelegte Stabilität inmitten der Veränderung herstellt.[15]

- Anschließend sollten Führungskräfte und Mitarbeiter gemeinsam Vorstellungen von einem „management by confidence" entwickeln.[16] Als Ergebnis können formulierte Führungsgrundsätze oder -leitlinien oder aber auch lose Vereinbarungen erarbeitet werden.

- Die Führungskräfte dienen als Multiplikatoren, indem sie eine Vorbildfunktion gegenüber anderen Führungskräften und den Mitarbeitern erfüllen.[17] Eine strategieumsetzende Führungskräfteentwicklung sollte diesen Prozeß begleiten.[18]

---

[14] Vgl. Braun (1996), S. 143
[15] Vgl. Bertels (1997), S. 216 und Scholz (1997), S. 200ff.
[16] Vgl. Schneider (1992), S. 40ff.
[17] Vgl. Braun (1996), S. 142 und Zeiss (1997), S. 226f.
[18] Vgl. Stiefel (1997), S. 260ff.

Eine Generalisierung auf allen Ebenen der Mitarbeiterführung ist sicherlich nicht möglich und auch nicht erwünscht, die Vielfalt der unterschiedlichen Muster von Meinungen, Einstellungen und Führungsstilen sollen erhalten bleiben. Jedoch bildet ein vorherrschendes Menschenbild die wichtige Grundlage für alle weiteren einzusetzenden Instrumente der Mitarbeiterführung und die Ausrichtung der unterstützenden Personalmaßnahmen wie Personal- und Organisationsentwicklung, Führungskräftetraining und die Implantierung einer lernorientierten Unternehmenskultur.[19]

6.2.1.2 Neugestaltung der Führungsstrukturen

Wie gezeigt, erhöht die Ausrichtung eines Lernenden Unternehmens die Anforderungen an die Führungskräfte. Komplexität und Vielgestaltigkeit der Führungsaufgaben machen daher eine breitere Verteilung der Entscheidungskompetenzen und die Erweiterung der Mitwirkungsmöglichkeiten der Mitarbeiter notwendig.[20] Dies läßt sich durch folgende Schritte einleiten:

- Hierarchieabbau: durch eine Reduzierung der im Unternehmen vorhandenen Hierarchieebenen werden die Entscheidungswege kürzer.[21] Mit der Abschaffung starrer, unflexibler Hierarchien wird eines der größten Hindernisse für Lernende Unternehmen beseitigt.[22]

- Hierarchieumbau: die Erweiterung der einspurigen Führungslaufbahn um weitere Fach- und Projektlaufbahnen fördert den Umbau von der funktions- zur kompetenzdominierten Hierarchie.[23]

- Organisationsrestrukturierung: mit den ersten beiden Schritten einhergehend muß eine Neuordnung der Aufbaustrukturen eingeleitet werden, die nach „Zelten" statt „Palästen", also so dezentral wie möglich, aufbaut ist. Die zunehmende Internationalisierung erfordert Kompetenzen in flexiblen, dezentralen Einheiten.[24]

---

[19] Vgl. Weinert/Langer (1995), S. 89
[20] Vgl. Dubs (1994), S. 98f.
[21] Vgl. hierzu z. B. Dähne (1994), S. 74 oder Braun (1996), S. 133ff.
[22] Vgl. Littig (1997), S. 102
[23] Vgl. dazu ausführlich Lehnert (1996)
[24] Vgl. Henn (1996), S. 304

Kapitel 6: Typengenerierung und Gestaltungsempfehlungen 201

Da der Spielraum für die Hierarchieverflachung in vielen Unternehmen durch die Verschlankungsprozesse der letzten Jahre bereits stark eingeschränkt ist, erscheint vor allem der zweite der genannten Punkte, der Hierarchieumbau, interessant. Die Erfolgsfaktoren für die erfolgreiche Umsetzung lassen sich wie folgt benennen:[25]

- Etablieren eines transparenten internen Stellenmarktes;
- Vermeidung von Dauerbesetzungen durch Begrenzung der maximalen Einsatzdauer;
- Sicherstellung einer gleichwertigen Dotierung durch konsistente Anreizsysteme für alle drei Laufbahntypen;
- Förderung der interdisziplinären Kooperation und Überwindung von Bereichsegoismen.

Der skizzierte Umbau der Führungsstrukturen stellt einen wichtigen Meilenstein auf dem Weg zum Lernenden Unternehmen dar, da durch die breite Streuung von Kompetenz und die Übernahme unternehmerischer Verantwortung auf allen Ebenen Spielräume für organisationale Lernprozesse geschaffen werden, die eine schnelle und flexible Reaktion auf den rasanten Wandel der Umwelt ermöglichen. Die Schaffung alternativer Aufstiegsmöglichkeiten bietet einen weiteren Lernanreiz für motivierte Nachwuchskräfte und trägt damit nachhaltig zur Verbesserung der Lernfähigkeit des gesamten Unternehmens bei.

6.2.1.3 Lern- und Projektgruppen

Gruppenorientierte Arbeitsformen wie die Arbeit in Projektgruppen[26] spielen für die kollektive Lernförderung eine entscheidende Rolle und können im Erfolgsfall den Kristallisationspunkt für ein Lernendes Unternehmen bilden.[27] Projektgruppen als Informations- und Entscheidungsinstanzen bieten sich dann als Alternative in streng hierarchisch aufgebauten Organisationen an, wenn indivi-

---

[25] Vgl. zum folgenden Henn (1996), S. 307f.
[26] Auf eine genauere Unterscheidung zwischen Gruppen, Teams und Task Forces soll an dieser Stelle verzichtet werden. Vgl. hierzu z. B. Knebel (1995), S. 594ff.; ein Literaturüberblick findet sich bei Klötzl (1994), S. 268
[27] Vgl. Krüger (1995), Sp. 1780ff.

duelle Initiative, Flexibilität und Anpassungsfähigkeit gefragt sind. In der stabilen Ordnung eines Unternehmens wird mit Projektgruppen ein spezifischer und temporärer Handlungsrahmen geschaffen, der der permanenten Struktur überlagert ist:[28]

- Das Projektteam besteht in der Regel aus Individualisten aus verschiedenen Fachbereichen und Hierarchiestufen. Damit wird den Projektgruppenmitgliedern das gegenseitige Lernen von den Stärken der anderen und die Erweiterung des eigenen Blickwinkels ermöglicht.

- Die Weiterentwicklung spontaner Ideen in der Gruppe ermöglicht ein Überschreiten des aktuellen Standards und damit eine Erweiterung der organisatorischen Wissensbasis. Aktions- und Projektteams bilden das Rückgrat der Veränderung: sie entwickeln Ideen und Vorschläge, bereiten die Umsetzung vor und stoßen diese mit geeigneten Pilotprojekten an.[29]

- Die Projektorganisation dient als Gegenorganisation, die die Organisationsentwicklung in bewußtem Widerspruch anregt, beschleunigt und ihr neue Impulse bei der Entwicklung von lernfreundlichen Strukturen verleiht.[30]

- Kommen Gruppen ausschließlich zum Zwecke des Lernens oder der kritischen Überprüfung ihrer eigenen Tätigkeit zusammen, so spricht man von Lern- oder auch Supervisionsgruppen.[31] Ziel ist hier neben der systematischen Analyse der eigenen Tätigkeiten auch das Lernen von Beratung anderer. Die wechselseitige Beratung zwei oder mehrerer Kollegen bezeichnet man als Intervision.[32]

Da der Transfer von Wissen bei den traditionellen Formen der Weiterbildung nach wie vor ein großes Problem darstellt, bietet sich durch Projektarbeit eine gute Chance, kollektive Lernfähigkeit und organisationale Lernprozesse zu fördern.[33] Gruppenarbeit hat in den produzierenden Unternehmenseinheiten be-

---

[28] Vgl. Kaiser (1996), S. 46
[29] Vgl. Zeiss (1997), S. 229
[30] Vgl. Vetter/Wiesenbauer (1996), S. 51ff.
[31] Vgl. Dorau (1996), S. 368ff. und Hauser/Hempfer (1995), S. 600
[32] Vgl. Kern (1994), S. 632
[33] Vgl. zum folgenden Kaiser (1996), S. 45f.

Kapitel 6: Typengenerierung und Gestaltungsempfehlungen 203

reits eine angemessene Verbreitung gefunden, mit der Einführung von Projektarbeit wird dieser Ansatz auch auf den Angestelltenbereich übertragen.[34]

6.2.1.4 Aufbau einer modernen Medienstruktur

Die Mitarbeiterkommunikation im Unternehmen stellt einen existentiellen Prozeß des Mitarbeiterführungssystems dar.[35] Der Ausschöpfung des Potentials elektronischer Medien kommt eine entscheidende Bedeutung beim Aufbau einer reichhaltigen organisatorischen Wissensbasis zu, da die Nutzung von Wissensbeständen vor allem von der Leichtigkeit des Zugangs und Zugriffs auf die vorhandenen Informationen und der Leichtigkeit der Weiterverwendung abhängt.[36] Eine der wichtigsten Voraussetzungen für Erweiterung des Informations- und Kommunikationsflusses im Unternehmen ist daher der Aufbau einer zeitgerechten Medieninfrastruktur als Ergänzung für die informelle Kommunikation durch persönliche Gespräche.[37] Ziel ist die Anpassung der Informationsflüsse an die beschriebene Restrukturierung der Führungsstrukturen: wenn diese enthierarchisiert werden, müssen auch die Kanäle der Information neu gestaltet werden.[38]

---

[34] Vgl. Flarup/Nowak/Stein (1997), S. 1070ff.
[35] Vgl. Klöfer (1996), S. 1054ff.
[36] Vgl. Schröder (1995), S. 64
[37] Vgl. Prange/Probst/Rüling (1996), S. 14
[38] Vgl. Pfister (1997), S. 746f.

Kapitel 6: Typengenerierung und Gestaltungsempfehlungen

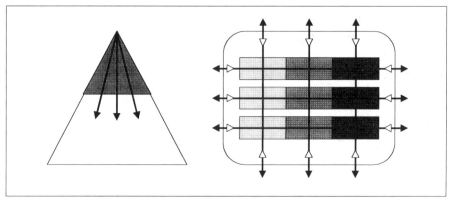

Abbildung 47: Informationsfluß im Unternehmen
Quelle: Pulic (1996), S. 154

Bisherige Informationssysteme sind meist aus dem Bedarf an Kontrolle einer hierarchischen Organisation entstanden.[39] Daraus ergeben sich Informationsströme, die entsprechend den hierarchischen Positionen meist überwiegend top-down laufen und keinerlei Spielraum für eine direkte, schnelle Kommunikation lassen.[40] Alle Entscheidungen werden erst nach einem umständlichen Informations- und Abstimmungsprozeß getroffen. Zukünftige Informationsströme werden dagegen komplex und intensiv mit dem Unternehmen verbunden sein und eher nach den Regeln eines Netzwerkes ablaufen. Die Vernetzung der einzelnen Unternehmenseinheiten läßt schnelle und direkte Informations-, Kommunikations- und Entscheidungswege zu.[41]

Elektronische Kommunikations- und Informationssysteme bilden die Grundlage für eine systematische Verarbeitung von Informationen aus der Umwelt (Lernprozeß 2) und tragen dem Bedarf an weltweiter Kommunikation und flexiblem und unmittelbarem Zugang zu Informations- und Unternehmensressourcen Rechnung.[42] Die umfassende Verbreitung von Wissen und Informationen über das Unternehmen (Lernprozeß 1) vereinfacht und beschleunigt Geschäftspro-

---

[39] Vgl. Pulic (1996), S. 155
[40] Vgl. linke Seite von Abbildung 47
[41] Vgl. rechte Seite von Abbildung 47
[42] Vgl. Altmann (1997), S. 496

zesse. Moderne Kommunikations- und Informationssysteme befreien von administrativen Routinen und interaktiv gestaltet bewähren sie sich im Training der Mitarbeiter.[43] Damit unterstützen sie nicht nur die organisationalen Lernprozesse im Unternehmen, sondern bilden mit ihrer Dokumentationsfunktion auch einen wichtigen Baustein der organisationalen Wissensbasis.[44]

Aufgrund der rasanten Entwicklung sollen an dieser Stelle nur die wichtigsten Trends kurz aufgeführt werden:

- Der Aufbau eines firmeninternen, aber problemlos weltweit erweiterbaren EDV-Netzwerkes bildet den Kern einer einheitlichen Kommunikations- und Verfahrenslandschaft.[45] Die Vorteile dieses sogenannten **Intranets** liegen in der Einheitlichkeit der Informationsaufbereitung, der Redundanzfreiheit, der Plattformunabhängigkeit und der Unterstützung flexibler Arbeitsformen, wie z. B. Telearbeit oder die Arbeit beim Kunden.[46]

- Die Nutzung von internen **Electronic Mail**-Systemen vereinfacht Kommunikation erheblich und hilft, diese direkter zu gestalten.[47] Routineaufgaben wie die Versendung von Berichten, Einladungen oder anderen Informationen an definierte Empfängergruppen werden automatisiert, Wissen wird schnell und unbürokratisch über das Teil- oder Gesamtsystem Unternehmen verbreitet.

- Die globale Erweiterung der Informations- und Kommunikationsbeziehungen außerhalb des Unternehmens erfordert die Anbindung an das **Internet**, das größte weltweit zusammenhängende Netzwerk von Computern. Auch für weniger versierte Anwender sind Informationen aller Art somit frei zugänglich geworden. Das Hauptproblem stellt hier das Filtern der relevanten Informationen dar.

- **Audio- und Videokonferenzsysteme** machen gemeinsame Sitzungen inner-, außer- oder zwischenbetrieblich ortsunabhängig.

---

[43] Vgl. Hartge (1996), S. 4ff.
[44] Vgl. Schröder (1995), S. 62
[45] Vgl. Wiemann (1998), S. 24f. und Servatius (1998), S. 100
[46] Vgl. Altmann (1997), S. 494 und S. 496
[47] Vgl. Braun (1996), S. 131

- **Computergestützte Weiterbildungssysteme** schaffen die Grundlage für die Medienintegration in die berufliche Weiterbildung (z. B. Computer Based Training), bringen Kostenvorteile, überwinden Umsetzungshindernisse und ermöglichen neue didaktische Konzepte kollektiven Lernens.[48] Sie gestatten eine neue Form der Lernorganisation, indem sie mit ihrem hohem Standardisierungsgrad einer hohen Zahl von Teilnehmern unabhängig vom Standort die individuelle Anpassung von Lerninhalten und Lerngeschwindigkeit ermöglicht und trotzdem eine gleichbleibende Qualität der Lernprozesse sicherstellt.[49]

Mit dem Ausbau der technischen Basis wird auch dem Anspruch der eigenverantwortlichen Arbeit und des geforderten unternehmerischen Handelns der Mitarbeiter Rechnung getragen. Die Anforderungen an Flexibilität, Schnelligkeit und Reichhaltigkeit von Informationsübermittlung, die durch teamorientierte Aufgabenstellungen und abgeflachte Hierarchien entstanden sind, können so erfüllt werden.[50] Allerdings entsteht hier auch die Verantwortung für den Mitarbeiter, gewissenhaft mit vertraulichen Informationen umzugehen und Informationen zielgerichtet abzuholen. Dadurch wird eine bedarfsgerechte Versorgung möglich und die bisher vorherrschende Überflutung der organisatorischen Einheiten mit Informationen vermieden.[51]

Mit den Kommunikations- und Informationsmedien wird eine Infrastruktur geschaffen, die zwar als notwendige, aber nicht als hinreichende Voraussetzung für ein **Lernendes Unternehmen** bezeichnet werden kann: entscheidend ist die Schaffung einer Unternehmenskultur, die auf offener Kommunikation und Information und damit auf Vertrauen basiert.[52]

---

[48] Vgl. Laib (1994), S. 595ff.
[49] Vgl. Schwuchow (1997), S. 552ff.
[50] Vgl. Brink/Pfau (1996), S. 7
[51] Vgl. Braun (1996), S. 130
[52] Vgl. Schwuchow (1997), S. 553

Kapitel 6: Typengenerierung und Gestaltungsempfehlungen 207

Die bisher vorgestellten Maßnahmen stellen die zentralen Bausteine für einen Wandel der Unternehmenskultur zu einer vertrauensbasierten Lernkultur dar. Erst mit der Anpassung der vorherrschenden Handlungsmaxime, Normen und Werte erfolgt die bewußte Initiierung eines Lernenden Unternehmens.[53] Die Frage, ob eine Unternehmenskultur überhaupt gesteuert werden kann, scheint inzwischen geklärt:[54] Entwicklung und Pflege kann als zentrale Aufgabe der Führung gemanagt und als kontinuierlicher Prozeß zwischen Unternehmensleitung und Belegschaft ausgebaut werden.[55]

Technologische Kompetenz, innovative Fertigungsverfahren, markt- und kundenorientierte Organisationen bilden aufgrund ihres geringen Imitationsschutzes keine dauerhaften Wettbewerbsvorteile gegenüber Konkurrenten mehr.[56] Dies hat die Entwicklung der fernöstlichen Automobilindustrie in den vergangenen zwei Jahrzehnten eindrucksvoll aufgezeigt. Dagegen ist das Wertesystem als Grundlage für die vorherrschende Unternehmenskultur aufgrund seiner langjährigen und mit der Entwicklung des Unternehmens verbundenen Entstehung nicht ohne weiteres auf die Wettbewerber übertragbar, auch wenn es Anstrengungen von Konkurrenten gibt, einzelne Elemente einer Unternehmenskultur zu übernehmen. Dabei hat das Wertesystem für die Unternehmung eine überlebenskritische Bedeutung: Stakeholder wie Kunden, Kapitalgeber und Mitarbeiter werden ihr Interesse an dem Unternehmen weitgehend davon abhängig machen, was dieses über Ihr Verhältnis zu diesen Gruppen als Absicht zum Ausdruck bringt. Diese Wertvorstellung bilden Grundlage und Ausgangspunkt aller übrigen Entscheidungen und bestimmen dann auch faktisch die Leistungsfähigkeit des Unternehmens bei der Harmonisierung mit den Stakeholdergruppen und den Systemen der Umwelt. Das Wertesystem übernimmt damit auch eine Kopplungsfunktion zwischen Unternehmung und den Umsystemen.

---

[53] Vgl. Sonntag (1997), S. 45ff.
[54] Laut einer empirischen Erhebung erklärten 73% bzw. 59% der Befragten aus Unternehmen in Deutschland bzw. USA, daß sie die Unternehmenskultur bewußt geschaffen haben. Vgl. Birckenbach/Soltwedel (1995), S. 44
[55] Vgl. Birckenbach/Soltwedel (1995), S. 47
[56] Vgl. Abbildung 48

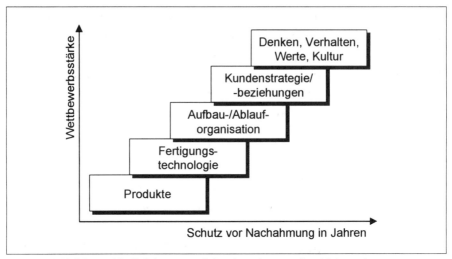

Abbildung 48: Erfolgspotentiale eines Lernenden Unternehmens
Quelle: Bertels (1997), S. 214

Lernende Unternehmen zeichnen sich durch eine Unternehmenskultur aus, die Lernen aktiv fördert und unterstützt, die zu Kreativität, Eigeninitiative und Leistung anspornt, weil sie Sinn und auch Spaß an der Arbeit vermittelt, und die von Mitarbeitern und Führungskräfte gemeinsam gestaltet und getragen wird. Damit verleiht sie diesen Unternehmen die Fähigkeit, sich immer wieder flexibel und produktiv auf neue Marktsituationen einzustellen. Da die Entwicklung dieser Kultur einen längeren Zeitraum erfordert, lassen sich diese Merkmale eines Lernenden Unternehmens nur sehr schwer imitieren.[57] Andererseits sind es häufig gerade Probleme im mental-kulturellen Bereich wie Prägungen, Denkmuster, Glaubenssätze, Grundüberzeugungen und individuelle Wertvorstellungen, die Veränderungsprozesse zum Scheitern bringen.[58]

---

[57] Vgl. Hohmann/Bittmann (1994), S. 627
[58] Vgl. IIOL (1997), S. 20

Kapitel 6: Typengenerierung und Gestaltungsempfehlungen

Defizite organisationalen Lernens		Maßnahmen der Mitarbeiterführung		
		interaktionelle Führung	strukturelle Führung	kulturelle Führung
Lernfähigkeit	Individuelle und kollektive Lernfähigkeit schwach		Lern- und Projektgruppen	
organisatorischer Kontext	Keine Mitarbeiterbeteiligung, keine strategische Verankerung des organisationalen Lernens			Verbreitung eines vertrauensbasierten Menschenbildes
	Zentralistische Organisation mit steiler Machtverteilung		Neugestaltung der Führungsstrukturen	
Lernprozesse	Technische Voraussetzungen fehlen		Aufbau einer modernen Medienstruktur	

Tabelle 25: Übersicht Maßnahmen Basisstrategie

Ein Blick auf die vorgestellten Maßnahmen als Elemente der Basisstrategie zeigt die Verteilung über das gesamte Spektrum direkter und indirekter Führungsprozesse.

6.2.2 Handlungsempfehlungen für Typ B: die Optimierungsstrategie

Die Grundlagen für ein Lernendes Unternehmen sind beim „Kooperator" in Ansätzen bereits erkennbar, daher bauen die im nachfolgend vorgeschlagenen Gestaltungsempfehlungen weitgehend auf den in Kap. 6.2.1 dargestellten Schritten auf. Da die Lernfähigkeit sich bereits auf einem hohen Niveau befindet, zielen die Maßnahmen zur Entwicklung des Führungssystems in erster Linie auf die Optimierung des organisatorischen Kontextes und die Förderung der Lernprozesse. Hier sind noch Schwächen im Bereich der organisatorischen Flexibilität, des internen Kundenverständnisses, der strategischen Ausrichtung und der Lernprozesse 1 (Verbreitung von Wissen) und 2 (Transfer von Wissen aus der Umwelt) feststellbar.

Die empfohlenen Maßnahmen konzentrieren sich demnach auf die auf die *Optimierung der Strukturen und Prozesse* und sollen im Rahmen einer Optimierungsstrategie eingesetzt werden.

6.2.2.1 Coaching und Mentoring als Aufgabe von Führungskräften

Ein Ansatz zur Erhöhung der individuellen Lernfähigkeit stellt das interne Coaching und Mentoring dar.[59] Grundsätzlich kann man Coaching als eine qualifizierte, personenbezogene Beratung bezeichnen, die in verschiedenen Formen in unterschiedlichen Situationen zum Einsatz kommt.[60] In diesem Zusammenhang soll hier unter Coaching eine Lernbeziehung zwischen Vorgesetztem und Mitarbeiter im Sinne entwicklungsorientierter Führung verstanden werden.[61] Dabei liegt der Schwerpunkt des Vorgesetzteninteresses auf dem Prozeß: Führungskräfte sollen das Potential der Mitarbeiter erkennen und sie dazu ermutigen, ihre Talente einzusetzen und mit Selbstvertrauen neue Dinge anzugehen. Von Mentoring wird gesprochen, wenn eine erfahrene Führungskraft eine Nachwuchskraft fördert und berät.[62] Der Mentor zeigt dabei ein allgemein unterstützendes Verhalten, das sich nicht unbedingt direkt auf die Arbeitsergebnisse beziehen muß.[63]

Der Coach oder Mentor vermittelt seine Erfahrung und sein Wissen in speziellen Lernsituationen, z. B. bei der Besprechung von neuen Ansätzen zur Bewältigung von Aufgabenstellungen weitergibt. Im Gegensatz zu dem verbreiteten Ansatz vom Coaching von Führungskräften durch einen externen Berater[64] muß das Coaching aller Mitarbeiter im Lernenden Unternehmen zu den originären Aufgaben der Führungskräfte gehören, um Lern- und Bewußtseinsänderungen bei Schlüsselpersonen auszulösen, und darf nicht als Mittel zur Belohnung oder zur Bestrafung eingesetzt werden.

Als Hauptaufgaben des Coachings oder Mentorings können genannt werden:[65]

---

[59] Weitere Möglichkeiten zur Erhöhung der individuellen Lernfähigkeit sind durch spezielle Personalentwicklungsmaßnahmen für der Lernenden Organisation gegeben. Vgl. hierzu Drosten (1996), Briegel/Klein (1996), S132ff., Fischer (1995b), S. 191ff. und Gidion (1996), S. 803ff.
[60] Vgl. Leber (1994), S. 26 und Bauer (1995), Sp. 202ff.
[61] Zur den verschiedenen Ausprägungen des Coachings in der Praxis vgl. Böning (1995), S. 248f. und Dubs (1995), Sp. 1692
[62] Vgl. Stegmüller (1995), Sp. 1510ff.
[63] Vgl. Oertig (1995), S. 28
[64] Vgl. hierzu z. B. Bayer (1997), S. 48ff.
[65] Vgl. Böning (1995), S. 245f.

- Vorbereitung auf neue Aufgaben;
- Erweiterung der allgemeinen Managementkompetenz;
- Beratung bei Karrierefragen und Fragen der persönlichen Entwicklung;
- Hilfe bei Schwierigkeit in der Zusammenarbeit mit anderen;
- Klären von Schwierigkeiten im Spannungsfeld von Beruf und Privatleben;
- Konfliktklärung, Konfliktmanagement;
- Teamentwicklung.

Coaching bildet die Grundlage für einen lern- und entwicklungsorientierten Führungsstil, der wiederum ein zentrales Element für den Rollenwandel des Vorgesetzten im Lernenden Unternehmen[66] und den Beginn eines Kulturwandels zu einer lernorientierten Führungskultur darstellt.[67] Damit wird auch das interne Coaching zukünftig noch stärker an Bedeutung gewinnen.[68]

6.2.2.2 Feedbackprozesse für Führungskräfte

Während die Beurteilung der Mitarbeiter durch den Vorgesetzten heute zum üblichen Bestandteil der meisten Mitarbeiterführungssysteme gehört, bildet die Vorgesetztenbeurteilung eher die Ausnahme.[69] Dabei reichen die Ursprünge der Verbreitung auch in Deutschland heute schon 20 Jahre zurück. Die Gründe für die Einführung von Feedbackprozessen für Führungskräfte liegen meist in dem Wunsch der Mitarbeiter nach mehr Mitwirkung in Führungsprozessen, der Möglichkeit der Reflexion des eigenen Verhaltens und der Erhöhung der Effizienz und Effektivität der Mitarbeiterführung.[70] Das Hauptziel besteht jedoch darin, Offenheit und Vertrauen zu fördern damit einen Beitrag zu einer Weiterentwicklung der Führungskultur zu leisten.[71]

---

[66] Vgl. Kap. 3.2.3
[67] Vgl. Koch/Birx (1997), S. 1064
[68] Dies bestätigt die empirische Studie der DEKRA-Akademie; vgl. dazu Littig (1997), S. 103
[69] Vgl. Fechtner/Henkel/Taubert (1994), S. 370ff.
[70] Vgl. Schmidt/Bockmühl (1997), S. 22
[71] Vgl. Lücke/Herl (1996), S. 323

Der Ablauf läßt sich grob in vier Phasen teilen:

- In der Vorbereitungsphase werden die Entscheidungen über Termin der Durchführung, den Kreis der Teilnehmer und die geplante Vorgehensweise gefällt.

- Die Erstellung eines Selbstbildes der zu beurteilenden Führungskraft, die Beurteilung durch die Mitarbeiter und die anschließende Auswertung durch eine neutrale Stelle sind die Aktivitäten der Durchführungsphase.

- Die Gesprächsphase hat den Dialog zwischen Mitarbeiter und Führungskraft zum Inhalt und bildet das Kernstück des Feedbackprozesses. Die Unterstützung durch einen Moderator kann besonders bei Neueinführung des Instruments hilfreich sein.

- Den Abschluß bildet die Nachsteuerungsphase, in der erreichte Veränderungen diskutiert und Zielsetzungen angepaßt werden können.

Die Einführung des Mitarbeiterfeedbacks für Führungskräfte kann einen wesentlichen Bestandteil der Führungskultur und damit der Unternehmenskultur bilden.[72] Es wird ein Beitrag zum individuellen Lernen der Vorgesetzten erreicht, der sich als systematischer, selbstorganisierter Lernprozeß sinnvoll in aktuelle Bereichsentwicklungsaktivitäten integrieren läßt. Nach erfolgreicher Implementierung besteht außerdem die Möglichkeit des Ausbaus zu einem 360°-Scanning, d. h. auch Kollegen und der nächste Vorgesetzte werden mit in den Feedbackprozeß einbezogen.[73]

6.2.2.3 Führen mit Visionen und Leitbildern

Das Etablieren eines lernorientierten Menschenbildes wurde als erster Schritt zur Einleitung eines Kulturwandels genannt. Die Weiterentwicklung dieses Ansatzes erfolgt in der Erstellung von Visionen und Leitbildern, die auf Basis des Menschenbildes erstellt werden, und fortan den kulturellen Rahmen für Mitarbeiterführungsprozesse bilden. Der Unterschied liegt im Konkretisierungsgrad: während Visionen nur die Umrisse zukünftigen Handelns skizzieren, bilden

---

[72] Vgl. Pittner (1995), S. 882
[73] Vgl. Heyde (1997), S. 28ff.

Kapitel 6: Typengenerierung und Gestaltungsempfehlungen 213

Leitbilder Orientierungsmuster ab. Gemeinsam ist beiden, daß sie die Grundlage für die Bildung gemeinsamer Werte und Normen als Grundvoraussetzung für unternehmerisches Handeln aller Mitarbeiter darstellen sollen.[74] Eine weitere Voraussetzung für die Akzeptanz ist die Sicherstellung der gemeinsamen Erarbeitung von Mitarbeitern und Führungskräften.[75]

Das Führen mit Visionen und Leitbildern erfüllt drei verschiedenen Funktionen:

- durch das Aufzeigen der Zukunftsperspektive dient es der Identifikation mit dem Unternehmen sowie der Motivation;
- die Rechtfertigung des Handelns des Unternehmens dient der Legitimation nach außen und innen;
- die handlungsleitende Funktion stellt sorgt für die Mitarbeiter eine wichtige Orientierungshilfe dar.[76]

Für das Lernende Unternehmen kommt der Erstellung von Visionen und Leitbildern eine besondere Bedeutung zu, da

- sie Bestandteil einer lernorientierten Führungskultur sind;
- sie ein wichtiges Element des Kulturwandels darstellen;
- ihre Entwicklung selbst ein organisationaler Lernprozeß ist;[77]
- sie die Basis für den Einsatz struktureller Instrument, wie das Führung mit Zielvereinbarungen[78] und die Anbindung an Entgeltsysteme,[79] bilden.

6.2.2.4 Teilautonome, konkurrierende Projektteams

Die Weiterentwicklung der für die Basisstrategie vorgeschlagenen Projektarbeit ist der Einsatz konkurrierender Projektteams. Es werden mehrere Subteams eingesetzt und gefördert, die ein gemeinsames Oberziel auf verschiedenen Wegen verfolgen.[80] Voraussetzung dafür ist die Gewährung von Hand-

---

[74] Vgl. Karner (1996), S. 118f.
[75] Vgl. Krieg (1994), S. 1147
[76] Vgl. Kippes (1993), S. 184f.
[77] Vgl. Burgheim (1996), S. 59
[78] Vgl. Krieg/Drebes (1996), S. 54ff. und Knicker (1996), S. 462ff.
[79] Vgl. Schröder (1996), S. 796
[80] Vgl. hierzu die Beispiele bei Berthoin Antal (1992), S. 93f.

lungsspielräumen für konkurrierende Ideen und die Möglichkeit der Gruppen, weitgehend selbständig zu planen und zu entscheiden. Die Vorteile des Experimentierens durch kleine, gemischt zusammengesetzte, parallele arbeitende Teams für das Unternehmen überwiegen die Gefahr der Redundanz und lassen die Mehrkosten im Hinblick auf die verkürzten Projektlaufzeiten unerheblich erscheinen.[81] Der Konkurrenzgedanke trägt zur Entwicklung eines internen Kundenverständnisses bei und die Teilautonomie der Projektgruppen sorgt für organisatorische Flexibilität, da ein Großteil der Entscheidungen ohne Einhaltung des normalen „Dienstweges" gefällt werden kann.

6.2.2.5 Interorganisatorisches Lernen

Die Kooperation zwischen Unternehmen kann zur Lernarena für fundamentale Wandelprozesse werden, denn Allianzen unterstützen die Verbreitung neuer Ideen und Konzepte in Organisationen.[82] Organisatorisches Wissen kann durch oder in Kooperationen erworben und weiterentwickelt werden.[83] Zur Bekämpfung einer weiteren Schwäche des „Kooperators", nämlich des Umweltlernens (Lernprozeß 2), sollen Maßnahmen zur Förderung des interorganisationalen Lernens eingesetzt werden. In diesem Zusammenhang lassen sich zwei Aspekte des interorganisationalen Lernens voneinander unterscheiden, die allerdings sehr eng miteinander verbunden sind:[84]

- *„Lernen, zu kooperieren"* kennzeichnet Lernprozesse im Hinblick auf die Kenntnis und die Beherrschung von Kooperationsprozessen und orientiert sich bisher in erster Linie an Ergebnissen, die primär unter ökonomischen oder strategischen Gesichtspunkten bewertet werden. Dabei sollten der Prozeß der Bewertung der eigenen Stärken und Schwächen, der Erwerb von implizitem Wissen und eine Erhöhung der Lernfähigkeit an sich langfristig die entscheidenden Vorteile, die ein Unternehmen aus einer Kooperation erzielt, sein.

---

[81] Vgl. Berthoin Antal (1992), S. 95f.
[82] Vgl. Raffel (1997), S. 293
[83] Vgl. Müller-Stewens/Hillig (1997), S. 250
[84] Vgl. Prange/Probst/Rüling (1996), S. 10

Kapitel 6: Typengenerierung und Gestaltungsempfehlungen 215

- „*Kooperation, um zu lernen*" fokussiert dagegen das Lernen selbst als Zielsetzung von Kooperationsprozessen und ist daher als potentialorientiert einzustufen. Dies bedeutet einen Perspektivenwechsel von einer reinen Ergebnisbetrachtung hin zu einer bewußten Reflexion von Lernprozessen. Im Mittelpunkt der Betrachtungen steht jetzt ein Lernziel, auf dessen Erreichung die Lernprozesse ausgerichtet werden müssen.

Aus diesen zwei Komponenten ergibt sich ein doppelter Lernkreislauf der lernenden Kooperation:

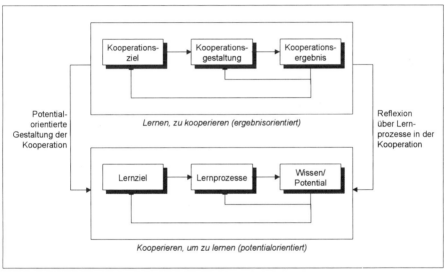

Abbildung 49: Der doppelte Lernkreislauf
Quelle: Prange/Probst/Rüling (1996), S. 14

Inhalte einer solchen lernenden Kooperation kann der Erwerb neuen Wissens über Aufgaben, Prozesse und Beziehungen von Kooperationspartnern wie z. B. das Lernen über Struktur und Führungsphilosophie, sein. Dabei lassen sich bei der Gestaltung des Transferprozesses von Wissen aus der Umwelt ins Unternehmen unterschiedliche Lernziele verfolgen:[85]

- Kooperation, um Wissen zu erlangen (single-loop-learning);

---

[85] Vgl. Prange/Probst/Rüling (1996), S. 12

- Kooperation, um Lernziele und -strategien zu hinterfragen (double-loop-learning);
- Kooperation, um die eigenen Lernprozesse zu verbessern (deutero-learning).[86]

Um das Lernen von Konkurrenten, Zulieferern, Abnehmern und anderen Kooperationspartnern wie Verbänden im Sinne eines virtuellen Wissenspools dauerhaft zu installieren, muß das Mitarbeiterführungssystem folgendes gewährleisten:

- Die Formulierung und Reflexion von Lernzielen muß unter Einbeziehung der kooperierenden Systeme der Umwelt geschehen.

- Die bewußte Reflexion von Lernprozessen mit Kooperationspartnern muß alle beteiligten Mitarbeiter aller Ebenen integrieren.

- Die Organisations- und Führungsstrukturen der Kooperation müssen so gestaltet werden, daß Lernprozesse entstehen können werden, z. B. durch die Ernennung von Counterparts und Start-up Teams.[87]

- Die systematische Weiterverbreitung des erworbenen Wissens über das Teil- oder Gesamtsystem (Lernprozeß 1) muß sich an den eigentlichen Erwerb des Wissens anschließen. Dies kann über informelle Netzwerke oder die vorhandenen Kommunikationsmedien zu unterstützen.[88]

Somit kann die Transformation organisationalen Wissens durch Verbesserung der horizontalen wie vertikalen Beziehungen zu externen wie auch internen Kooperationspartnern fundamental verbessert werden, besonders auffällige Spannungsfelder von Wandlungsprozessen wie Vertrauen und Kontrolle, Autonomie und Interdependenz oder Effizienz und Integration können konstruktiv genutzt werden.[89]

---

[86] Zu den Arten organisationalen Lernens vgl. Kap. 2.2.2.1.1
[87] Counterpart: Ansprechpartner mit gleicher Verantwortung im Partnerunternehmen; Start-up Team: begleitet Kooperationen beratend in den ersten 6-12 Monaten ihres Bestehens.
[88] Vgl. Müller-Stewens/Hillig (1997), S. 253f.
[89] Vgl. Müller-Stewens/Hillig (1997), S. 251

Kapitel 6: Typengenerierung und Gestaltungsempfehlungen

Defizite organisationalen Lernens		Maßnahmen der Mitarbeiterführung		
		interaktionelle Führung	strukturelle Führung	kulturelle Führung
Lernfähigkeit	Individuelle und kollektive Lernfähigkeit	Coaching/ Mentoring als Aufgabe von Führungskräften		
organisatorischer Kontext	organisatorische Flexibilität, internes Kundenverständnis		Teilautonome, konkurrierende Projektteams	
	interne Kommunikation		Feedbackprozesse für Führungskräfte	
Lernprozesse	Verbreitung von Wissen einzelner Mitarbeiter (LP 1)		Führen mit Visionen und Leitbildern	
	Zusammenarbeit mit Systemen der näheren Umwelt (LP 2)		Interorganisatorisches Lernen	

Tabelle 26: Übersicht Maßnahmen Optimierungsstrategie

Die vorgestellten Empfehlungen zur Gestaltung des Führungssystems des „Kooperators" zielen alle auf eine weitere Optimierung des organisationalen Lernens ab. Dabei zeigt die Übersichtstabelle die starke Dominanz der indirekten Führungsprozesse.

6.2.3 Handlungsempfehlungen für Typ A: die Experimentalstrategie

Der Typ A läßt sich aufgrund seiner bereits gereiften Lernprozesse, des erreichten Ausbaustandes, der organisatorischen Kontextfaktoren und seiner leicht überdurchschnittlichen Lernfähigkeit bereits als Lernendes Unternehmen bezeichnen. Die nachfolgend beschriebenen Empfehlungen konzentrieren sich daher in erster Linie auf das Feintuning, d. h. die weitere *Verfeinerung der eingesetzten Maßnahmen und die Ergänzung um Maßnahmen mit eher experimentellem Charakter.* Diese Zusammenstellung läßt sich am treffendsten als Experimentalstrategie näher beschreiben.

6.2.3.1 Selbstlernen

Trotz des bereits erreichten Niveaus ließen sich beim „Innovator" noch leichte Schwächen bei der individuellen und kollektiven Lernfähigkeit feststellen. Da die Lernfähigkeit das Potential für das organisationale Lernen darstellt, soll zunächst an diesem Punkt angesetzt werden. Der Ausbau der Selbstlernfähigkeit kann dabei als Weiterentwicklung der bisher vorgestellten Maßnahmen verstanden werden. Auch wenn die Organisation Lernen anregen, leiten, unterstützen oder gar verlangen kann, so sind die individuellen Fertigkeiten doch Eigentum der Mitarbeiter.[90] Daher ist es wichtig, die Initiative zur Auslösung des Drangs zu lernen und die Eigenverantwortlichkeit von Mitarbeitern und Führungskräften zur Aktualisierung der eigenen Kompetenz zu fördern. Ziel ist die

- Selbstorganisation des individuellen oder kollektiven Lernens, d. h. die eigenverantwortliche Erschließung von Möglichkeiten zum Lernen im Arbeitsprozeß, durch Selbststudium und die Nutzung von Kollegen zum Erfahrungsaustausch im Rahmen der zeitlichen Möglichkeiten durch die Mitarbeiter;[91]

- Selbststeuerung des Lernens durch die selbst vorgenommen Bestimmung von Lernorten und -zeiten sowie der Lerngeschwindigkeit durch einzelne Mitarbeiter oder Gruppen von Mitarbeitern.[92]

Im Vordergrund steht dabei der Gedanke, eigenständig und bewußt Selbstlernprozesse zu fördern, und weniger das spontane Selbstlernen, das mehr oder weniger effektiv hilft, bessere Ergebnisse im Management zu erreichen.[93] Dies kann durch folgende Maßnahmen angeregt und unterstützt werden:

- Die Optimierung der Bildungslogistik als Strukturierungshilfe für Maßnahmen, die Lernprozesse vorantreiben, soll Teile der organisatorisch eingebundenen Lernprozesse organisieren, die funktional und zielgerichtet bestimmten Verlaufsformen zugeordnet werden können.[94] Dies kann durch eine organisierte Studienberatung und ein vielfältiges Angebot an systematisch aufgebauten Weiterbildungsmaßnahmen im Zusammenhang mit der Gewährung von Freiraum zum Lernen, z. B. durch die Schaffung von zeitlichen Spielräumen im Rahmen von flexibler Arbeitszeitregelungen, geför-

---

[90] Vgl. Ottala (1994), S. 21
[91] Vgl. Ladensack (1995), S. 1534ff.
[92] Vgl. Dorau (1996), S. 370
[93] Vgl. Ladensack/Glotz (1997), S. 13
[94] Vgl. Mann/Ehrhardt (1994), S. 74

dert werden.[95] Die Integration in den Arbeitsraum der Mitarbeiter kann mit Hilfe der Einrichtung von Selbstlernzentren geschehen.[96]

- Die intensive Nutzung der Informations- und Kommunikationstechnologien, die Lernen in Eigenregie unterstützen, aber auch den selbstinitiierten und eigenverantwortlichen Umgang mit Technik, Information und Wissen einfordern, wie z. B. Computer Based Training (CBT), fördert das Selbstlernen.[97]

- Die Förderung der Selbstlernkompetenz mit speziellen Trainingsprojekten wird bisher vorrangig für Führungskräfte vorgeschlagen, ist aber sicherlich auch für andere Teile der Belegschaft modifizierbar. Den Inhalt bildet die praktizierte Lösung von anstehenden Führungsproblemen.[98]

6.2.3.2 Selbststeuernde Gruppen

Die dritte Evolutionsstufe der Arbeit in Gruppen bildet nach der Einführung von Projektgruppen und der Installierung konkurrierender Teams die weitgehende Übergabe der Entscheidungsautonomie und Verhaltenskontrolle an die Gruppe.[99] Das Mitarbeiterführungssystem muß bei der Einführung von selbststeuernder Gruppenarbeit folgendes sicherstellen:

- Die Koordination der Gruppen und zwischen den Gruppen muß gewährleistet sein.[100] Die Selbstabstimmung sollte daher um einheitliche Projektspielregeln, die Möglichkeiten der Konfliktklärung, der Kommunikation und des Überzeugungsverhalten festhalten, ergänzt werden.[101] Diese können - gemeinsam erarbeitet - als gedruckter Flyer die Teamphilosophie wiedergeben.

- Die intrinsische Motivation ergibt sich einerseits aus der selbständigen Arbeit heraus, kann anderseits aber durch Maßnahmen der extrinsischen Motivation, z. B. ein entsprechend gestaltetes Anreizsystem, unterstützt wer-

---

[95] Vgl. Ottala (1994), S. 21
[96] vgl. o. V. (1996), S. 32f.
[97] Vgl. Mandl (1997), S. 726f.
[98] Vgl. hierzu ausführlich Ladensack/Glotz (1997), S. 11ff.
[99] Vgl. Mans/Sims (1995), Sp. 1873ff.
[100] Vgl. Osterloh (1997), S. 191ff.
[101] Vgl. Gade/Wilkening (1996), S. 1088

den.[102] Dabei ist allerdings äußerst sensibel vorzugehen, da sonst intrinsische durch extrinsische Effekte verdrängt werden können.[103]

- Besonders in der Einführungsphase, aber auch in Phasen der Neuorientierung, stellt das Teamcoaching durch einen internen oder externen Coach als neutralen Ansprechpartner eine sinnvolle Entwicklungsmaßnahme dar. Aufgaben sind neben Konfliktmanagement auch die Durchführung von Auslastungsanalysen, die Erarbeitung von Vorschlägen für Teambesetzungen und die Förderung des Erfahrungsaustausches zwischen den Arbeitsgruppen.[104]

Diese Umstellung erfordert allerdings eine kulturelle Grundlage, wie sie bei einem modernen, vertrauensbasierten Unternehmen wie Typ A bereits gegeben ist. In einem konservativ und autokratisch geführten Unternehmen ist der Sprung zu groß, dort ist die Einführung in mehreren Schritten notwendig.[105]

6.2.3.3 Anreizsysteme im Lernenden Unternehmen

Anreizsysteme sind Bestandteile jedes Führungssystems und damit Objekt strategischer Gestaltungsmaßnahmen und von zentraler Bedeutung für die Unternehmens- und Personalpolitik.[106] Unter Anreizsystemen kann man das Angebot von Anreizen in Unternehmen verstehen, die so abgestimmt sind, daß sie im Wirkungsverbund erwünschte Verhaltensweisen auslösen und unerwünschte Verhaltensweisen unterdrücken.[107] Die Größen, die für die Gestaltung eines Anreizsystems bestimmt werden müssen, lassen sich in Form und Menge der gewährten Anreize (Belohnungen und Bestrafungen), Qualität und Anzahl der Kriterien (Bemessungsgrundlagen) sowie die Art und Weise der Relation zwischen diesen Größen ausdrücken.[108] In einem Lernenden Unternehmen sollten die eigentlichen Zielsetzungen von Anreizsystemen wie relative

---

[102] Zur Unterscheidung von intrinsischer und extrinsischer Motivation vgl. z. B. Kaiser (1996), S. 55
[103] Vgl. hierzu den nächsten Abschnitt sowie Osterloh (1997), S. 195f.
[104] Vgl. Gade/Wilkening (1996), S. 1090ff.
[105] Vgl. Berth (1994), S. 44
[106] Vgl. Becker (1995), Sp. 34
[107] Vgl. Drumm (1992), S. 395
[108] Vgl. Kossbiel (1994), S. 78

Kapitel 6: Typengenerierung und Gestaltungsempfehlungen

und absolute Entgeltgerechtigkeit, Transparenz und die Motivationsfunktion ergänzt werden. Als Ergänzungen sind die Unterstützung einer Feedbackkultur, das Provozieren von vertikalen und horizontalen Kommunikationsprozessen sowie die Schaffung von einem Bewußtsein für unternehmerisches Handeln denkbar.[109] Ein lernorientiertes Anreizsystem bildet außerdem einen weiteren Baustein für die Veränderung hin zu einer innovations- und kundenorientierten Unternehmenskultur.[110] Aus dem großen Spektrum der Gestaltungsmöglichkeiten sollen hier einige Aspekte als Anregung hervorgehoben werden:

- *Prämiensysteme*, die nach Effizienz und Effektivität der erstellten Leistungen ausgerichtet sind, unterstützen nicht nur das marktinduzierte Lernen, da sich die zu verteilenden Überschüsse direkt aus dem Markterfolg ableiten lassen, sondern zwingen auch zu unternehmerischen Handeln und Risikobereitschaft. Interne und externe Kunden entscheiden durch die Anzahl der eingehenden Reklamationen über die Höhe der Vergütung mit. Aufgrund seiner Transparenz bietet sich dieser Ansatz besonders für die Entlohnung bei Gruppenarbeitsformen an.[111]

- Gerade bei gruppenorientierten Entlohnungsformen ist jedoch die *Anerkennung von individuellen Leistungen* besonders wichtig, da sonst die Vorteile der Gruppenarbeit durch die Demotivation einzelner Teammitglieder wieder zunichte gemacht wird. Dies kann z. B. durch die Belohnung der Vorschläge besonders kreativer Mitarbeiter oder eine zusätzliche Einzelbewertung geschehen. Besonders in hierarchiearmen Organisationen sollten leistungsstarke Mitarbeiter in der Lage sein, durch Leistungs- oder Erfolgsbeteiligungen gleich hohe Jahreseinkommen zu erzielen wie ihre Vorgesetzten.[112]

- Dezentrale Organisationsstrukturen führen häufig zu einer verkürzten Karriereleiter im Unternehmen. *Karriere durch horizontale Rotation* heißt im Lernenden Unternehmen die Übernahme neuer Aufgaben ohne rangmäßige Veränderung. Zusammen mit einem attraktiven Entlohnungssystem

---

[109] Vgl. Freimuth (1993), S. 507ff.
[110] Vgl. Philipp (1997), S. 10
[111] Vgl. das Anwendungsbeispiel bei Philipp (1997), S. 11ff.
[112] Vgl. Kaiser (1996), S. 56

können so auch ohne den Kaminaufstieg Möglichkeiten zur persönlichen Entfaltung gegeben und Mitarbeiter im Unternehmen gehalten werden.[113]

- Das Konzept der *strategischen Entlohnung* von Führungskräften nach BLEICHER ist auch im Lernenden Unternehmen einsetzbar. Kernstück ist die Bemessung der Entlohnung nach der Aufstellung und Erreichung von strategischen Zielen.[114] Die Integration der strategischen Lernziele wäre ein weiterer Schritt zur Fokussierung der Führungskräfte auf das organisationale Lernen.

- Der Versuch, extrinsische Belohnungsverfahren mit individuellen Bedürfnisprofilen zu verbinden und damit den Entscheidungsspielraum für die Mitarbeiter zu erweitern, stellen *Cafeteria-Systeme* dar.[115] Die Möglichkeit, Entgeltbestandteile auf das Individuum abzustimmen, rundet somit das Bild des Mitarbeiters als eigenverantwortliche Persönlichkeit ab und trägt dem Anspruch des unternehmerisch handelnden Mitarbeiters Rechnung.[116]

Diese Ausführungen zeigen, daß das Mitarbeiterführungssystem im Lernenden Unternehmen neue Anerkennungs- und Aufstiegsmöglichkeiten schaffen muß, um die traditionellen Anreizsysteme an die bisher ausgeführten Möglichkeiten der Veränderung anzupassen.

6.2.3.4 Transorganisationales Systemlernen

Die Weiterentwicklung des interorganisationalen Lernens zum transorganisationalen Lernen stellt einen weiteren Schritt zum Feintuning Lernender Unternehmen vom Typ A dar. Hier soll über längere Zeit ein Kooperationssystem aufgebaut werden, das den Aufbau von Prozessen gemeinsamer Wissensentwicklung und die Entwicklung strategischer Wissensnetzwerke forcieren soll.[117] Transorganisationales Lernen erfordert ein über die eigenen Organisations-

---

[113] Vgl. Winter (1997), S. 617ff., Kaiser (1996), S. 55f. und Schlichting (1994), S. 386ff.
[114] Vgl. Bleicher (1992), S. 12ff. und S. 25ff., Bleicher (1985), S. 21ff. und Becker (1990), S. 50ff. und S. 64ff.
[115] Zu den Möglichkeiten der Gestaltung von Cafeteria-Entgeltsystemen vgl. Wagner/Grawert/Langemeyer (1993) und Dörfler (1993), S. 187ff.
[116] Vgl. Kaiser (1996), S. 56f.
[117] Vgl. Sydow (1995), Sp. 1623ff.

Kapitel 6: Typengenerierung und Gestaltungsempfehlungen

ziele hinausgehendes Commitment aller einbezogenen inner- und außerbetrieblichen Systeme wie Partnerunternehmen, Verbände und Beratungen und hat die aktive Generierung eines organisationsübergreifenden partnerschaftlichen Forschungs- und Lernraumes zum Ziel.[118] Dies kann z. B. durch die Bildung von Forschungskonsortien Lernender Unternehmen erfolgen, die im Sinne eines Netzwerks auf Basis virtueller Strukturen zusammenarbeiten.[119] Die Weiterentwicklung vom intra- über das inter- zum transorganisationalen Lernen erfordert allerdings den parallelen Fortschritt des Mitarbeiterführungssystems und die dadurch geförderte Anpassung der organisationalen Rahmenbedingungen, v. a. der Unternehmenskultur, in den bereits beschriebenen Schritten: Bildung einer Vertrauenskultur, Schaffung der technischen Infrastruktur und dem Erschließen von Handlungsspielräumen durch Selbstorganisation und Selbststeuerung, da eine transorganisationale Zusammenarbeit nicht mehr zentral steuerbar ist.

Defizite organisationalen Lernens		Maßnahmen der Mitarbeiterführung		
		interaktionelle Führung	strukturelle Führung	kulturelle Führung
Lernfähigkeit	Individuelle und kollektive Lernfähigkeit		Selbstlernen, Selbststeuernde Gruppen	
organisatorischer Kontext				
Lernprozesse	Systematischer Transfer von Umweltwissen (LP 2)		Anreizsysteme für Lernende Unternehmen, transorganisationales Systemlernen	

Tabelle 27: Übersicht Maßnahmen Experimentalstrategie

Der Überblick über alle Maßnahmen der Experimentalstrategie zeigt deutlich den Schwerpunkt: Selbststeuerung und Selbstorganisation stehen im Mittelpunkt des Feintunings des unternehmerisch orientierten Mitarbeiterführungssystems eines Lernenden Unternehmens. Die Einführung und Verbreitung von Selbstlernen, selbststeuernden Gruppen und transorganisationalem Lernen

---

[118] Vgl. Prange/Probst/Rüling (1996), S. 15
[119] Vgl. Senge/Scharmer (1996), S. 32ff.

erfordet eigenverantwortliche und selbstständige Mitarbeiter. Die Modellierung lerngerechter Anreizsysteme rundet das Maßnahmenpaket der Experimentalstrategie ab.

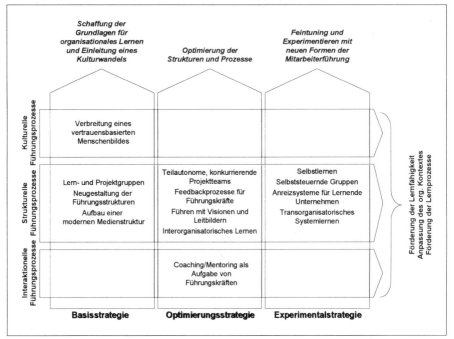

Abbildung 50: Strategien für die Gestaltung des Mitarbeiterführungssystems auf dem Weg zum Lernenden Unternehmen

Abschließend soll der Zusammenhang zwischen den vorgestellten Strategien für die Gestaltung von Mitarbeiterführungssystemen auf dem Weg zum Lernenden Unternehmen noch einmal dargestellt werden. Die drei vorgestellten Strategien können als aufeinander aufbauende Vorgehensweisen verstanden werden. Nach Erreichung der Ziele der Aufbaustufe, die Schaffung der Grundlagen für organisationalen Lernen und der Einleitung eines Kulturwandels, mit der Basisstrategie sollen die Ziele in der Adaptionsstufe angepaßt werden. Die strategische Ausrichtung der dabei eingesetzten Optimierungsstrategie lautet Optimierung der Prozesse und Strukturen des Lernenden Unternehmens. Das Ziel der Experimentalstrategie, die in der Evolutionsstufe angewendet werden soll, läßt sich am besten mit dem Experimentieren mit neuen Formen der Mit-

Kapitel 6: Typengenerierung und Gestaltungsempfehlungen 225

arbeiterführung charakterisieren. Die im Reifegradportfolio bestimmte Positionierung des Unternehmens bestimmt dabei den „Einstiegspunkt" in den gezielten Entwicklungsprozeß zum Lernenden Unternehmen und die Zusammenstellung der dargestellten Maßnahmen interaktioneller, struktureller und kultureller Mitarbeiterführung. Dabei soll an dieser Stelle darauf hingewiesen werden, daß es sicherlich keinen „one-best-way" geben kann - jedes Unternehmen wird seine Strategien und Maßnahmen individuell erarbeiten müssen. Die vorangegangenen Ausführungen sollen aber Hinweise und Anregungen für die Gestaltung einer Führungskultur geben, die langfristig geeignet erscheint, ein Lernendes Unternehmen zu formen und den Gefahren der kurzfristigen Anpassung an Trends in wirtschaftlich guten Zeiten widerstehen kann.[120]

6.3 Ergänzende Gestaltungsempfehlungen zur Umsetzung

Da die lernorientierte Umgestaltung bzw. Weiterentwicklung des Mitarbeiterführungssystems für die meisten Unternehmen einen mehr oder weniger einschneidenden Prozeß darstellt, sollen nun noch einige ergänzende Ausführungen zur Problematik von Implementierung, Erfolgsmessung und der Rolle der Personalabteilung folgen.

6.3.1 Implementierung

Implementierung kann als der Prozeß der gegenseitigen Annäherung eines einzuführenden Konzeptes und des vorhandenen Kontextes bezeichnet werden, bei dem an beiden Seiten Modifikationen angebracht werden.[121] Die Einführung eines neuen Mitarbeiterführungssystems zur Formung eines Lernenden Unternehmens wird als Konzept des Wandels auch auf Widerstände bei Führungskräften und Mitarbeitern stoßen, die Akzeptanz oder eine Identifikation mit den neuen Zielen des Lernenden Unternehmens verhindern:

- Die Ablehnung neuer Führungskonzepte bei Vorgesetzten beruht meist auf Gewohnheit, Betriebsblindheit, dem Festhalten an Bewährtem aufgrund

---

[120] Vgl. hierzu Dubs (1994), S. 86f. und S. 97
[121] Vgl. Reiß (1997c), S. 92

vergangener Erfolge oder der Verteidigung eines Selbstbildes, das sich über Jahre geformt hat, aber nicht mehr der Realität entspricht.[122]

- Der Widerstand einzelner Mitarbeitergruppen im Unternehmen basiert meist auf den stabilisierten Machtstrukturen, deren Fortbestand gefährdet ist, dem Autoritätsdruck durch dominierende Gruppenmitglieder und dem Druck der Mehrheit der Gruppe auf einzelne Mitglieder.[123]

Aber auch die vorschnelle Adaption neuer Ansätze kann gefährlich sein: die Dokumentation eines neuen Zeitgeistes durch die wahllose Einführung neuer Führungskonzepte führt meist zu Verunsicherung bei den Betroffenen im Unternehmen, da ein Pendelschlag sehr schnell durch einen anderen abgelöst wird.[124]

Um Identifikation und Akzeptanz langfristig zu sichern, sollte folgendes beachtet werden:

- Der Veränderungsprozeß sollte mit Schulungsmaßnahmen für Führungskräfte und Mitarbeiter verbunden sein.[125]

- Die Weiterentwicklung des Mitarbeiterführungssystems darf nicht isoliert erfolgen, sondern muß mit der gleichzeitigen Erneuerung der angrenzenden Bereiche, wie z. B. der Aufbau- und Ablauforganisation, der Arbeitsbedingungen oder des Informationskonzeptes geschehen.[126]

- Der gezielte Einsatz von externen Beratern als Coach, Supervisor oder zur fachlich-organisatorischen Unterstützung kann auch aufgrund der angenommenen „Neutralität" von außerbetrieblichen Spezialisten Akzeptanz sichern.[127]

---

[122] Vgl. Rosenstiel (1997), S. 203ff.
[123] Vgl. Rosenstiel (1997), S. 206ff.
[124] Vgl. Dubs (1994), S. 92
[125] Vgl. Rosenstiel (1997), S. 208 und S. 210
[126] Vgl. Dubs (1994), S. 93 und die Ausführungen in Kap. 6.2
[127] Laut einer empirischen Untersuchung verzichten nur 19% der befragten Unternehmen bei Veränderungsprojekten auf externe Berater; vgl. hierzu ILOI (1997), S. 14; zu den Besonderheiten der Zusammenarbeit mit Beratern vgl. Zander (1995), S. 418ff.

Kapitel 6: Typengenerierung und Gestaltungsempfehlungen   227

- Ein professionelles Marketing des neuen Konzepts nach außen und innen trägt zur Identifikation, Kommunikation und Diffusion bei.[128]

Welche dieser Elemente zu welchem Zeitpunkt eingesetzt werden, hängt vom „Customizing" des vorgestellten Konzepts, also der individuellen Anpassung an den spezifischen Kontext ab.[129]

6.3.2 Erfolgsmessung

Jeder Veränderungsprozeß benötigt eine Controllingfunktion, um bei Abweichungen gegebenenfalls Kurskorrekturen vornehmen zu können, aber auch, um Erfolge belegen und für die Beteiligten sichtbar zu machen. Grundsätzlich bieten sich zwei Möglichkeiten an:

Man kann versuchen, den Lernerfolg über *quantitative Größen* wie Unternehmenskennzahlen zu verdeutlichen. Es wird allerdings schwerfallen, die Kausalität von organisationalen Lernen und Umsatz, Gewinn oder Absatz nachzuweisen. Speziell entwickelte Kennzahlen, z. B. zum Ideenmanagement im Rahmen des Betrieblichen Vorschlagswesens,[130] oder Indikatoren wie z. B. die Anzahl der vergebenen Lizenzen, der angemeldeten Patente oder am Markt eingeführte Produkte sind wesentlich hilfreicher.

Weiterführende Ansätze sind bisher nur rudimentär vorhanden. Eine Möglichkeit wäre die Gegenüberstellung von Selbsteinschätzung (self assessment) und Fremdeinschätzung (interne oder externe Kundenbefragung) von Kundenzufriedenheit. Das meiste Potential bieten jedoch *Langzeitstudien* über Größen wie Liefertreue, Lieferzeiten oder time-to-market-Zeiten, um organisationales Lernen über einen längeren Zeitraum hinweg sichtbar zu machen.

6.3.3 Rolle der Personalabteilung

Träger des Mitarbeiterführungssystems sind Mitarbeiter, Führungskräfte und die Organisation.[131] Den zentralen oder dezentralen Einheiten der Personalabteilung kommt jedoch in allen Veränderungsprozessen, wie z. B. bei der Weiterentwicklung zum Lernenden Unternehmen, eine zentrale Rolle zu, da bei

---

[128] Vgl. Reiß (1997d), S. 135ff.
[129] Vgl. Reiß (1997c), S. 107
[130] Vgl. Reiß (1997d), S. 132f.
[131] Vgl. Kap. 3.2.3

Konzepten des Wandels meist der Mensch im Mittelpunkt der Betrachtungen steht. Hauptaufgabe des Personalbereiches ist es, die Führungskräfte und Mitarbeiter bei der Bewältigung der Aufgaben, die durch Neuorientierung des Mitarbeiterführungssystems entstehen, zu unterstützen.[132] Aus den Zielsetzungen des Lernenden Unternehmens ergeben sich folgende Aufgabenstellungen an die Personalabteilung als einer der Hauptträger des Personalmanagements im Unternehmen:[133]

- **Förderung der Anpassung des organisatorischen Kontextes**: Die Mitarbeit an der unternehmensstrategischen Ausrichtung durch die Erarbeitung strategischer Konzepte zur Mitarbeiterführung, Personalentwicklung und Personalcontrolling macht die Personalabteilung zum Mitgestalter des Lernenden Unternehmens. Die auf unternehmerisches Verhalten ausgerichtete organisatorische Gestaltung des eigenen Bereiches und die Schrittmacherfunktion bei der Umgestaltung der Unternehmenskultur sind weitere wichtige Aspekte der Personalarbeit in einem Lernenden Unternehmen.[134] Bei der Kulturgestaltung fungiert der Personalbereich häufig als Integrator für verschiedene Subkulturen, die in bestimmten Unternehmenseinheiten wie z. B. im F&E-Bereich entstanden sind.[135]

- **Erhöhung der Lernfähigkeit und Motivation**: Hier verändern sich die Aufgabenschwerpunkte in bekannten Aufgabengebieten. Die Personalentwicklungsplanung ist so auszurichten, daß individuelle und kollektive Lernfähigkeit mit dem Ziel des Selbstlernens gefördert werden.[136] Die Personalbeschaffung sollte bereits das geforderte Entwicklungs- und Lernpotential sowie die extrafunktionalen Fähigkeiten berücksichtigen.[137] Die begrenzte Verfügbarkeit der Ressource Mensch, die diesen Anforderungen entspricht, macht eine genauere Analyse notwendig - dadurch gewinnt die Personalforschung an Bedeutung.[138] Die Gestaltung von lernorientierten Anreizsy-

---

[132] Vgl. Hartwig (1994), S. 1038
[133] Auch Führungskräfte, Top-Manager, Mitarbeiter und Betriebsrat sind wichtige Träger des Personalmanagements; vgl. z. B. Oertig (1995), S. 27ff.
[134] Vgl. Wunderer/Kuhn (1995), S. 20
[135] Vgl. Schröder (1995), S. 65f.
[136] Vgl. Sattelberger (1994), S. 32f.
[137] Vgl. Schröder (1995), S. 58ff.
[138] Vgl. Hoss (1995), S. 44

Kapitel 6: Typengenerierung und Gestaltungsempfehlungen 229

stemen bildet einen weiteren Schwerpunkt von Personalarbeit im Lernenden Unternehmen.[139]

- **Förderung der Lernprozesse**: Der direkte Einfluß auf die Lernprozesse wird v. a. durch die Weiterentwicklung der Methoden des arbeitsplatznahen Lernens und die Einsatzplanung bestimmt. Der Lernerfolg dokumentiert sich durch Erfolgserlebnisse durch das zielgerichtete, den Fähigkeiten entsprechende Übertragen von immer neuen und anspruchsvolleren Aufgaben.[140]

Aus dieser Zusammenstellung wird bereits ersichtlich, daß sich die Anforderungen an die Personalabteilung im Lernenden Unternehmen - abhängig von der erreichten Entwicklungsstufe - ändern: der Schwerpunkt verschiebt sich von verwaltenden, reaktiven und handlungsorientierten Tätigkeiten zu einer beratenden, planenden, aktiven und lern- und kundenorientierten Funktion.[141] Damit ändert sich auch die Rolle der Personalabteilung im Gesamtsystem des Lernenden Unternehmens:

- Als **strategischer Berater** von Unternehmensleitung und Top-Management hilft die Personalabteilung bei der lernstrategischen Ausrichtung des Gesamtunternehmens.[142]

- Bei der Umsetzung, Implementierung und Weiterentwicklung des Mitarbeiterführungssystems fungiert die Personalabteilung als **Prozeßberater**, ist Partner der Führungskräfte, initiiert, begleitet und sichert Lern- und Entwicklungsprozesse ab.[143]

- Der **Dienstleister** Personalabteilung unterstützt alle Mitarbeiter bei der Nutzung des Potentials zur Entwicklung der eigenen Lernfähigkeit und

---

[139] Vgl. Kap. 6.2.3.3
[140] Vgl. Hartwig (1994), S. 1041
[141] Vgl. Wunderer/Kuhn (1995), S. 17 und Ackermann/Meyer (1998), S. 26
[142] Vgl. Ehmann (1991), S. 472ff. und Zeiss (1997), S. 227; in einer Umfrage der DGFP wurde ermittelt, daß in einem Großteil der Unternehmen in Deutschland das Personalmanagement einen eher geringen Einfluß auf die Umsetzung von Unternehmensstrategien hat; vgl. o. V. (1997), S. 21
[143] Vgl. Vogel (1995), S. 496

nimmt konzeptionelle Aufgabenstellungen im Auftrag der Unternehmensführung wahr.[144]

- Die Personalabteilung ist **Promotor** und treibende Kraft der Umgestaltung des Mitarbeiterführungssystems auf dem Weg zum Lernenden Unternehmen - v. a. bei kulturellen Wandlungsprozessen - und nimmt damit die Rolle des Change Agent ein.[145]

Für die organisatorische Anpassung der Personalabteilung an veränderte Umfeldbedingungen existieren bereits zahlreiche Vorschläge, die auch für die Umsetzung im Lernenden Unternehmen geeignet erscheinen.[146] Neben Dezentralisierung und Projektarbeit[147] sind als wichtigste Meilensteine der Weiterentwicklung folgende Ansätze zu nennen:

Die Organisation der Personalabteilung als *Profit-Center* stellt die konsequente Gewinnorientierung und damit eine starke ökonomische Ausrichtung sowie die Kundenorientierung in den Vordergrund. In seiner extremsten Form erhält das Profit-Center Personal nicht nur die wirtschaftliche, sondern auch die rechtliche Unabhängigkeit.[148]

Das *Wertschöpfungszentrum* Personal konzentriert sich dagegen nicht nur auf quantitative Größen, sondern berücksichtigt auch qualitative Größen bei der Input-Output-Rechnung. Es bildet ein Unternehmen im Unternehmen und hat die Aufgabe, strategische Wettbewerbsvorteile für dieses aufzubauen.[149]

Bei dem Konzept der *virtuellen Personalabteilung* stehen weniger die Erstellung und Verrechnung der angebotenen Leistungen, sondern der organisatorische Aufbau und die Funktionsträger im Vordergrund. Der Hauptgedanke besteht hier in der Nutzung von Kompetenzträgern im gesamten Unternehmen,

---

[144] Vgl. Wilbs (1997), S. 51, Schleu (1997), S. 225, Kieß (1997), S. 606ff. und Sontow/Siebiera (1996), S. 594ff.
[145] Vgl. Wilbs (1997), S. 48 und S. 51 und Kricsfalussy (1997), S. 458ff.
[146] Vgl. Ackermann (1994), S. 3ff., Scholz (1995b), S. 30ff. und Ackermann/Meyer/Mez (1998)
[147] Vgl. Neumann (1994), S. 77ff.
[148] Vgl. Ackermann (1994), S. 16ff., Ackermann (1992), S. 241ff. und Lachmann (1989), S. 275; Praxisbeispiele finden sich bei Pluns (1994), S. 101ff., Willi (1994), S. 117ff. und Töpfer (1994), S. 145ff.
[149] Vgl. Wunderer (1996), S. 397f. und Wunderer/Schlagenhaufer (1992), S. 180ff.

die bei Bedarf einen Teil ihrer zeitlichen Ressourcen für Projekte des Personalmanagements aufwenden. Sie verbleiben in ihrer organisatorischen Einheit und sind gleichzeitig Bestandteil der virtuell aufgebauten Personalabteilung, die bis auf einige wenige Mitarbeiter und den Personalleiter nicht mehr räumlich und organisatorisch fixiert ist.[150]

Die Verknüpfung von ökonomischen Aspekten und der optimalen Nutzung von Kompetenzen führt zu Überlegungen, bestimmte Leistungen des Personalmanagements außerhalb des Unternehmens erstellen zu lassen. Konsequentes *Outsourcing* bietet die Chance für die Personalabteilung, sich auf das Kerngeschäft und die lernstrategischen Aufgabenstellungen konzentrieren zu können und damit die Rolle des Gestalters aktiv auszufüllen.[151]

Diese Ansätze sollen als Anregung für die Gestaltung auf die Unterstützung organisationaler Lernprozesse ausgerichteter Personalarbeit dienen. Sie entsprechen mit ihrer extremen Kunden- und Mitarbeiterorientierung am ehesten den Anforderungen unternehmerisch ausgerichteter Mitarbeiter auf selbstverantwortliche Entscheidungen auch bei Aufgabenstellungen, die den Personalbereich betreffen.

6.4 Zwischenergebnis

Auf der Basis der Ergebnisse der Clusteranalyse wurden drei Typen von (mehr oder weniger) Lernenden Unternehmen identifiziert:

- Der Typ A zeichnet sich durch seinen erreichten hohen Reifegrad des organisationalen Lernens, die leicht überdurchschnittliche Lernfähigkeit und ein Führungssystem aus, das bereits Züge der Selbststeuerung trägt. Dieser Typ von Unternehmen wird aufgrund der bereits umgesetzten innovativen Lösungen im Bereich der Mitarbeiterführung als „Innovator" bezeichnet und kommt der Definition eines Lernenden Unternehmens am nächsten.

---

[150] Vgl. Scholz (1995c), S. 398ff., Scholz (1996a), S. 204ff., Scholz (1995a), S. 39ff., Scholz (1996b), S. 1080ff. und Wicher (1996), S. 541f.
[151] Vgl. Matthes (1997), S. 20ff., Kuchler (1997), S. 12ff., Eller (1997), S. 20ff., Meier/Stuker/Trabucco, S. 138ff., Pichert (1996), S. 464ff., Scherm (1995), S. 647 und Späth (1994), S. 41ff.

- Reifegrad organisationalen Lernens und Lernfähigkeit von Typ B lassen sich bisher als eher mittelmäßig bewerten, das Führungssystem läßt sich am besten als kooperativ charakterisieren. Unternehmen dieses Typs sollen in diesem Zusammenhang als „Kooperatoren" benannt werden.

- Der Typ C hebt sich aufgrund seiner sehr niedrig Bewertung von Lernfähigkeit und Reifegrad von den anderen zwei Typen ab. Auch das Mitarbeiterführungssystem ist anders ausgelegt und läßt sich am treffendsten als autokratisch beschreiben. Erstarrte Strukturen kennzeichen somit den „Traditionalisten".

Die anschließende Einordnung ins Reifegradportfolio vervollständigt das Bild: Während der Weg von Typ A und B zum Lernenden Unternehmen bereits erkennbar ist, befindet sich die Position von Typ C noch weit entfernt.

Die ausführlichen Empfehlungen für die Gestaltung des Mitarbeiterführungssystems werden daher in drei aufeinander aufbauenden Stufen abgegeben:

- Die Basisstrategie ist auf den niedrigsten Ausbaustand organisationalen Lernens ausgerichtet und verfolgt die Schaffung der Grundlagen für organisationales Lernen und die Einleitung eines Kulturwandels.

- Die Optimierungsstrategie verbessert bereits vorhandene Strukturen und Prozesse und wird v. a. durch den Einsatz von Instrumenten der strukturellen Führung bestimmt.

- Die Experimentalstrategie verfolgt das Ziel, bei bereits hohem vorhandenen Ausbaustand des Mitarbeiterführungssystems, Maßnahmen des Feintunings mit eher experimentellem Charakter einzuführen.

Die ergänzenden Handlungsempfehlungen zur Implementierung und Erfolgsmessung der beschriebenen Maßnahmen sowie zur Rolle der Personalabteilung im Lernenden Unternehmen lassen sich wie folgt zusammenfassen:

- Bei der *Implementierung* ist auf die Anpassung des organisationalen Kontextes und die Durchführung begleitender Maßnahmen zu achten. Der gezielte Einsatz von externen Beratern und ein professionelles Marketing unterstützt den Veränderungsprozeß.

- Die *Erfolgsmessung* läßt sich mittels quantitativen Größen wie z. B. Indikatoren oder Kennzahlen verdeutlichen oder eher qualitativ ausgerichtete Untersuchungen wie interne und externe Kundenbefragungen durchführen.

- Die *Rolle der Personalabteilung* verändert sich von verwaltungsorientierten und reaktiven Aufgaben hin zu einer beratenden, planenden und aktiven Funktion im Unternehmen.

Kapitel 7: Schlußbetrachtung 235

1 Einführung in die Thematik
2 Stand der Forschung
3 Modellbildung und Entwicklung des Analyseinstrumentariums
4 Forschungsdesign der empischen Untersuchung
5 Ergebnisdarstellung und Bewertung
6 Typengenerierung und Gestaltungsempfehlungen

7 Schlußbetrachtung
  7.1 Zentrale Ergebnisse der Untersuchung
  7.2 Ausblick

7 Schlußbetrachtung

Den Ausgangspunkt der vorliegenden Arbeit bildeten die folgenden Tatsachen:

- Organisationales Lernen ist in einer dynamischen und komplexen Unternehmensumwelt zu einem wichtigen Wettbewerbsvorteil geworden. Den Hintergrund bildet die Schaffung von schwer imitierbaren Wettbewerbsvorteilen durch lernfähige, flexible Strukturen und unternehmerisch orientierte Mitarbeiter.

- Lernenden Unternehmen erfordern Mitarbeiterführungssysteme, die eine neue Führungskultur ermöglichen und dem Trend zur Selbstentfaltung und Individualisierung der Mitarbeiter Rechnung tragen. Die Förderung der Fähigkeit zur Selbststeuerung, Selbstorganisation und Selbstverantwortung rückt daher immer mehr in den Mittelpunkt.

- Bisher wird die Mitarbeiterführung als einer der wichtigsten Ansatzpunkte bei der Gestaltung eines Lernenden Unternehmens weitgehend vernachlässigt. Die wenigen vorhandenen Untersuchungen konzentrieren sich häufig eher auf die technischen Aspekte der Umsetzung.

7.1 Zentrale Ergebnisse der Untersuchung

Die theoretische Basis wurde durch eine systemorientierte Sichtweise des Unternehmens geschaffen, die der Forderung nach ganzheitlichem Denken und Handeln am ehesten gerecht wird. Das Mitarbeiterführungssystem mit den beschriebenen Elementen, Prozessen, Trägern und Eigenschaften fungiert als eines der wichtigsten Subsysteme des Managementsystems einer Unternehmung.

Aus der Identifizierung der kritischen Erfolgsfaktoren für das organisationale Lernen wurden die drei zentralen Zielsetzungen für Mitarbeiterführungssysteme in Lernenden Unternehmen abgeleitet:

- die Förderung der individuellen und kollektiven Lernfähigkeit,
- die Anpassung des organisatorischen Kontextes und
- die Förderung der organisationalen Lernprozesse im Unternehmen.

Kapitel 7: Schlußbetrachtung 237

Anschließend wurden die Analyseinstrumente für den weiteren Untersuchungsverlauf vorgestellt: das Lernprofil, das Führungsprofil sowie das Reifegradportfolio. Anhand von vorgegebenen Kriterien, die sich unternehmensspezifisch anpassen lassen, lassen auf einer vierstufigen Skala Unternehmen hinsichtlich organisationalem Lernen und Mitarbeiterführung analysieren. Die Einordnung im Reifegradportfolio läßt einen Vergleich mit anderen Unternehmen und die Festlegung von Zielen und Strategien deren Erreichung zu.

Die empirische Untersuchung legte den Grundstein für die Bildung von Clustern von Lernenden Unternehmen. Mit Hilfe einer standardisierten schriftlichen Befragung wurden drei Gruppen von Unternehmungen ermittelt, die sich hinsichtlich des Reifegrades von organisationalem Lernen und in Bezug auf ihre Mitarbeiterführungssysteme signifikant unterscheiden. Der anschließende Vergleich der Mitarbeiterführungssysteme zeigte ebenfalls grundlegende Unterschiede auf. Die Vorstellung der wichtigsten Ergebnisse der Grundauswertung gab zuvor einen Überblick über Lern- und Führungsprozesse sowie den organisationalen Kontext der befragten Unternehmen.

Die identifizierten Cluster bildeten dann die Basis für die Erstellung einer Typologie Lernender Unternehmen, die drei ausführlich charakterisierte Typen beinhaltete. Für diese drei Typen wurde nun exemplarisch eine Einordnung in das Reifegradportfolio vorgenommen. Die Entwicklung der Strategien und Maßnahmen zur Optimierung des Mitarbeiterführungssystems für alle drei Typen stand im Mittelpunkt der darauffolgenden Gestaltungsempfehlungen. Diese orientierten sich an den drei Hauptzielen der Mitarbeiterführung im Lernenden Unternehmen und wurden so formuliert, daß sie den Entwicklungsstand des betrachteten Unternehmens berücksichtigen und aufeinander aufbauen. Den Abschluß der Untersuchung bilden Empfehlungen zu Implementierung, Erfolgsmessung und der Rolle der Personalabteilung bei der Umsetzung.

Die Zielsetzungen der Arbeit wurden eingangs in Form von Fragestellungen präzisiert, deren Beantwortung nun erfolgen kann:[1]

---

[1] Vgl. Kap. 1.2

ZIEL 1:	Die Entwicklung von Instrumenten zur Analyse von Unternehmen hinsichtlich ihres erreichten Reifegrades beim organisationalen Lernen und hinsichtlich des Ausbaustandes des Mitarbeiterführungssystems.

- **Welches sind die kritischen Erfolgsfaktoren eines Lernenden Unternehmens?**

  Die Lernfähigkeit, die Gestaltung des organisatorischen Kontextes und die Institutionalisierung organisationaler Lernprozesse.

- **Wie lauten die Zielsetzungen der Mitarbeiterführung im Lernenden Unternehmen?**

  Die Förderung der individuellen und kollektiven Lernfähigkeit, die Anpassung des organisatorischen Kontextes und die Unterstützung von Lernprozessen im Unternehmen.

- **Läßt sich organisationales Lernen messen und wenn ja, wie?**

  Mittels der qualitativen Einschätzung mit Hilfe eines Lernprofils, das den Ausbaustand organisationalen Lernens durch inputorientierte Indikatoren feststellt.

- **Wie lassen sich Mitarbeiterführungssysteme im Unternehmen charakterisieren?**

  Ebenfalls durch die Erstellung eines überwiegend qualitativen, inputorientierten Führungsprofils.

ZIEL 2:	Die Bildung einer Typologie von Lernenden Unternehmen auf Basis von empirisch ermittelten Lern- und Führungsprofilen.

- **Welche Variablen lassen sich für eine sinnvolle Klassifizierung verwenden?**

  Als Variablen für die Klassifizierung wurden die Merkmale organisationalen Lernens (Ausbaustand von Lernfähigkeit, organisatorischem Kontext und Lernprozessen) bzw. des Mitarbeiterführungssystems (Bewertung von interaktionellen, strukturellen und kulturellen Führungsprozessen sowie des Menschenbilds als Grundlage) verwendet. Die Operationalisierung erfolgte anhand von ausgewählten Indikatoren.[2]

- **Welche prägnanten Typen lernender Unternehmen gibt es?**

---

[2] Vgl. Tabelle 17 in Kap. 4.2.2

- **Welche prägnanten Typen lernender Unternehmen gibt es?**

  Es wurden drei Typen von Lernenden Unternehmen identifiziert: Typ A („Innovator") Typ B („Kooperator") und Typ C („Traditionalist") die sich in ihren Merkmalen hinsichtlich des organisationalen Lernens und des eingesetzten Mitarbeiterführungssystems signifikant voneinander abgrenzen lassen.

ZIEL 3: Ableitung von Empfehlungen zur Gestaltung von Mitarbeiterführungssystemen für die identifizierten Typen lernender Unternehmen.

- **Welche Strategien sollen gewählt und welche Maßnahmen sollen in den identifizierten Typen von Lernenden Unternehmen eingesetzt werden?**

  Für den Typ C wird eine Basisstrategie empfohlen, deren Maßnahmen auf die Schaffung der Grundlagen organisationalen Lernens und die Einleitung eines Kulturwandels abgestimmt sind. Der Typ B sollte eine Optimierungsstrategie verfolgen, die ganz auf die Optimierung der vorhandenen Prozesse und Strukturen abgestimmt ist. Der Typ A kann sich mittels einer Experimentalstrategie auf das Feintuning und das Experimentieren mit neuen Formen der Mitarbeiterführung konzentrieren.

- **Wie lassen sich die einzelnen Bausteine miteinander verknüpfen oder kombinieren?**

  Die Maßnahmen, die im Rahmen der beschriebenen Strategien eingesetzt werden sollen, lassen sich individuell kombinieren: wichtig ist die exakte Anpassung an den erreichten Entwicklungsstand des Unternehmens. Organisationalen Lernen erfolgt in kleinen Schritten und kontinuierlich und ist kein in kurzer Zeit durchzuführendes Programm.

- **Welche Rolle spielt die Personalabteilung bei der Umsetzung?**

  Die Rolle der Personalabteilung entwickelt sich mit den Schwerpunkten Beratung und Dienstleistung zu einem Promotor des Lernenden Unternehmens.

Die Zielsetzungen der Arbeit stellten das pragmatische, auf die Gestaltung der Unternehmensrealität ausgerichtete Wissenschaftsziel in den Vordergrund. Die in den vorangegangenen Kapiteln entwickelte, empfohlene Vorgehensweise für die Unternehmenspraxis soll daher eine systematische Analyse und Maßnahmenplanung für die Entwicklung eines individuellen, auf die Unternehmung zugeschnittenen Führungskonzeptes ermöglichen. Deshalb sei an dieser Stelle der gesamte Ablauf zur Gestaltung des Mitarbeiterführungskonzeptes im Lernenden Unternehmen noch einmal kurz skizziert.

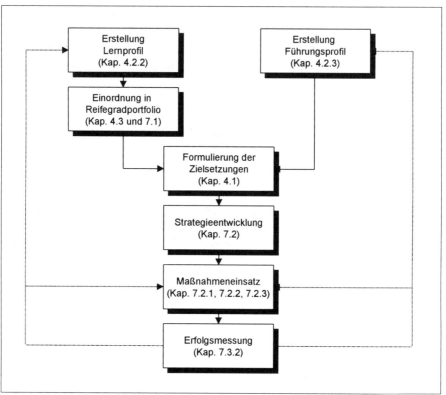

Abbildung 51: Übersicht empfohlene Vorgehensweise

- Die Grundlage für die Analyse bildet die Erstellung des Lern- und Führungsprofil des Unternehmens. Die hier vorgeschlagenen Kriterien und Skalen sind unternehmensspezifisch anzupassen.
- Die anschließende Einordnung in das Reifegradportfolio bestimmt die relative Position und bildet die Grundlage für die angestrebte Neupositionierung.

Kapitel 7: Schlußbetrachtung

- Im nächsten Schritt werden die Zielsetzungen operationalisiert, d. h. im Hinblick auf die formulierten Zielsetzungen eines Lernenden Unternehmens unternehmensspezifisch formuliert und konkretisiert.
- Aus der Positionierung und den individuellen Zielsetzungen folgt die Strategiewahl. Für die auf empirischer Basis bestimmten Typen wurden drei Strategien vorgeschlagen, deren Elemente durchaus kombinierbar sind. Wichtig ist das stufenweise Vorgehen, da zu große Schritte den gesamten Prozeß gefährden.
- Aus der gewählten Strategie leiten sich die Einzelmaßnahmen ab. Auch hier gilt der Grundsatz der individuellen Anpassung.
- Das Management des Wandels benötigt ein Controllinginstrument, das die Veränderung dokumentiert und somit die Möglichkeit des steuernden Eingreifens gewährleistet.

Es konnte im Verlauf der Untersuchung aufgezeigt werden, daß ein unternehmerisch ausgerichtetes Mitarbeiterführungssystem die Zielsetzungen des Lernenden Unternehmens wirkungsvoll unterstützen kann und muß. So wie es allerdings viele verschiedene Wege zum optimal lernenden Unternehmen gibt, so müssen auch Strategien und Maßnahmen der Mitarbeiterführung für jedes Unternehmen dem Entwicklungsstand und damit seiner Positionierung im Reifegradportfolio des organisationalen Lernens entsprechend angepaßt werden.

7.2 Ausblick

Der Stellenwert der Mitarbeiterführung für Lernende Unternehmen kann nach der ausführlichen Analyse der Veröffentlichungen zum Themenbereich und nach Betrachtung der Ergebnisse der vorliegenden Untersuchung als weitgehend erkannt, aber nur unzureichend berücksichtigt eingestuft werden. Aus der Notwendigkeit und dem Bedarf, theoretisch oder empirisch entwickelte Zusammenhänge, Instrumente und Modelle in der Praxis umzusetzen sowie praktische Erfahrungen durch die wissenschaftliche Arbeit zu prüfen, ergeben sich folgende Anforderungen an Theorie und Praxis:

Für den wissenschaftlichen Bereich ergibt sich eine weiterer Forschungsbedarf, der sich v. a. durch den Bedarf nach einer hohen Umsetzungsorientierung auszeichnet. Die Anzahl bestehender empirischer Untersuchungen zu Lernenden Unternehmen bzw. Lernenden Organisationen und v. a. zu den einzelnen Managementbereichen und Subsystemen ist bisher relativ gering.

Diese Untersuchung hat auch den weiteren Forschungsbedarf für den Bereich der Mitarbeiterführung und seine angrenzenden Bereiche aufgezeigt:

- **Effektivität und Effizienz** der eingesetzten Maßnahmen und Strategien hinsichtlich des organisationalen Lernens bedürfen der empirischen Überprüfung.

- **Entwicklungsprogramme** und **Curricula** zur begleitenden Schulung für Führungskräfte und Mitarbeiter müssen entworfen werden.

- **Technische Systeme**, die die Basis für Kommunikation und Information sowie neue, virtuelle Führungsstrukturen bilden, müssen weiterentwickelt und weiter angepaßt werden.

Schon heute beschäftigen sich Wirtschaftswissenschaftler, Pädagogen, Psychologen, Ingenieure und Wissenschaftler anderer Forschungsrichtungen mit den Konzepten zum Lernenden Unternehmen und zur Mitarbeiterführung. Aufgrund der komplexen Wirkungszusammenhänge sollte die interdisziplinäre Forschung auf diesem Gebiet weiter vorangetrieben werden.

Die weitere Etablierung, Verbreitung und Modifizierung von Mitarbeiterführungssystem für Lernende Unternehmen stellt ebenfalls einen Lernprozeß für die Unternehmenspraxis dar, der nur erfolgreich sein wird, wenn die folgenden Voraussetzungen erfüllt werden:

- Die **Diffusion** wird nur gelingen, wenn Unternehmensleitungen, Geschäftsführungen und Top-Management vom der Erfolgswirksamkeit überzeugt werden können.

- Die **Integration** in die bestehende Unternehmenskultur hängt von der Vereinbarkeit mit bestehenden Konzepten ab und muß kontinuierlich vorangetrieben werden.

- Die **Akzeptanz** bei allen Führungskräften und Mitarbeiter wird am ehesten durch die weitgehende Einbindung aller Betroffenen bei der Entwicklung erreicht.

- Es muß **Transparenz** für die gesamte Belegschaft bestehen, um Unsicherheit zu vermeiden.

- **Flexibilität** garantiert die Anpassung an strukturelle Änderungen im Unternehmen, die Markt und Kunden erfordern.
- Trotzdem müssen Spielräume für die **Individualisierung** der Mitarbeiterführung in den einzelnen Teilbereichen vorhanden bleiben, um Subkulturen das Überleben zu sichern.

Aus dieser Konstellation ergibt sich eine Perspektive für die Schaffung von Wettbewerbsvorteilen durch organisationales Lernen, die im Wissenszeitalter für unseren Standort Europa besonders wichtig und nur schwer zu kopieren sind. Das Lernende Unternehmen als wissensbasiertes System braucht dazu ein Mitarbeiterführungssystem, das den wichtigsten Ressourcen Rechnung trägt: den Mitarbeitern.

Anhang A: Modelle organisationalen Lernens

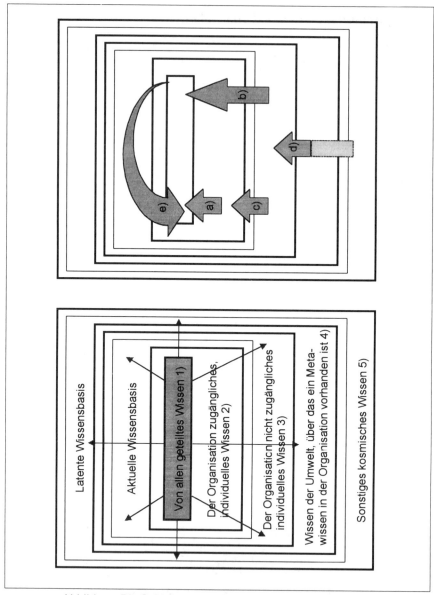

Abbildung 52: Schichtenmodell organisationalen Lernens
Quelle: Pautzke (1989), S. 87 und 113

Anhang A: Modelle organisationalen Lernens

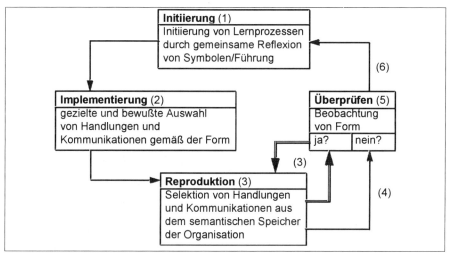

Abbildung 53: Elaboriertes Modell der organisationalen Lernfähigkeit
Quelle: Reinhardt (1993), S. 306

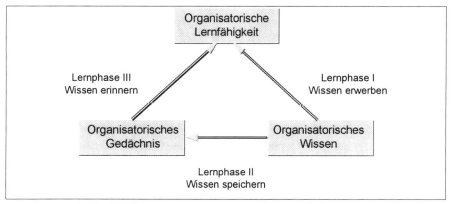

Abbildung 54: Organisatorische Intelligenz
Quelle: Oberschulte (1994), S. 29

248   Anhang A: Modelle organisationalen Lernens

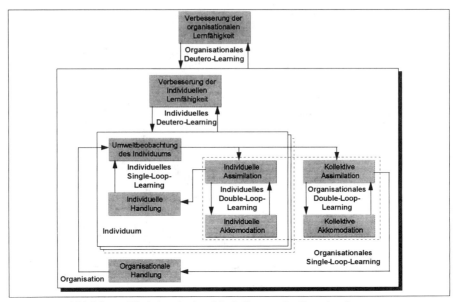

Abbildung 55: Integriertes Modell organisationalen Lernens
Quelle: Greschner (1996), S. 139

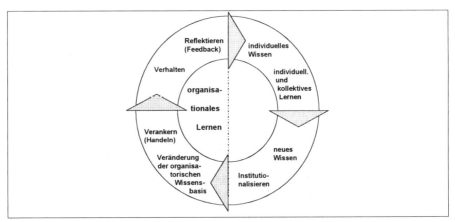

Abbildung 56: Der organisationale Lernkreislauf
Quelle: Güldenberg (1996)

Anhang B: Fragebogen

Teil A: Daten zu Ihrem Unternehmen

1. **Ist Ihr Unternehmen Teil eines Konzerns?**

    ja   nein
    ☐   ☐

2. **In welcher Branche ist Ihr Unternehmen tätig?**

    ☐ Energiewirtschaft   ☐ Verkehr
    ☐ Wasserversorgung, Bergbau   ☐ Telekommunikation
    ☐ Verarbeitendes Gewerbe   ☐ Kreditinstitute, Versicherungen
    ☐ Baugewerbe   ☐ Sonstige Dienstleistungen
    ☐ ....

3. **Wieviele Beschäftigte arbeiten in Ihrem Unternehmen?**

    ≤ 50   51-500   >500
    ☐   ☐   ☐

4. **Wie hat sich die Mitarbeiterzahl in den letzten 3 Jahren verändert?**

    + / - .... %

5. **Wie hoch war der Umsatz Ihres Unternehmens im letzten Geschäftsjahr (in Mio)?**

    ≤ 8   8-32   >32
    ☐   ☐   ☐

6. **Wie hat sich der Umsatz in den letzten 3 Jahren verändert?**

    + / - .... %

Teil B: Mitarbeiterführung in Ihrem Unternehmen

7. **Nach welcher Organisationsform ist Ihr Unternehmen strukturiert?**

    ☐ Funktionale Organisation   ☐ Projektorganisation
    ☐ Sparten-Organisation   ☐ Netzwerkorganisation
    ☐ Matrixorganisation   ☐ Center-Organisation
    ☐ ....

8. **Wieviele Hierarchieebenen sind in Ihrem Unternehmen vorhanden?**

    ✎ ....

9. **Gibt es schriftlich fixierte Führungsgrundsätze in Ihrem Unternehmen?**

    ja   nein
    ☐   ☐

10. **Wenn ja, sind diese von der Geschäftsleitung vorgegeben oder mit Beteiligung der Mitarbeiter entstanden?**

    vorgegeben   gemeinsam erarbeitet
    ☐   ☐

11. Welche der folgenden Aussagen treffen auf Ihr Unternehmen zu?

	Bitte ankreuzen: 1=trifft voll zu, 2=trifft eher zu, 3=trifft eher nicht zu, 4=trifft gar nicht zu	trifft zu	trifft nicht zu
11.1	*Mitarbeiter entscheiden innerhalb eines vorgegebenen Rahmens selbständig, bis Toleranzgrenzen überschritten werden oder unvorhergesehene Ereignisse eintreten (Management by Exception).*	1 2 3 4 □ □ □ □	
11.2	*Es werden Zielvereinbarungen getroffen und den Mitarbeitern ein Ermessensspielraum bezüglich des Weges zur Zielerreichung eingeräumt (Management by Objectives).*	1 2 3 4 □ □ □ □	
11.3	*Die Mitarbeiter handeln in eigener Verantwortung und orientieren sich an Leitbildern.*	1 2 3 4 □ □ □ □	
11.4	*Dank umfassender Delegation gibt es bei uns viele Entscheidungs- und Verantwortungsträger.*	1 2 3 4 □ □ □ □	
11.5	*Die Mitarbeiter arbeiten in Teams zusammen und kontrollieren sich weitgehend selbst.*	1 2 3 4 □ □ □ □	
11.6	*Es dominieren autokratische Einzelentscheide.*	1 2 3 4 □ □ □ □	
11.7	*Jeder Mitarbeiter wird umfassend mit Informationen versorgt, die auch über seinen Arbeitsbereich hinausgehen.*	1 2 3 4 □ □ □ □	
11.8	*Kommunikation findet bei uns nur über vorgegebene Kanäle statt.*	1 2 3 4 □ □ □ □	
11.9	*Mitarbeiter werden als eigenverantwortliche Mitglieder des Unternehmens und als Dialogpartner für Innovationen angesehen.*	1 2 3 4 □ □ □ □	
11.10	*Wir führen regelmäßig Mitarbeiterbefragungen durch, um Informationen zur Gestaltung unserer Führungsbeziehungen zu gewinnen.*	1 2 3 4 □ □ □ □	

Teil C: Ist Ihr Unternehmen ein „Lernendes Unternehmen"?

12. Strategie: Welche der folgenden Aussagen treffen auf Ihr Unternehmen zu?

Bitte ankreuzen: 1=trifft voll zu, 2=trifft eher zu, 3=trifft eher nicht zu, 4=trifft gar nicht zu	trifft zu	trifft nicht zu
12.1 Wir bestimmen regelmäßig unseren Standort und verändern entsprechend die Richtung und die Strategie.	1 2 3 4 ☐ ☐ ☐ ☐	
12.2 Es werden bewußt kleine Experimente in den Planungsprozeß eingebaut, um permanente Fortschritte zu ermöglichen.	1 2 3 4 ☐ ☐ ☐ ☐	
12.3 Die Konzeption unternehmenspolitischer Maßnahmen und Strategien ist Sache der Unternehmensleitung.	1 2 3 4 ☐ ☐ ☐ ☐	
12.4 Die Unternehmenspolitik wird durch die Meinungen aller Beteiligten entscheidend beeinflußt.	1 2 3 4 ☐ ☐ ☐ ☐	
12.5 Das Lernen aller Mitarbeiter ist Teil der Unternehmensstrategie.	1 2 3 4 ☐ ☐ ☐ ☐	

13. Unternehmensstruktur: Welche der folgenden Aussagen treffen auf Ihr Unternehmen zu?

Bitte ankreuzen: 1=trifft voll zu, 2=trifft eher zu, 3=trifft eher nicht zu, 4=trifft gar nicht zu	trifft zu	trifft nicht zu
13.1 Die beruflichen Funktionen und Karrieren sind flexibel strukturiert und ermöglichen Experimente, Wachstum und Anpassung.	1 2 3 4 ☐ ☐ ☐ ☐	
13.2 Die Grenzen zwischen Abteilungen und Geschäftsbereichen sind fließend und wandeln sich.	1 2 3 4 ☐ ☐ ☐ ☐	
13.3 Wir experimentieren mit neuen Strukturformen.	1 2 3 4 ☐ ☐ ☐ ☐	

14. Unternehmenskultur: Welche der folgenden Aussagen treffen auf Ihr Unternehmen zu?

Bitte ankreuzen: 1=trifft voll zu, 2=trifft eher zu, 3=trifft eher nicht zu, 4=trifft gar nicht zu	trifft zu			trifft nicht zu
	1	2	3	4
14.1 Die Informationen werden benutzt, um sich zu verständigen, nicht um zu belohnen oder zu bestrafen.	☐	☐	☐	☐
14.2 Jeder fühlt sich als Teil eines Geschäftsbereichs oder einer Abteilung, die für ihre eigenen Ressourcen verantwortlich ist.	☐	☐	☐	☐
14.3 Die Geschäftsbereiche sehen sich gegenseitig als Kunden und Lieferanten, diskutieren und vereinbaren Qualität, Kosten und Lieferbedingungen.	☐	☐	☐	☐
14.4 Die Manager fördern Kommunikation, Verhandlungen und Vertragsabschlüsse und vermeiden Kontrolle von oben nach unten.	☐	☐	☐	☐
14.5 Die Abteilungen sprechen selten frei und offen miteinander, sondern stehen in einem ständigem Konkurrenzkampf.	☐	☐	☐	☐
14.6 Meinungsverschiedenheiten jeglicher Art werden anerkannt und als positiv und wichtig für das Lernen und die Kreativität bewertet.	☐	☐	☐	☐
14.7 Wenn etwas schiefläuft, können unsere Mitarbeiter Hilfe und Unterstützung erwarten und etwas daraus lernen.	☐	☐	☐	☐
14.8 Es herrscht die allgemeine Einstellung, daß immer etwas verbesserungswürdig ist daß immer versucht wird, zu lernen und es besser zu machen.	☐	☐	☐	☐
14.9 Wenn unsere Mitarbeiter etwas nicht wissen, ist es ganz selbstverständlich, nachzufragen, bis sie die erforderliche Hilfe oder die notwendigen Informationen erhalten.	☐	☐	☐	☐
14.10 Die Geschäftsbereiche, Abteilungen und Einheiten können aufgr. v. eigenen Initiativen handeln.	☐	☐	☐	☐

Anhang B: Fragebogen

15. Lernprozesse: Welche der folgenden Aussagen treffen auf Ihr Unternehmen zu?

Bitte ankreuzen: 1=trifft voll zu, 2=trifft eher zu, 3=trifft eher nicht zu, 4=trifft gar nicht zu	trifft zu	trifft nicht zu
15.1 Alle Mitarbeiter haben die Aufgabe, Informationen darüber einzuholen und weiterzuleiten, was außerhalb des Unternehmens passiert. In allen unternehmensinternen Sitzungen wird regelmäßig das Umfeld des Unternehmens analysiert.	1 2 3 4 ☐ ☐ ☐ ☐	
15.2 Wir erhalten regelmäßige Informationen über Wirtschaft, Märkte, technologische Entwicklungen, soziopolitische Ereignisse und weltweite Trends und analysieren, wie diese unser Unternehmen beeinflussen können.	1 2 3 4 ☐ ☐ ☐ ☐	
15.3 Unsere Mitarbeiter pflegen Kontakte zu unseren Geschäftspartnern, einschließlich Kunden, Lieferanten und Konkurrenten.	1 2 3 4 ☐ ☐ ☐ ☐	
15.4 Wir beteiligen uns an Gemeinschaftsprojekten mit unseren Zulieferern, Kunden und Konkurrenten, um neue Produkte zu entwickeln und neue Märkte zu erschließen.	1 2 3 4 ☐ ☐ ☐ ☐	
15.5 Unsere Mitarbeiter stellen ihr Wissen dem Unternehmen gerne zur Verfügung, z. B. durch zahlreiche Betriebliche Verbesserungsvorschläge.	1 2 3 4 ☐ ☐ ☐ ☐	
15.6 Wir setzen Benchmarking ein, um von den besten Praktiken in anderen Branchen zu lernen.	1 2 3 4 ☐ ☐ ☐ ☐	
15.7 Die Informationstechnologie wird eingesetzt, um Datenbanken und Kommunikationssysteme aufzubauen, die mithelfen, die unternehmensinternen Vorgänge jedermann verständlich zu machen und vernünftige Entscheidungen zu treffen.	1 2 3 4 ☐ ☐ ☐ ☐	
15.8 Durch „Knopfdruck" können unsere Mitarbeiter jederzeit erfahren, wie gut ihr Geschäftsbereich arbeitet.	1 2 3 4 ☐ ☐ ☐ ☐	

16. Lernfähigkeit: Welche der folgenden Aussagen treffen auf Ihr Unternehmen zu?

Bitte ankreuzen: 1=trifft voll zu, 2=trifft eher zu, 3=trifft eher nicht zu, 4=trifft gar nicht zu	trifft zu	trifft nicht zu
16.1 Alle Mitarbeiter verfügen über ein eigenes Entwicklungsbudget. Sie entscheiden welches Training sie möchten, wie sie sich persönlich weiterentwickeln wollen und was sie dafür aufwenden.	1 2 3 4 ☐ ☐ ☐ ☐	
16.2 Im Unternehmen stehen zahlreiche frei zugängliche Lernmöglichkeiten, -materialien und -hilfsmittel zur Verfügung.	1 2 3 4 ☐ ☐ ☐ ☐	
16.3 Wir führen regelmäßig Veranstaltungen durch, um Teambildung und Gruppenarbeit zu fördern.	1 2 3 4 ☐ ☐ ☐ ☐	
16.4 Neue Ansätze zur Veränderung der Handlungsweisen aller Mitarbeiter (wie z. B. Kunden- oder Qualitätsorientierung, Kaizen, TQM etc.) finden in unserem Unternehmen eine rasche Verbreitung.	1 2 3 4 ☐ ☐ ☐ ☐	

17. Alles in allem - würden Sie Ihr Unternehmen als „lernendes Unternehmen" bezeichnen?

Bitte ankreuzen: 1=trifft voll zu, 2=trifft eher zu, 3=trifft eher nicht zu, 4=trifft gar nicht zu	trifft zu	trifft nicht zu
	1 2 3 4 ☐ ☐ ☐ ☐	

18. Wenn ja, führen Sie Lernerfolgsmessungen durch und mit welchen Ergebnissen?

✎ ....

19. Raum für weitere Anmerkungen

✎ ....

Literaturverzeichnis

Ackermann, K.-F. (1991), Strategisches Personalmanagement in dezentralen Strukturen, in: Personalführung, 24, 1991, 7, S. 464-470

Ackermann, K.-F. (1992), Auf der Suche nach kundenorientierten Organisationsformen des Personalmanagements, in: Kienbaum, J. (Hrsg.), Visionäres Personalmanagement, Stuttgart 1992, S. 241-254

Ackermann, K.-F. (1994), Die Personalabteilung am Scheideweg, in: Ackermann, K.-F. (Hrsg.), Reorganisation der Personalabteilung, Stuttgart 1994, S. 3-21

Ackermann, K.-F., Meyer, M., Mez, B. (1998), Die kundenorientierte Personalabteilung, Wiesbaden 1998

Ackermann, K.-F., Meyer, M. (1998), Kundenorientierung im Personalmanagement - auf dem Weg zum Dienstleistungszentrum Personalabteilung, in: Ackermann, K.-F., Meyer, M., Mez, B. (Hrsg.), Die kundenorientierte Personalabteilung, Wiesbaden 1998, S. 3-28

Ackermann, K.-F., Reber, G. (1981), Personalwirtschaft: motivationale und kognitive Grundlagen, Stuttgart 1981

Albach, H., Wildemann, H. (1995), Lernende Unternehmen, Wiesbaden 1995

Alioth, A. (1995), Selbststeuerungskonzepte, in: Kieser, A. (Hrsg.), Handwörterbuch der Führung, 2. Aufl., Stuttgart 1995, Sp. 1894-1902

Alioth, A., Vaasen, B. (1988), Führungsverständnis und Selbständigkeit der Mitarbeiter, in: Die Unternehmung, Zürich, 1988, 4, S. 275-282

Altmann, W. (1997), Das Intranet bei Siemens Nixdorf, in: Personalführung, 30, 1997, 6, S. 494-502

Argyris, C. (1991), Wenn Experten lernen müssen, in: Harvard Manager, 1991, 4, S. 95-107

Argyris, C., Schön, D. A. (1978), Organizational Learning: A Theory of Action Perspective, Reading u.a. 1978

Arthur D. Little (1995), Management der Lernprozesse in Unternehmen, Wiesbaden 1995

Backhaus, K. (1989), Multivariate Methoden, Berlin, Heidelberg 1989

Bandura, A. (1979), Sozial-kognitive Lerntheorie, Stuttgart 1979

Bandura, A. (1986), Social foundations of thougt and action, Englewood Cliffs 1986

Bass, B., Steyrer, J. (1995), Transaktionale und transformationale Führung, in: Kieser, A. (Hrsg.), Handwörterbuch der Führung, 2. Aufl., Stuttgart 1995, Sp. 2053-2062

Bateson, G. (1988), Ökologie des Geistes. Antroposophische, psychologische, biologische und epistemologische Perspektiven, Frankfurt a. M. 1988

Bauer, R. (1995), Coaching, in: Kieser, A. (Hrsg.), Handwörterbuch der Führung, 2. Aufl., Stuttgart 1995, Sp. 200-211

Bayer, H. (1997), Aufbau von Coaching-Kompetenz, in: Personalwirtschaft, 24, 1997, 11, S. 48-51

Becker, F. (1990), Anreizsysteme für Führungskräfte: Möglichkeiten zur strategisch-orientierten Steuerung des Managements, Stuttgart 1990

Becker, F. (1995), Anreizsysteme als Führungsinstrumente, in: Kieser, A. (Hrsg.), Handwörterbuch der Führung, 2. Aufl., Stuttgart 1995, Sp. 34-45

Bertels, T. (1996), Management im Wissenszeitalter, in: Gablers Magazin, 10, 1996, 10, S. 36-38

Bertels, T. (1997), Lernstrategien entwickeln: greifbar machen, in: Wieselhuber, N. (Hrsg.), Handbuch Lernende Organisation, Wiesbaden 1997, S. 210-221

Berth, R. (1994), Die Revolution findet doch statt, in: Gablers Magazin, 8, 1994, 8, S. 40-44

Berthoin Antal, A. (1992), Lerntransfer: Vom Individuum zur Organisation - Wie kann Organisationslernen gefördert werden?, in: Krebsbach-Gnath, C. (Hrsg.), Den Wandel in Unternehmen steuern, Frankfurt a.M 1992, S. 85-102

Betzel, K. (1996), Entwicklungsansätze in der Arbeitsorganisation und aktuelle Unternehmenskonzepte - Visionen und Leitbilder, in: Bullinger, H.-J., Warnecke, H.-J. (Hrsg.), Neue Organisationsformen im Unternehmen, Berlin u.a. 1996, S. 29-64

Bierhoff, H. (1995), Vertrauen in Führungs- und Kooperationsbeziehungen, in: Kieser, A. (Hrsg.), Handwörterbuch der Führung, 2. Aufl., Stuttgart 1995, Sp. 2148-2158

Birckenbach, F., Soltwedel, R. (1995), Trends in Führungsphilosophie und Unternehmensorganisation, in: , Gütersloh 1995, S. 4-62

Bisani, F. (1995), Personalwesen und Personalführung: der State of the Art der betrieblichen Personalarbeit, 4. Aufl., Wiesbaden 1995

Bitzer, M. (1991), Intrapreneurship - Unternehmertum in der Unternehmung, Stuttgart 1991

Blake, R., Mouton, J.S. (1968), Verhaltenspsychologie im Betrieb, Düsseldorf, Wien 1968

Bleicher, K. (1985), Zur strategischen Ausgestaltung von Anreizsystemen für die Führungsgruppe in Unternehmungen, in: ZFO, 54, 1985, 1, S. 21-27

Bleicher, K. (1989), Chancen für Europas Zukunft, Wiesbaden 1989

Bleicher, K. (1992), Strategische Anreizsysteme: flexible Vergütungssysteme für Führungskräfte, Stuttgart 1992

Bleicher, K. (1995), Vertrauen als kritischer Erfolgsfaktor, in: Müller-Stewens, G., Spickers, J. (Hrsg.), Unternehmerischen Wandel erfolgreich bewältigen, Wiesbaden 1995, S. 207-219

Böhnisch, W. (1991), Führung und Führungskräftetraining nach dem Vroom/ Yetton-Modell, Stuttgart 1991

Böning, U. (1995), Coaching für Manager, in: Rosenstiel, L.v., Regnet, E., Domsch, M. (Hrsg.), Führung von Mitarbeitern, Stuttgart 1995, S. 243-251

Bortz, J. (1989), Statistik für Sozialwissenschaftler, Berlin/Heidelberg 1989

Braun, J. (1996), Leitsätze moderner Organisationsgestaltung, in: Bullinger, H.-J., Warnecke, H.-J. (Hrsg.), Neue Organisationsformen im Unternehmen, Stuttgart 1996, S. 119-146

Bretz, H. (1988), Unternehmertum und fortschrittsfähige Organisation: Wege zu einer betriebswirtschaftlichen Avantgarde, München 1988

Literaturverzeichnis 261

Briegel, K., Klein, C. (1996), Personalentwicklung als Beitrag zur lernenden Organisation, in: Personalführung, 29, 1996, 2, S. 132-137

Brink, H.-J., Pfau, W. (1996), Führungsstruktur und multimediale Techniken. Ein entscheidungsorientierter Ansatz, in: WiSt, 25, 1996, 1, S. 2-7

Brosius, G. (1989), SPSS/PC+ Advanced Statistics und Tables, Hamburg 1989

Bühner, R. (1995), Alles für den Mitarbeiter, in: Personalwirtschaft, 22, 1995, 9, S. 37-40

Bullinger, H.-J., Friedrich, R. (1995), Zur Ausrichtung des Reengineering: Management of Change, in: Office Management, 43, 1995, 11, S. 20-26

Bullinger, H.-J., Roos, A., Wiedmann, G. (1994), Amerikanisches Business Reengineering oder japanisches Lean Management?, in: Office Management, 42, 1994, 7-8, S. 14-20

Bullinger, H.-J., Schäfer, M. (1996), Das Management lernender Unternehmen, in: Office Management, 44, 1996, 1-2, S. 16-20

Burgheim, W. (1996), Acht Lernpfade für das lernende Unternehmen, in: Harvard Business Manager, o. Jg., 1996, 3, S. 53-61

Dähne, N. (1994), Organisations- und Führungsstrukturen einer Know-how AG, in: Office Management, 42, 1994, 1-2, S. 72-75

Deiser, R. (1996), Vom Wissen zum Tun und zurück. Die Kunst des strategischen Wissensmanagements, in: Schneider, U. (Hrsg.), Wissensmanagement, Frankfurt a.M. 1996, S. 49-76

Delfmann, W. (1995), Logistik als strategische Ressource: Theoretisches Modell und organisatorische Umsetzung integrierten Lernens in logistischen Netzwerken, in: Albach, H., Wildemann, H. (Hrsg.), Lernende Unternehmen, Wiesbaden 1995, S. 141-172

Delhees, K. (1995), Führungstheorien - Eigenschaftstheorie, in: Kieser, A. (Hrsg.), Handwörterbuch der Führung, 2. Aufl., Stuttgart 1995, Sp. 897-906

Dierkes, M., Hähner, K., Raske, B. (1996), Theoretisches Konzept und praktischer Nutzen der Unternehmenskultur, in: Bullinger, H.-J., Warnecke, H.-J. (Hrsg.), Neue Organisationsformen im Unternehmen, Stuttgart 1996, S. 315-332

Dierkes, M., Raske, B. (1994), Wie Unternehmen lernen, in: Manager Magazin, o. Jg., 1994, 7, S. 142-154

Doppler, K., Lauterburg, C. (1995), Change Management: den Unternehmenswandel gestalten, Frankfurt 1995

Dorau, D. (1996), Lernen in der Organisation, in: Personalführung, 29, 1996, 5, S. 368-377

Dörfler, H.-W. (1993), Grundlagen der praktischen Gestaltung von Anreizsystemen zur Unternehmensführung, Frankfurt a.M. 1993

Dörler, H.A., Rufer, D., Wüthrich, H.A. (1991), Von der Produkt/Marktplanung zur dynamischen Unternehmensarchitektur, in: Riekhof, H.-C. (Hrsg.), Strategieentwicklung, Stuttgart 1991, S. 23-46

Drosten, S. (1996), Integrierte Personal- und Organisationsentwicklung in der Lernenden Unternehmung, Bielefeld 1996

Drumm, H.J. (1992), Personalwirtschaftslehre, 2. Aufl., Berlin/Heidelberg 1992

Dubs, R. (1994), Unternehmerischer Wandel, in: Gomez, P. (Hrsg.), Unternehmerischer Wandel, Wiesbaden 1994, S. 85-104

Dubs, R. (1995), Pädagogik und Führung, in: Kieser, A. (Hrsg.), Handwörterbuch der Führung, 2. Aufl., Stuttgart 1995, Sp. 1689-1694

Duncan, R., Weiss, A. (1979), Organizational learning: implications for organizational design., in: Research in Organizational Behavior, o. Jg., 1979, 1, S. 75-123

Ebers, M. (1995), Organisationskultur und Führung, in: Kieser, A. (Hrsg.), Handwörterbuch der Führung, 2. Aufl., Stuttgart 1995, Sp. 1664-1682

Eck, C. D. (1997), Wissen - ein neues Paradigma des Managements, in: Die Unternehmung, 50, 1997, 3, S. 155-179

Ehmann, M. (1991), Der Personalleiter als Berater, in: Personalführung, 24, 1991, 7, S. 472-480

Eiff, W.v. (1994), Geschäftsprozeßmanagement. Integration von Lean Management-Kultur und Business Process Engineering, in: ZFO, 63, 1994, 6, S. 364-371

Eller, E. (1997), Personalberater als Systempartner, in: Personalwirtschaft, 24, 1997, Sonderheft, S. 20-22

Fechtner, H., Henkel, M., Taubert, R. (1994), Feedback für Vorgesetzte. Ein Instrument dialogischer Führung, in: Personal, 46, 1994, 8, S. 370-374

Fein, H. (1995), Führungskräfte als lernende Systeme, in: Kieser, A. (Hrsg.), Handwörterbuch der Führung, 2. Aufl., Stuttgart 1995, Sp. 750-760

Felbert, D.v. (1997), Nachholbedarf für deutsche Unternehmen, in: Personalwirtschaft, 24, 1997, 10, S. 16-18

Figge, R. (1995), Personalpolitische Konsequenzen aus der jüngsten Rezession. Chance zu einer neuen Führungs- und Managementkultur?, in: Personal, 47, 1995, 7, S. 338-341

Finzer, P., Mungenast, M. (1990), Führungsgrundsätze: Führungsinstrument oder Unternehmenszeremonie?, in: ZFO, 59, 1990, 1, S. 50-54

Fiol, C. M., Lyles, M.A. (1985), Organizational Learning, in: Academy of Management Review, 10, 1985, 4, S. 803-813

Fischer, H. (1995a), Der Mitarbeiter - Schlüssel zum Erfolg, in: Personal, 47, 1995, 2, S. 72-76

Fischer, H. (1995b), Das lernende Unternehmen ... mit Konzept!, in: ZFO, 54, 1995, 3, S. 191-192

Flarup, J., Nowak, L., Stein, F. (1997), Und es geht doch!, in: Personalführung, 30, 1997, 11, S. 1070-1076

Freimuth, J. (1993), Anforderungen an Anreizsysteme im Rahmen einer lernenden Organisation, in: Personal, 45, 1993, 11, S. 507-511

Frese, M. (1998), Managementfehler und Fehlermanagement, in: Personalführung, 31, 1998, 2, S. 58-62

Frey, D., Kleinmann, M., Barth, S. (1995), Intrapreneuring und Führung, in: Kieser, A. (Hrsg.), Handwörterbuch der Führung, 2. Aufl., Stuttgart 1995, Sp. 1272-1283

Friedrichs, J. (1998), Methoden empirischer Sozialforschung, 15. Aufl., Opladen 1998

Gade, T., Wilkening, O. S. (1996), Selbststeuernde Projektteams unterstützen, in: Personalführung, 29, 1996, 12, S. 1088-1090

Geißler, H. (1994), Grundlagen des Organisationslernens, Weinheim 1994

Geißler, H. (1995), Organisationslernen-zur Bestimmung eines betriebspädagogischen Grundbegriffs, in: Arnold, R., Weber, W. (Hrsg.), Weiterbildung und Organisation, Berlin 1995, S. 45-73

Geißler, H. (1996), Vom Lernen in der Organisation zum Lernen der Organisation, in: Sattelberger, T. (Hrsg.), Die lernende Organisation, Wiesbaden 1996, S. 79-96

Gidion, G. (1996), Persönlichkeits- und bedarfsgerechte Personalentwicklung in lernenden Unternehmen, in: Bullinger, H.-J., Warnecke, H.-J. (Hrsg.), Neue Organisationsformen im Unternehmen, Stuttgart 1996, S. 803-818

Göbel, E. (1993), Selbstorganisation - Ende oder Grundlage rationaler Organisationsgestaltung, in: ZFO, 62, 1993, 6, S. 391-395

Göbel, E. (1996), Bedeutung des Prozeßmanagement für das organisationale Lernen, in: WiSt, 25, 1996, 11, S. 554-558

Golüke, U. (1991), Lernt ihr Unternehmen eigentlich effektiv genug?, in: ZfB, 61, 1991, 10, S. 1119-1130

Greschner, J. (1996), Lernfähigkeit von Unternehmen: Grundlagen organisationaler Lernprozesse und Unterstützungstechnologien für Lernen im strategischen Management, Frankfurt 1996

Grünig, R., Heckner, F., Zeus, A. (1996), Methoden zur Identifikation strategischer Erfolgsfaktoren, in: Die Unternehmung, 49, 1996, 1, S. 3-12

Güldenberg, S. (1996), Lernen als Individuum, als Gruppe und als Organisation - das Netzwerk der Lernende Organisation aus Sicht eines Orchesters, in: Schatz, R., Schaub, C. (Hrsg.), Netzwerke als Basis der Lernenden Organisation, Bonn 1996, S. 19-42

Güldenberg, S. (1997), Lernbarrieren und Verhinderungen des Verlernens in Organisationen, in: Wieselhuber, N. (Hrsg.), Handbuch Lernende Organisation, Wiesbaden 1997, S. 228-235

Güldenberg, S., Eschenbach, R. (1996), Organisatorisches Wissen und Lernen - erste Ergebnisse einer qualitativ empirirschen Erhebung, in: ZFO, 65, 1996, 1, S. 4-9

Guserl, R. (1997), Praxisrelevantes Führungskonzept für projektorientierte Unternehmungen, in: ZfB, 67, 1997, Ergänzungsheft, S. 1-29

Hadamitzky, M. C. (1995), Restrukturierung, organisatorisches Lernen und Unternehmenserfolg, in: ZfB, 65, 1995, Ergänzungsheft, S. 173-189

Hartge, T. (1996), Neue Medien im Personalmanagement: Bausteine für das lernende Unternehmen, in: Personalführung Plus, 29, 1996, S. 4-7

Hartwig, G. (1994), Personalarbeit in der "Lernenden Organisation", in: Personalführung, 27, 1994, 11, S. 1036-1041

Hauser, E., Hempfer, F. (1995), Systematische Entwicklung von Führungskräftenachwuchs. EinTreibriemen zur Veränderung der Unternehmenskultur, in: Personalführung, 28, 1995, 7, S. 594-600

Hausschild, J. (1991), Innovationsstrategien und ihre organisatorischen Konsequenzen, in: Riekhof, H.-C. (Hrsg.), Strategieentwicklung, Stuttgart 1991, S. 255-270

Hedberg, B. (1981), How Organizations learn and unlearn, in: Nystrom, P.C., Starbuck, W.H. (Hrsg.), Handbook of Organizational Design, Oxford 1981, S. 3-27

Heimbrock, K. J. (1996), Dynamische Architektur, in: Personalwirtschaft, 23, 1996, 4, S. 11-15

Heimerl-Wagner, P. (1992), Strategische Organisationsentwicklung: inhaltliche und methodische Konzepte zum Lernen in und von Organisationen, Heidelberg 1992

Heinrich, D. (1990), Personal-Portfolio-Analyse, in: Personal, 42, 1990, 6, S. 228-231

Henn, H. (1996), Gestaltung des Wandels von der Funktions- zur Kompetenzhierarchie, in: ZFO, 65, 1996, 5, S. 304-309

Hentze, J., Brose, P. (1990), Personalführungslehre: Grundlagen, Führungsstile, Funktionen und Theorien der Führung, 2. Aufl., Bern, Stuttgart 1990

Hersey, P., Blanchard, K.H. (1977), Management of organizational behavior: Utilizing human resources, New York 1977

Herzberg, F.H. (1968), Work and the nature of man, London 1968

Heyde, G. (1997), Feedback für Führungskräfte, in: Personalwirtschaft, 24, 1997, 11, S. 28-32

Heyse, V., Höhn, G. (1997), Lernprozesse bei der Umstrukturierung im Lausitzer Braunkohlenbergbau, in: Reiß, M. (Hrsg.), Change Management, Stuttgart 1997, S. 315-332

Hilb, M. (1995), Lean and happy, in: Personalwirtschaft, 22, 1995, 10, S. 50-

Hilgard, E.R., Bower, G.H. (1975), Theorien des Lernens, Stuttgart 1975

Hinterhuber, H. (1997), Strategische Unternehmensführung, 6. Aufl., Berlin 1997

Hoffmann, F. (1986), Kritische Erfolgsfaktoren - Erfahrungen großen und mittelständischen Unternehmen, in: ZFO, 55, 1986, 12, S. 832-839

Hoffmann, F. (1990), Unternehmens-Bewertungssystem (UBS), in: ZFO, 59, 1990, 5, S. 315-322

Hofmann, J., Kläger, Wolfram, Michelsen, Ulf (1995), Virtuelle Unternehmensstrukturen, in: Office Management, 43, 1995, 12, S. 24-29

Höft, U. (1992), Lebenszykluskonzepte: Grundlage für das strategische Marketing- und Technologiemanagement, Berlin 1992

Hohmann, R., Bittmann, Barbara (1994), Teams als Basis der lernenden Organisation, in: Personalführung, 27, 1994, 7, S. 616-629

Höhn, R. (1966), Stellenbeschreibung und Führungsanweisung, Bad Harzburg 1966

Hoss, D. (1995), Personalwirtschaft 2000, in: Personalwirtschaft, 22, 1995, 8, S. 44-44

ILOI, Internationales Institut für lernende Organisation und Innovation (1997), Management of Change-Erfolgsfaktoren und Barrieren organisatorischer Veränderungsprozesse, München 1997

Janssen, J., Laatz, W. (1994), Statistische Datenanalyse mit SPSS für Windows, Heidelberg 1994

Kaiser, K. (1996), Gestaltung lernfördernder Bedingungen in Unternehmen, in: Schatz, R., Schaub, C. (Hrsg.), Netzwerke als Basis der Lernenden Organisation, Bonn 1996, S. 43-58

Karner, H. F. (1996), Die personelle und strukturelle Seite des interlektuellen Kapitals. Wissenswerker in und außerhalb der Netzwerkorganisation, in: Schneider, U. (Hrsg.), Wissensmanagement, Frankfurt a. M. 1996, S. 77-132

Kastner, M. (1990), Personalmanagement heute, Landsberg 1990

Katz, D., Kahn, R. (1966), The Social Psychology of Organizations, New York 1966

Kern, P. (1994), Supervisionsorientiertes Lernen in der Organisation. Das Modell der Gruppen-Arbeitssupervision an einem Praxis-Beispiel, in: Personalführung, 27, 1994, 7, S. 630-635

Kiel, H. (1994), Führung: Können oder Kunst?, in: Personal, 46, 1994, 5, S. 223-228

Kieliszek, K. (1994), Computer Aided Selling, Wiesbaden 1994

Kieser, A. (1994), Fremdorganisation, Selbstorganisation und evolutionäres Management, in: ZfbF, 47, 1994, 3, S. 199-229

Kieser, A. (1995), Quo vadis Organisationstheorie - mit der Organisationspraxis, ihr voraus oder hinterher oder ganz woanders hin?, in: ZFO, 62, 1995, 6, S. 347-352

Kieß, W. (1997), Die Personalabteilung als Service-Center, in: Personalführung, 30, 1997, 7, S. 606-615

Kippes, S. (1993), Der Leitbilderstellungsprozeß: Weichenstellung für Erfolg oder Mißerfolg von Unternehmensleitbildern, in: ZFO, 61, 1993, 3, S. 184-188

Kirsch, W. (1979), Die Idee der fortschrittsfähigen Organisation. Über einige Grundlagenprobleme der Betriebswirtschaftslehre, in: Wunderer, R. (Hrsg.), Humane Personal- und Organisationsgestaltung, Berlin 1979, S. 3-24

Kirsch, W. (1995), Fortschrittsfähige Unternehmung, rationale Praxis und Selbstorganisation, in: Dürr, W. (Hrsg.), Selbstorganisation verstehen lernen, Frankfurt 1995, S. 91-151

Kirsch, W. (1996), Wegweiser zur Konstruktion einer evolutionären Theorie der strategischen Führung, München 1996

Kirsch, W., Knyphausen, D. (1991), Unternehmungen als "autopoietische" Systeme, in: Staehle, W. (Hrsg.), Managementforschung, Berlin 1991, S. 75-101

Klaus, H. (1994), Führung: Können oder Kunst?, in: Personal, 46, 1994, 5, S. 223-228

Klimecki, R. (1995), Organisationsentwicklung und Führung, in: Kieser, A. (Hrsg.), Handwörterbuch der Führung, 2. Aufl., Stuttgart 1995, Sp. 1652-1664

Klimecki, R., Probst, G. (1990), Entstehung und Entwicklung der Unternehmenskultur, in: Lattmann, C. (Hrsg.), Die Unternehmenskultur: ihre Grundlagen und ihre Bedeutung für die Führung der Unternehmung, Heidelberg 1990, S. 41-66

Klimecki, R., Probst, G., Eberl, P. (1994), Entwicklungsorientiertes Management, 8. Aufl., Stuttgart 1994

Literaturverzeichnis 271

Klinger, H. (1997), Praktische Probleme bei der Umsetzung, in: Personalwirtschaft, 24, 1997, 10, S. 20

Klöfer, F. (1996), Mitarbeiterkommunikation als Teil des Führungskonzepts, in: Personalführung, 29, 1996, 12, S. 1054-1061

Klötzl, G.L. (1994), Literaturreport: Team-Entwicklung und Gruppenarbeit, in: Personal, 46, 1994, 6, S. 268-271

Knebel, H. (1995), Zur Beurteilung von Teamfähigkeit und Teamleistung, in: Personal, 47, 1995, 11, S. 594-599

Knicker, T. (1996), Führen mit Zielen: Ein praktischer Wegweiser, in: Personal, 48, 1996, 9, S. 462-465

Kobi, J.-M., Wüthrich, H. A. (1986), Unternehmenskultur verstehen, erfassen und gestalten, Landsberg/Lech 1986

Koch, P., Birx, E. (1997), Vom Würdenträger zum "Spielercoach", in: Personalführung, 30, 1997, 11, S. 1064-1068

König, E., Volmer, G. (1996), Systemische Organisationsberatung - Grundlagen und Methoden, 4. Aufl., Weinheim 1996

Körmeier, K. (1995), Prozeßorientierte Unternehmensgestaltung, in: WiSt, 24, 1995, 5, S. 259-261

Kossbiel, H. (1994), Überlegungen zur Effizienz betrieblicher Anreizsysteme, in: DBW, 54, 1994, 1, S. 75-93

Kostka, C., Krämer, F. (1997), Führungskräfte als Dienstleister, in: Personalwirtschaft, 24, 1997, 8, S. 25-28

Kricsfalussy, A. (1997), Die Personalabteilung als Change-Agent, in: Personalführung, 30, 1997, 9, S. 458-463

Krieg, H.-J. (1994), Den steten Wandel gestalten. Führung und Zusammenarbeit hinterfragen, diskutieren, weiterentwickeln, in: Personalführung, 27, 1994, 12, S. 1142-1147

Krieg, H.-J., Drebes, J. (1996), Führen durch Ziele, in: Personalführung, 29, 1996, 1, S. 54-60

Krieger, D. J. (1996), Einführung in die allgemeine Systemtheorie, München 1996

Kriz, J. (1997), Selbstorganisation als Grundlage lernender Organisationen, in: Wieselhuber, N. (Hrsg.), Handbuch Lernende Organisation, Wiesbaden 1997, S. 188-195

Krogh, H. (1995), Zügig absetzen, in: Manager Magazin, 1995, 2, S. 141-144

Krüger, W. (1995), Projektmanagement und Führung, in: Kieser, A. (Hrsg.), Handwörterbuch der Führung, 2. Aufl., Stuttgart 1995, Sp. 1780-1793

Krüger, W., Bach, N. (1997), Lernen als Instrument des Unternehmungswandels, in: Wieselhuber, N. (Hrsg.), Handbuch Lernende Organisation, Wiesbaden 1997, S. 24-31

Krulis-Randa, J. S. (1990), Einführung in die Unternehmenskultur, in: Lattmann, C. (Hrsg.), Die Unternehmenskultur: ihre Grundlagen und ihre Bedeutung für die Führung der Unternehmung, Heidelberg 1990, S. 1-20

Krystek, U., Zumbrock, St. (1996), Planung und Vertrauen, Stuttgart 1996

Kuchler, M. (1997), Total-Outsourcing von Personalarbeit, in: Personalwirtschaft, 24, 1997, 1, S. 12-15

Kuhn, Th. (1997), Vom Arbeitnehmer zum Mitunternehmer. Anmerkungen zur Intention, Begründung und Umsetzung eines Transformationsvorhabens, in: ZfB, 67, 1997, 2, S. 195-221

Laatz, W. (1993), Empirische Methoden: ein Lehrbuch für Sozialwissenschaftler, Thun 1993

Lachmann, E. (1989), Profit Center, in: WISU, 18, 1989, 5, S. 275

Ladensack, K. (1995), Selbstorganisiertes Lernen im Beruf, in: BetriebsBerater, 50, 1995, 30, S. 1534-1538

Ladensack, K., Glotz, P. (1997), Selbstlernprozesse von Führungskräften: warum und wie praktisch gestalten, in: ZFO, 66, 1997, 1, S. 11-15

Laib, K. (1994), Organisationales Lernen anhand eines computergestützten Lernmodells, in: Personalführung, 27, 1994, 7, S. 588-598

Lattmann, C. (1990), Die Unternehmenskultur: ihre Grundlagen und ihre Bedeutung für die Führung der Unternehmung, Heidelberg 1990

Leber, W. (1994), Energien bündeln, in: Personalwirtschaft, 21, 1994, 4, S. 26-29

Lehnert, C. (1996), Neuorientierung der betrieblichen Karriereplanung - Auswirkungen struktureller Veränderungen auf Prozeß und Inhalte der Planung von Karrieren, Wiesbaden 1996

Link, J. (1996), Führungssysteme: strategische Herausforderung für Organisation, Controlling und Personalwesen, München 1996

Littig, P. (1997), Ergebnisse einer Studie der DEKRA Akademie zur Situation der Lernenden Unternehmen in Deutschland, in: GdWZ, 3, 1997, 8, S. 101-103

Lücke, W., Herl, A. (1996), Das Mitarbeiter-Feedback: Ein Weg zur Weiterentwicklung der Führungs- und Arbeitskultur, in: Personalführung, 29, 1996, 4, S. 322-326

Lühker, M., Vaalholt, S. (1994), Motivation: Mehr als nur ein Mythos?, in: Personal, 46, 1994, 5, S. 230-235

Luhmann, N. (1980), Komplexität, in: Grochla, E. (Hrsg.), Handwörterbuch der Organisation, 2. Aufl., Stuttgart 1980, Sp. 1064-1070

Luhmann, N. (1984), Soziale Systeme. Grundriß einer allgemeinen Theorie, Frankfurt a. M. 1984

Luhmann, N. (1989), Vertrauen. Ein Mechanismus zur Reduktion sozialer Komplexität, 3. Aufl., Stuttgart 1989

Macharzina, K. (1993), Unternehmensführung - Das internationale Managementwissen, Wiesbaden 1993

Mailk, F. (1993), Systemisches Management, Evolution, Selbstorganisation: Grundprobleme, Funktionsmechanismen und Lösungsansätze für komplexe Systeme, Bern/Stuttgart 1993

Malik, F. (1989), Strategie des Managements komplexer Systeme: ein Beitrag zur Management-Kybernetik evolutionärer Systeme, 3. Aufl., Bern/Stuttgart 1989

Mandl, H. (1997), Multimedia und Wissensmanagement, in: Personalführung, 30, 1997, 8, S. 726-727

Mann, E. C., Ehrhardt, J. (1994), Qualifizierungskonzepte für Lean-Strukturen, in: Gablers Magazin, 8, 1994, 6-7, S. 72-74

Manz, C., Sims, P. (1995), Führung in selbststeuernden Gruppen, in: Kieser, A. (Hrsg.), Handwörterbuch der Führung, 2. Aufl., Stuttgart 1995, Sp. 1873-1894

Maslow, A.H. (1970), Motivation and personality, 2. Aufl., Princeton 1970

Matthes, E. (1997), Fremde Kompetenz vertraute Mitarbeiter, in: Personalwirtschaft, 24, 1997, Special, S. 20-22

Maturana, H.R. (1985), Erkennen: Die Organisation und Verkörperung von Wirklichkeit, Braunschweig 1985

Maucher, H.O. (1995), Führung im Wandel, in: Müller-Stewens, G., Spickers, J. (Hrsg.), Unternehmerischen Wandel erfolgreich bewältigen, Wiesbaden 1995, S. 89-99

Maul, C. (1993), Der Beitrag der Systemtheorie zum strategischen Führungsverhalten in komplexen Situationen, in: ZfB, 63, 1993, 7, S. 715-740

McGregor, D. (1960), The human side of enterprise, New York 1960

Meier, A., Stuker, C., Trabucco, A. (1997), Auslagerung der Personalfunktion - Machbarkeit und Grenzen, in: ZFO, 66, 1997, 3, S. 138-145

Menzl, A. (1990), Der Einfluß gesamtwirtschaftlicher Vorgänge und Gegebenheiten auf die Unternehmenskultur, in: Lattmann, Ch. (Hrsg.), Die Unternehmenskultur: ihre Grundlagen und ihre Bedeutung für die Führung der Unternehmung, Heidelberg 1990, S. 67-80

Milling, P. (1995), Organisationales Lernen und seine Unterstützung durch Managementsimulatoren, in: Albach, H., Wildemann, H. (Hrsg.), Lernende Unternehmen, Wiesbaden 1995, S. 93-112

Mingers, S. (1995), Systemische Organisationsberatung - Eine Konfrontation von Theorie und Praxis, Frankfurt 1995

Müller-Böling, D. (1992), Organisationsforschung, in: Grochla, E. (Hrsg.), Handwörterbuch der Organisation, Stuttgart 1992, Sp. 1492-1505

Müller-Stewens, G., Hillig, A. (1997), Kooperationskompetenz für organisationales Lernen im Rahmen strategischer Allianzen, in: Wieselhuber, N. (Hrsg.), Handbuch Lernende Organisation, Wiesbaden 1997, S. 250-256

Nachreiner, B. (1992), Balance braucht Weile: Faktoren der Führung in der lernfähigen Organisation, in: Krebsbach-Gnath. C. (Hrsg.), Den Wandel in Unternehmen steuern, Frankfurt a.M. 1992, S. 57-83

Nagl, A. (1996), Lernende Organisationen sind den anderen voraus, in: Personalführung, 29, 1996, 12, S. 1112-1113

Nagl, A. (1997), Kunden- und Mitarbeiterorientierung in der Lernenden Organisation, in: Wieselhuber, N. (Hrsg.), Handbuch Lernende Organisation, Wiesbaden 1997, S. 276-280

Neubauer, F.F. (1989), Portfolio-Management, 3. Aufl., Neuwied 1989

Neuberger, O. (1976), Führungsverhalten und Führungserfolg, Berlin 1976

Neuberger, O. (1984), Führung: Ideologie-Struktur-Verhalten, Stuttgart 1984

Neuberger, O. (1995a), Moden und Mythen der Führung, in: Kieser, A. (Hrsg.), Handwörterbuch der Führung, 2. Aufl., Stuttgart 1995, Sp. 1578-1590

Neuberger, O. (1995b), Führungstheorien - Rollentheorie, in: Kieser, A. (Hrsg.), Handwörterbuch der Führung, 2. Aufl., Stuttgart 1995, Sp. 979-993

Neuberger. O. (1995c), Führen und geführt werden, 5. Aufl., Stuttgart 1995

Neumann, T. (1994), Integrierte Personalarbeit durch Projektmanagement - Die Rolle der Personalabteilung, in: Ackermann, K.-F. (Hrsg.), Reorganisation der Personalabteilung, Stuttgart 1994, S. 71-89

o. V. (1995), Sehen Sie Zusammenhänge?, in: ManagerSeminar, 21, 1995, 10, S. 56-63

o. V. (1996), Von der Schicht ins Selbstlernzentrum, in: Personalführung Plus, 1996, S. 32-33

o. V. (1997), Alle wissen Bescheid, in: Personalwirtschaft, 24, 1997, 7, S. 20-24

Oberschulte, H. (1994), Organisatorische Intelligenz, München 1994

Oertig, M. (1995), Die neuen Rollen, in: Personalwirtschaft, 22, 1995, 4, S. 27-30

Osterloh, M. (1997), Selbststeuernde Gruppen in der Prozeßorganisation, in: Scholz, C. (Hrsg.), Individualisierung als Paradigma, Stuttgart 1997, S. 179-199

Otala, M. (1994), Die lernende Organisation, in: Office Management, 42, 1994, 12, S. 14-22

Pautzke, G. (1989), Die Evolution der organisatorischen Wissensbasis: Bausteine zu einer Theorie des organisatorischen Lernens, München 1989

Pawlowsky, P., Reinhardt, R. (1997), Wissensmanagement: Ein integrativer Ansatz zur Gestaltung organisationaler Lernprozese, in: Wieselhuber, N. (Hrsg.), Handbuch Lernende Organisation, Wiesbaden 1997, S. 146-155

Pedler, M., Burgoyne, J., Boydell, T. (1994), Das lernende Unternehmen: Potentiale freilegen - Wettbewerbsvorteile sichern, Frankfurt 1994

Peters, T.J., Waterman, R.H. (1982), In search of excellence: lessons from America's best-run companies, New York 1982

Pfister, M. (1997), Interne Kommunikation auf dem Prüfstand, in: Personalführung, 30, 1997, 8, S. 746-747

Philipp, A. (1997), Durch gerechte Entlohnung zum Lernen im Unternehmen, in: Personal, 49, 1997, 1, S. 10-14

Pichert, P.-H. (1996), Outsourcing als Gestaltungsauftrag für das Personalmanagement, in: Personalführung, 29, 1996, 6, S. 464-473

Pinchot, G. (1985), Intrapreneuring: why yuo don't have to leave the corporation to become an entrepreneur, New York 1985

Pinchot, G. (1988), Intrapreneuring: Mitarbeiter als Unternehmer, Wiesbaden 1988

Pittner, P. M. (1995), Feedback für Führungskräfte - ein Instrument der Personalführung, in: Personalführung, 28, 1995, 10, S. 882-888

Pluns, J. (1994), Die Profit-Center-Organisation des Zentralen Personalwesens, in: Ackermann, K.-F. (Hrsg.), Reorganisation der Personalabteilung, Stuttgart 1994, S. 101-116

Popper, K.R. (1975), The logic of scientific discovery, 8. Aufl., London 1975

Popper, K.R. (1984), Logik der Forschung, 8. Aufl., Tübingen 1984

Prange, C., Probst, G. J., Rüling, C. C. (1996), Lernen zu kooperieren - Kooperieren, um zu lernen, in: ZFO, 65, 1996, 1, S. 10-16

Probst, G. J. (1994), Organisationales Lernen und die Bewältigung von Wandel, in: Gomez, P. (Hrsg.), Unternehmerischer Wandel, Wiesbaden 1994, S. 295-320

Probst, G. J., Büchel, B.S.T. (1994), Organisationales Lernen - Wettbewerbsvorteil der Zukunft, Wiesbaden 1994

Probst, G. J., Naujoks, H. (1993), Autonomie und Lernen im entwicklungsorientierten Management, in: ZFO, 62, 1993, 6, S. 368-374

Probst, G. J., Naujoks, H. (1995), Führungstheorien - Evolutionstheorien der Führung, in: Kieser, A. (Hrsg.), Handwörterbuch der Führung, 2. Aufl., Stuttgart 1995, Sp. 915-926

Pulic, A. (1996), Der Informationskoeffizient als Wertschöpfungsmaß wissensintensiver Unternehmungen, in: Schneider, U. (Hrsg.), Wissensmanagement, Frankfurt a. M. 1996, S. 174-180

Quinn, J., Anderson, P., Finkelstein, S. (1996), Das Potential in den Köpfen gewinnbringend nutzen, in: Harvard Business Manager, 1996, 3, S. 95-104

Raffel, F.-Ch. (1997), Organisationales Lernen in virtuellen Unternehmen, in: Wieselhuber, N. (Hrsg.), Handbuch Lernende Organisation, Wiesbaden 1997, S. 190-295

Rapaport, A. (1992), Allgemeine Systemtheorie: Wesentliche Begriffe und Anwendungen, Darmstadt 1992

Reber, G. (1992), Organisationales Lernen, in: Frese, E. (Hrsg.), Handwörterbuch der Organisation, Stuttgart 1992, Sp. 1240-1255

Reddin, W.J. (1970), Managerial effectiveness, New York 1970

Reichle, J., Wagner, W. (1994), Lernfähigkeit als Teil des permanenten Wandels, in: Personalführung, 27, 1994, 7, S. 608-615

Reinhardt, R. (1993), Das Modell Organisationaler Lernfähigkeit und die Gestaltung Lernfähiger Organisationen, Frankfurt u.a. 1993

Reiß, M. (1993), Die Rolle der Personalführung im Lean Management. Vom Erfüllungsgehilfen zum Schrittmacher einer Management-Revolution, in: ZfP, 8, 1993, 2, S. 171-194

Reiß, M. (1997a), Change Management als Herausforderung, in: Reiß, M. (Hrsg.), Change Management, Stuttgart 1997, S. 5-29

Reiß, M. (1997b), Aktuelle Konzepte des Wandels, in: Reiß, M. (Hrsg.), Change Management, Stuttgart 1997, S. 31-90

Reiß, M. (1997c), Instrumente der Implementierung, in: Reiß, M. (Hrsg.), Change Management, Stuttgart 1997, S. 91-108

Reiß, M. (1997d), Optimierung des Wandels, in: Reiß, M. (Hrsg.), Change Management, Stuttgart 1997, S. 123-144

Rensmann, J. (1998), Wissen ist Macht, in: Office Management, 46, 1998, 1, S. 8-10

Riekhof, H.-C. (1985), Durch Führungsgrundsätze zum "optimalen Führungsstil"?, in: Personalwirtschaft, 12, 1985, 11, S. 441-449

Riekhof, H.-C. (1991), Strategieentwicklung, Stuttgart 1991

Ringlstetter, M. (1988), Auf dem Weg zu einem evolutionären Management, München 1988

Rosenstiel, L.v. (1995), Grundlagen der Führung, in: Rosenstiel, L.v., Regnet, E., Domsch, M. (Hrsg.), Führung von Mitarbeitern, Stuttgart 1995, S. 3-24

Rosenstiel, L.v. (1997), Verhaltenswissenschaftliche Grundlagen von Veränderungsprozessen, in: Reiß, M. (Hrsg.), Change Management, Stuttgart 1997, S. 191-221

Rosenstiel, L.v., Molt, W., Rüttinger, B. (1988), Organisationspsychologie, Stuttgart 1988

Rühli, E. (1990), Ein methodischer Ansatz zur Erfassung und Gestaltung von Unternehmenskulturen, in: Lattmann, C. (Hrsg.), Die Unternehmenskultur: ihre Grundlagen und ihre Bedeutung für die Führung der Unternehmung, 1990, S. 189-206

Rühli, E. (1992), Gestaltungsmöglichkeiten der Unternehmensführung: Führungsstil, Führungsmodelle, Führungsrichtlinien, Mitwirkung und Mitbestimmung, Bern, Stuttgart, Wien 1992

Rühli, E. (1995), Führungsmodelle, in: Kieser, A. (Hrsg.), Handwörterbuch der Führung, 2. Aufl., Stuttgart 1995, Sp. 760-772

Sackmann, S. (1990), Möglichkeiten der Gestaltung von Unternehmenskultur, in: Lattmann, C. (Hrsg.), Die Unternehmenskultur: ihre Grundlagen und ihre Bedeutung für die Führung der Unternehmung, Heidelberg 1990, S. 153-188

Sattelberger, T. (1991), Die lernende Organisation: Konzepte für eine neue Qualität der Unternehmensentwicklung, 3. Aufl., Wiesbaden 1991

Sattelberger, T. (1994), Personalentwicklung Quo Vadis, in: Personalwirtschaft, 21, 1994, Jubiläumsheft, S. 31-36

Sattelberger, T. (1996), Die lernende Organisation: Konzepte für eine neue Qualität der Unternehmensentwicklung, 3. Aufl., Wiesbaden 1996

Schanz, G. (1988), Methologie für Betriebswirte, 2. Aufl., Stuttgart 1988

Schanz, G. (1995), Wissenschaftstheoretische Grundfragen der Führungsforschung, in: Kieser, A. (Hrsg.), Handwörterbuch der Führung, 2. Aufl., Stuttgart 1995, Sp. 2189-2214

Schattenhofer, K. (1992), Selbstorganisation und Gruppe: Entwicklungs- und Steuerungsprozesse in Gruppen, Opladen 1992

Schauenberg, B., Föhr, S. (1995), Wissenschaftstheoretische Grundfragen der Führungsforschung - Phänomenologiogie und Konstruktivismus, in: Kieser, A. (Hrsg.), Handwörterbuch der Führung, 2. Aufl., Stuttgart 1995, Sp. 2206-2214

Schein, E. (1995), Unternehmenskultur. Ein Handbuch für Führungskräfte, Frankfurt a.M./New York 1995

Schein, E. (1996), Three Cultures of Management: The Key to Organizational Learning, in: Sloan Management Review, 1996, S. 9-20

Schein, E., Bennis, W.G. (1965), Personell and organizational Change through group methods: The laboratory approach, New York 1965

Scherm, E. (1995), Hat die Personalabteilung noch Zukunft?, in: Personal, 47, 1995, 12, S. 643-647

Scheurer, S. (1997), Strategische Steuerung zwischen Planung und Selbstorganisation, in: Die Unternehmung, 50, 1997, 3, S. 215-236

Schleu, C.-G. (1997), in: Personalführung, 30, 1997, 3, S. 220-225

Schlichting, C. (1994), Karriere im schlanken Unternehmen. Veränderte Rahmenbedingungen für die Mitarbeiterentwicklung, in: Personalführung, 27, 1994, 5, S. 386-395

Schmid, C.-H. (1995), Planung von Unternehmenskultur, Wiesbaden 1995

Schmidt, A., Bockmühl, C. (1997), Feedback für Führungskräfte, in: Personalwirtschaft, 24, 1997, 10, S. 22-25

Schneider, H. (1992), Unternehmenskultur: Management by Confidence, in: Personalwirtschaft, 19, 1992, 5, S. 40-44

Schneider, H. (1996a), Mitarbeiter als Mitgesellschafter - Die materielle Seite eines Mitunternehmers, in: Personal, 48, 1996, 3, S. 112-116

Schneider, U. (1996b), Management in der wissensbasierten Unternehmung. Das Wissensnetz in und zwischen Unternehmen knüpfen, in: Schneider, U. (Hrsg.), Wissensmanagement, Frankfurt a.M. 1996, S. 13-48

Scholz, C. (1994), Organisationskultur zwischen Illusion und Realisation, in: Die Unternehmung, 47, 1994, 5, S. 351-356

Scholz, C. (1995a), Virtuelle Unternehmen: Zehn zentrale Fragen und erste Antworten, in: Der Karriereberater, 1995, 4, S. 39-58

Scholz, C. (1995b), Runderneueren oder ausmustern?, in: Personalwirtschaft, 22, 1995, 6, S. 30-34

Scholz, C. (1995c), Ein Denkmodell für das Jahr 2000? Die virtuelle Personalabteilung., in: Personalführung, 28, 1995, 5, S. 398-403

Scholz, C. (1996a), Virtuelle Organisation: Konzept und Realisation, in: ZFO, 65, 1996, 4, S. 204-210

Scholz, C. (1996b), Die virtuelle Personalabteilung: ein Jahr später, in: Personalführung, 29, 1996, 12, S. 1080-1087

Scholz, C. (1997), Organisatorische Lernstrategie: Erfolg durch gesteuerte Vielfalt, in: Wieselhuber, N. (Hrsg.), Handbuch Lernende Organisation, Wiesbaden 1997, S. 200-207

Scholz, C., Hofbauer, W. (1987), Unternehmenskultur und Personalführung, in: ZfP, 1, 1987, S. 461-482

Schreyögg, G. (1995), Führungstheorien - Situationstheorie, in: Kieser, A. (Hrsg.), Handwörterbuch der Führung, 2. Aufl., Stuttgart 1995, Sp. 993-1005

Schreyögg, G., Noss, C. (1995), Organisatorischer Wandel: Von der Organisationsentwicklung zur lernenden Organisation, in: DBW, 55, 1995, 5, S. 169-185

Schröder, H.H. (1995), F&E- Aktivitäten als Lernprozesse: Lernorientiertes F&E-Management, in: Albach, H., Wildemann, H. (Hrsg.), Lernende Unternehmen, Wiesbaden 1995, S. 49-78

Schröder, W. (1996), Führen durch Ziele, in: Personalführung, 29, 1996, 9, S. 796-804

Schwertl, W., Staubach, M. L. (1997), Dissens als Motor der Veränderung, in: Personalwirtschaft, 24, 1997, 1, S. 30-33

Schwuchow, K. (1997), Wissenstransfer mit neuen Informations- und Kommunikationsmedien, in: Personal, 49, 1997, 11, S. 552-557

Senge, P. (1990), The leader's new work: Building learning organizations, in: Sloan Management Review, 32, 1990, 1, S. 7-23

Senge, P. (1996), Die fünfte Disziplin, Stuttgart 1996

Literaturverzeichnis

Senge, P., Scharmer, O. (1996), Infrastrukturen des Lernens: Über den Aufbau eines Konsortiums lernender Unternehmen am MIT, in: ZFO, 65, 1996, 1, S. 32-36

Servatius, H.-G. (1998), Intellektuelle Wertschöpfung in Wissensunternehmen, in: Personal, 50, 1998, 3, S. 100-108

Simon, H. (1992), Management-Lernen als strategische Herausforderung, Mainz 1992

Soltwedel, F., Birckenbach, F. (1996), Führungspraxis in Deutschland und den USA, Gütersloh 1996

Sommerlatte, T. (1993), Lernende Organisationen, in: Fuchs, J. (Hrsg.), Unternehmen Als Organismen: Management der Unternehmensevolution, Stuttgart 1993, S. 119-126

Sonntag, K. (1996), Lernen im Unternehmen, München 1996

Sonntag, K. (1997), Wege zur Lernkultur und organisationale Effizienz, in: Wieselhuber, N. (Hrsg.), Handbuch Lernende Organisation, Wiesbaden 1997, S. 46-53

Sontow, C., Siebiera, G. (1996), Modernes Personalmanagement als unternehmensinterne Dienstleistung. Wege zur neuen Rolle des Personalwesens, in: Personalführung, 29, 1996, 7, S. 594-601

Spannagl, J. (1997), Lernende Organisation und Innovation, in: Wieselhuber, N. (Hrsg.), Handbuch Lernende Organisation, Wiesbaden 1997, S. 281-287

Späth, W. (1994), Kostümwechsel im Personalwesen, in: Personalwirtschaft, 21, 1994, 8, S. 41-44

Späth, W., Neumann, R. (1994), Innovationsmanagement, in: Personalwirtschaft, 21, 1994, 2, S. 26-29

Staehle, W. (1994), Management, 7. Aufl., München 1994

Stahl, J., Schlick, C. (1998), Erfolgsformel: Teamwork plus Network, in: Office Management, 46, 1998, 1, S. 62-63

Stata, R. (1989), Organizational Learning - The Key to Management Innovation, in: Sloan Management Review, 31, 1989, S. 63-74

Stegmüller, R. (1995), Mentoring, in: Kieser, A. (Hrsg.), Handwörterbuch der Führung, 2. Aufl., Stuttgart 1995, Sp. 1510-1517

Steiner, G. (1992), Lerntheorien, in: Gaugler, E., Weber, W. (Hrsg.), Handwörterbuch des Personalwesens, 2. Aufl., Stuttgart 1992, Sp. 1264-1274

Steinle, C. (1978), Führung. Grundlagen, Prozesse und Modelle der Führung in der Unternehmung, Stuttgart 1978

Steinle, C. (1995), Führungsdefinitionen, in: Kieser, A. (Hrsg.), Handwörterbuch der Führung, 2. Aufl., Stuttgart 1995, Sp. 523-533

Steinle, C., Bruch, H., Müller, P. (1996), Selbstorganisation - Ansätze und Implikationen für Organisation und Personalführung, in: WISU, 25, 1996, 7, S. 648-654

Stiefel, R. (1997), Strategieumsetzende Führungskräfteentwicklung im lernenden Unternehmen, in: ZFO, 66, 1997, 5, S. 260-263

Stogdill, R.M. (1974), Handbook of Leadership, New York 1974

Süssmuth Dyckerhoff, C. (1995), Intrapreneuring: ein Ansatz zur Vitalisierung reifer Gross-Unternehmen, Stuttgart 1995

Sydow, J. (1995), Netzwerkbildung und Kooptation als Führungsaufgabe, in: Kieser, A. (Hrsg.), Handwörterbuch der Führung, 2. Aufl., Stuttgart 1995, Sp. 1622-1635

Tannenbaum, R., Schmidt, W.H. (1958), Die Wahl eines Führungsstils, Düsseldorf, Wien 1958

Thom, N. (1997), Management des Wandels - Grundelement für ein differenziertes und integriertes Change Management, in: Die Unternehmung, 50, 1997, 3, S. 201-213

Tolksdorf, G. (1995), Organisationslernen - eine Strategie zur Umsetzung von Lean Organization, in: Arnold, R., Weber, W. (Hrsg.), Weiterbildung und Organisation, Berlin 1995, S. 115-126

Töpfer, A. (1994), Marketing des Profit-Centers Personal. Anwendungsbeispiel Personalforschung, in: Ackermann, K.-F. (Hrsg.), Reorganisation der Personalabteilung, Stuttgart 1994, S. 145-184

Türk, K. (1981), Personalführung und soziale Kontrolle, Stuttgart 1981

Türk, K. (1986), Lückentheorie der Führung, in: Personalwirtschaft, 13, 1986, 3, S. 103-108

Türk, K. (1989), Neuere Entwicklungen in der Organisationsforschung: ein Trendreport, Stuttgart 1989

Ulrich, H. (1970), Die Unternehmung als produktives soziales System: Grundlagen der allgemeinen Unternehmungslehre, 2. Aufl., Bern 1970

Ulrich, H. (1989), Eine systemtheoretische Perspektive der Unternehmungsorganisation, in: Seidel, E., Wagner, D. (Hrsg.), Organisation: evolutionäre Interdependenzen von Kultur und Struktur der Unternehmung, Wiesbaden 1989, S. 13-26

Venker, K. (1993), Die wissenschaftlichen Arbeits- und Denkmethoden der Betriebswirtschaftslehre, München 1993

Vetter, R., Wiesenbauer, L. (1996), Projektorientierte Unternehmensführung als Weg aus der Krise (1), in: Office Management, 44, 1996, 5, S. 51-55

Vogel, B. (1995), Werden Personalvorstände überflüssig? Neue Forderungen an ein zeitgemäßes Personal- und Sozialwesen, in: Personalführung, 28, 1995, 6, S. 488-496

Vroom, V., Jago, A. (1991), Flexible Führungsentscheidungen: Management der Partizipation in Organisationen, Stuttgart 1991

Vroom, V.H., Yetton, P.W. (1973), Leadership and decision-making, Pittsburgh 1973

Wagner, D., Grawert, A., Langemeyer, H. (1993), Cafeteria-Modelle: Möglichkeiten der Individualisierung und Flexibilisierung von Entgeltsystemen für Führungskräfte, Stuttgart 1993

Wagner, R.H., Beenken, D. H., Gräser, W. (1995), Konstruktivismus und Systemtheorie - und ihre Wirkung auf unsere Vorstellung von Unternehmen, Wagner, R.H. (Hrsg.), Göttingen 1995

Wahren, H.-K. (1996), Das lernende Unternehmen, Berlin 1996

Watzlawick, P., Beavin, J.H., Jackson, D. (1985), Menschliche Kommunikation, Bern 1985

Weber, H. (1994), Vom Individual- zum Organisationslernen, in: Blick durch die Wirtschaft, 47, 1994, S. 7-7

Weinert, A.B. (1992), Motivation, in: Gaugler, E., Weber, W. (Hrsg.), Handwörterbuch des Personalwesens, 2. Aufl., Stuttgart 1992, S. 1430-1442

Weinert, A.B., Langer, C. (1995), Menschenbilder, in: Die Unternehmung, 48, 1995, 2, S. 75-90

Werhahn, P.H. (1989), Menschenbild, Gesellschaftsbild und Wissenschaftsbegriff in der neuen Betriebswirtschaftslehre, Stuttgart 1989

Wexley, K., Yukl, G. (1971), Readings in organizational and industrial psychology, New York 1971

Wicher, H. (1996), Virtuelle Organisation, in: WISU, 25, 1996, 6, S. 541-542

Wiemann, K. (1998), Netzwerke zum Aufbau von neuem Wissen, in: Gablers Magazin, 12, 1998, 2, S. 22-25

Wilbs, D. (1997), Rolle im Wandel. Personalmanagement im 21. Jahrhundert, in: Personalführung, 30, 1997, 1, S. 48-52

Wildemann, H. (1990), Die Fabrik als Labor, in: ZfB, 60, 1990, 7, S. 611-630

Wildemann, H. (1995), Ein Ansatz zur Steigerung der Reorganisationsgeschwindigkeit von Unternehmen: Die Lernende Organisation, in: ZfB, 65, 1995, Ergänzungsheft, S. 1-23

Willi, A. (1994), Kundenorientierte Programmplanung und Preisgestaltung im Profit-Center Personal, in: Ackermann, K.-F (Hrsg.), Reorganisation der Personalabteilung, Stuttgart 1994, S. 117-143

Winter (1997), Möglichkeiten der Gestaltung von Anreizsystemen für Führungskräfte, in: DBW, 57, 1997, 5, S. 615-629

Witte, E. (1989), Objektwandel in der Organisationsforschung, in: Seidel, E., Wagner, D. (Hrsg.), Organisation, Wiesbaden 1989, S. 27-36

Witte, E. (1995), Effizienz der Führung, in: Kieser, A. (Hrsg.), Handwörterbuch der Führung, 2. Aufl., Stuttgart 1995, Sp. 263-275

Womack, J., Jones, D., Roos, D. (1990), The mashine that changed the world, New York 1990

Wunderer, R. (1993), Führung und Zusammenarbeit, Stuttgart 1993

Wunderer, R. (1994), Der Beitrag der Mitarbeiterführung für unternehmerischen Wandel, in: Gomez, P. (Hrsg.), Unternehmerischer Wandel, Wiesbaden 1994, S. 229-271

Wunderer, R. (1995a), Führung - quo vadis?, in: Personalführung, 28, 1995, 6, S. 480-486

Wunderer, R. (1995b), Mitarbeiterführung- Entwicklungstendenzen, in: Kieser, A. (Hrsg.), Handwörterbuch der Führung, 2. Aufl., Stuttgart 1995, Sp. 1539-1546

Wunderer, R. (1995c), Unternehmerische Mitarbeiterführung, in: Kieser, A. (Hrsg.), Handwörterbuch der Führung, 2. Aufl., Stuttgart 1995, Sp. 2081-2095

Wunderer, R. (1995d), Mitarbeiter als Mitunternehmer fördern... und fordern, in: Personalwirtschaft, 22, 1995, 7, S. 18-22

Wunderer, R. (1995e), Führungsforschung und Betriebswirtschaftslehre, in: Kieser, A. (Hrsg.), Handwörterbuch der Führung, 2. Aufl., Stuttgart 1995, Sp. 666-678

Wunderer, R. (1996), Führung und Zusammenarbeit - Grundlagen innerorganisatorischer Beziehungsgestaltung, in: ZfP, 10, 1996, 4, S. 385-409

Wunderer, R., Grunwald, W. (1980), Führungslehre, Berlin, New York 1980

Wunderer, R., Kuhn, T. (1995), Unternehmer gesucht, in: Personalwirtschaft, 22, 1995, 1, S. 16-20

Wunderer, R., Schlagenhaufer, P. (1992), Die Personalabteilung als Wertschöpfungs-Center, in: ZfP, 6, 1992, 2, S. 180-187

Yukl, G.A., Wexley, K.N. (1971), Readings in organizational and industrial psychology, New York 1971

Zander, E. (1995), Erfolgreiche Zusammenarbeit mit Beratern, in: Personal, 47, 1995, 8, S. 418-420

Zeiss, G. (1997), Den Wandel prozeßorientiert und systematisch herbeiführen, in: Personalführung, 30, 1997, 3, S. 226-230

Deutscher Universitäts Verlag
GABLER · VIEWEG · WESTDEUTSCHER VERLAG

Aus unserem Programm

Daniela Breitkopf
Qualität in der Mitarbeiterführung
Quality Function Deployment als Kommunikations- und Verbesserungsinstrument
1997. XIX, 255 Seiten, Broschur DM 98,-/ ÖS 715,-/ SFr 89,-
GABLER EDITION WISSENSCHAFT
ISBN 3-8244-6504-3
Als Kommunikationsinstrument ist Quality Function Deployment geeignet, das Führungshandeln auf qualitätskritische Merkmale zu fokussieren. Der Ansatz macht deutlich, daß auch der „weiche" Faktor Führung meßbar und mit operationalen Zielen verknüpfbar ist.

Hans-Jürgen Bruns
Organisationale Lernprozesse bei Managementunterstützungssystemen
1998. XVI, 338 Seiten, 47 Abb., Broschur DM 118,-/ ÖS 861,-/ SFr 105,-
"Information - Organisation - Produktion", hrsg. von Prof. Dr. Hans Corsten, Prof. Dr. Michael Reiß, Prof. Dr. Claus Steinle, Prof. Dr. Stephan Zelewski
GABLER EDITION WISSENSCHAFT
ISBN 3-8244-6583-3
Der Autor analysiert auf der Basis organisationaler Lerntheorien die Einführung von Managementunterstützungssystemen, die einen wesentlichen Baustein in aktuellen betrieblichen Reorganisationsprozessen darstellen.

Frank Grauer
Personalmanagement für ältere Mitarbeiter
1998. XVI, 236 Seiten, 16 Abb., Broschur DM 98,-/ ÖS 715,-/ SFr 89,-
GABLER EDITION WISSENSCHAFT
ISBN 3-8244-6654-6
Ältere Mitarbeiter sind nicht zwangsläufig weniger leistungsfähig als jüngere. Der Einsatz Älterer und die Sicherung der Leistungsfähigkeit kann aber auch Ressourcen verzehren. Frank Grauer erarbeitet ökonomische Auswahlkriterien.

Oliver Hackl
Mitarbeiter im Verkaufsaußendienst
Einführung und Führung
1998. XXIII, 271 Seiten, 20 Abb., 25 Tab., Broschur DM 98,-/ ÖS 715,-/ SFr 89,-
DUV Wirtschaftswissenschaft
ISBN 3-8244-0409-5
Der Autor analysiert die Bedeutung, die Aufgaben und die schwierige Arbeitssituation von Außendienstmitarbeitern und zeigt Möglichkeiten zur fachlichen und sozialen Einführung neuer Verkäufer in eine Außendienstorganisation.

Deutscher Universitäts Verlag
GABLER · VIEWEG · WESTDEUTSCHER VERLAG

Susan Hennersdorf
Aufstiegsdiskriminierung von Frauen durch Mitarbeiterbeurteilungen
1998. XVII, 444 Seiten, 19 Abb.,
Broschur DM 138,-/ ÖS 1.007,-/ SFr 122,-
"Betriebliche Personalpolitik", hrsg. von Prof. Dr. Gertraude Krell
GABLER EDITION WISSENSCHAFT
ISBN 3-8244-6683-X
Susan Hennersdorf analysiert verschiedene Verfahren der Mitarbeiterbeurteilung in Organisationen im Hinblick auf die Aufstiegsdiskriminierung von Frauen.

Gerhard Hesch
Das Menschenbild neuer Organisationsformen
Mitarbeiter und Manager im Unternehmen der Zukunft
1997. XV, 200 Seiten, Broschur DM 89,-/ ÖS 650,-/ SFr 81,-
"Markt- und Unternehmensentwicklung", hrsg. von
Prof. Dr. Dr. h. c. Arnold Picot, Prof. Dr. Dr. h. c. Ralf Reichwald,
Prof. Dr. Egon Franck
GABLER EDITION WISSENSCHAFT
ISBN 3-8244-6499-3
Der Autor analysiert den Einfluß von Menschenbildern auf die betriebliche Praxis, leitet aus den Anforderungen das Menschenbild neuer Organisationsformen ab und stellt die Barrieren gegen die Umsetzung dar.

Arne Holzhausen
Das japanische Beschäftigungssystem in der Krise
1998. XIV, 188 Seiten, 9 Abb., 14 Tab.,
Broschur DM 89,-/ ÖS 650,-/ SFr 81,-
GABLER EDITION WISSENSCHAFT
ISBN 3-8244-6673-2
Lange Zeit galt das Beschäftigungssystem als Garant für Japans wirtschaftlichen Erfolg. Der Autor untersucht die Besonderheiten des japanischen Beschäftigungssystems und stellt dessen Entwicklung während der Krisen der letzten Jahre dar.

Rosemarie Kay
Diskriminierung von Frauen bei der Personalauswahl
Problemanalyse und Gestaltungsempfehlungen
1998. XIII, 353 Seiten, Broschur DM 118,-/ ÖS 861,-/ SFr 105,-
"Betriebliche Personalpolitik", hrsg. von Prof. Dr. Gertraude Krell
GABLER EDITION WISSENSCHAFT
ISBN 3-8244-6796-8
Von einem idealen Auswahlprozeß ausgehend, analysiert Rosemarie Kay die verschiedenen Stufen der Personalauswahl hinsichtlich ihrer Diskriminierungsmechanismen und -potentiale.

 **Deutscher Universitäts Verlag**
GABLER · VIEWEG · WESTDEUTSCHER VERLAG

Ulrike Kesten
Informale Organisation und Mitarbeiter-Lebenszyklus
Der Einfluß sozialer Beziehungen auf Teilnahme und Leistung
1998. XIX, 375 Seiten, 43 Abb., Broschur DM 118,-/ ÖS 861,-/ SFr 105,-
GABLER EDITION WISSENSCHAFT
ISBN 3-8244-6666-X
Ulrike Kesten analysiert, wie sich informale Beziehungen auf den Eintritt von Mitarbeitern in die Unternehmung, auf die Leistungserbringung sowie auf ihren möglichen Austritt auswirken.

Axel T. Kniehl
Motivation und Volition in Organisationen
Ein Beitrag zur theoretischen Fundierung des Motivationsmanagements
1998. XX, 291 Seiten, 52 Abb., 2 Tab., Broschur DM 108,-/ ÖS 788,-/ SFr 96,-
"Schriften zur Unternehmensentwicklung", hrsg. von Prof. Dr. Max Ringlstetter
GABLER EDITION WISSENSCHAFT
ISBN 3-8244-6638-4
Axel T. Kniehl entwickelt einen allgemeinen Bezugsrahmen für das Zustandekommen von Motivation und Demotivation in Organisationen und eröffnet neue Perspektiven für die Gestaltung von Anreiz- und Sanktionssystemen.

Jörg Rissiek
Investitionen in Humankapital
1998. XVIII, 207 Seiten, 25 Abb., Broschur DM 89,-/ ÖS 650,-/ SFr 81,-
GABLER EDITION WISSENSCHAFT
ISBN 3-8244-6812-3
Jörg Rissiek untersucht, welche Determinanten individuelle ökonomische Überlegungen zur Bildung und Nutzung des Humankapitals beeinflussen und verändern können.

Christiane Strasse
Selbstentwicklung von Führungsnachwuchskräften
1998. XVI, 379 Seiten, 34 Abb., 33 Tab., Broschur DM 128,-/ ÖS 934,-/ SFr 114,-
GABLER EDITION WISSENSCHAFT
ISBN 3-8244-6571-X
Neben einer vom Unternehmen geplanten Personalentwicklung werden Entwicklungsprozesse auch von Mitarbeitern selbst initiiert und durchgeführt. Das Buch zeigt Möglichkeiten und Konsequenzen dieser Selbstentwicklung auf.

Die Bücher erhalten Sie in Ihrer Buchhandlung!
Unser Verlagsverzeichnis können Sie anfordern bei:
Deutscher Universitäts-Verlag
Postfach 30 09 44
51338 Leverkusen